409



Merve Verlag

Karen Barad

# Verschränkungen

Aus dem Englischen übertragen von
Jennifer Sophia Theodor

Merve Verlag Berlin

Originalausgaben:
„Meeting the Universe Halfway: Realism and Social Constructivism without Contradiction“, in: Lynn Hankinson Nelson, Jack Nelson (Hg.) *Feminism, Science, and Philosophy of Science,* Niederlande 1996, Kluwer Academic Publishers, Dordrecht. © Karen Barad

„Quantum Entanglements and Hauntological Relations of Inheritance: Dis/continuities, SpaceTime Enfoldings, and Justice-to-Come“, in: Nicole Anderson, Nick Mansfield (Hg.) *Derrida Today,* Bd.3, Nr.2, November 2010 © Edinburgh University Press.

„Nature's Queer Performativity“, in: Hilda Rømer Christensen (Hg.) *Kvinder, Køn og forskning (Women, Gender and Research). Feminist Materialism*, Nr. 1-2, Odense, Dänemark 2012 © Syddansk Universitetsforlag. Erste unautorisierte Veröffentlichung einer früheren Version des Textes in der studentischen Zeitschrift *Qui Parle*, 2011.

Redaktorat:
Elisa Barth, Yayla Höpfl, sAn Palácsik, Robert Schulte, Hannah Wallenfels


Printed in Germany
Druck- und Bindearbeiten: Dressler, Berlin
Umschlagentwurf: Jochen Stankowski, Dresden
ISBN: 978-3-88396-353-2
www.merve.de

# Inhalt

# Dem Universum auf halbem Wege begegnen: Realismus und Sozialkonstruktivismus ohne Widerspruch

*Weil Wahrheiten, die wir nicht vermuten, es schwer haben,*
*sich bemerkbar zu machen, wie wenn dreizehn Spezies*
*von Peitschenschwanzeidechsen, die komplett aus Weibchen*
*bestehen, unentdeckt bleiben – wegen Voreingenommenheit*
*gegenüber der Existenz solcher Dinge –*
*müssen wir dem Universum auf halbem Wege begegnen.*
*Nichts wird sich uns offenbaren,*
*wenn wir uns nicht in Richtung dessen bewegen,*
*was für uns wie Nichts aussieht: Glaube ist eine Kaskade.*
*Des Himmels hoher Stoff ist alles und nichts*
*doch, die untergehende Sonne hat sich nicht*
*bewegt; und wenn der Tod das Selbst entblößt,*
*ist es das einzige Ereignis in der Natur,*
*das genau das ist, was es scheint.*

Aus dem Gedicht „Cascade Experiment“ von Alice Fulton (1990)

# 1. Einleitung

Am Morgen nach einer meiner Gastvorlesungen über die soziale Konstruiertheit naturwissenschaftlichen Wissens hatte ich das Privileg, dem Heranzoomen eines Rastertunnelmikroskops auf eine Graphitprobe zuzuschauen. Als wir uns der Größenordnung von Tausenden von Nanometern... Hunderten von Nanometern... Zehnern von Nanometern bis zu Bruchteilen von Nanometern näherten, waren einzelne Kohlenstoffatome unmittelbar vor unseren Augen abgebildet. Die Erfahrung war so erhaben, dass es mich schauderte. Und ich stand da, eine theoretische Physikerin, die sich – wie die meisten meiner Art – selten in die Keller der Physikinstitute wagt, die experimentelle Kolleg_innen ihr ‚Zuhause' nennen, und wurde mir darüber bewusst, dass dies einer jener Lebensmomente war, in dem das amorphe Knäuel der Geschichte in einem einzigen Augenblick zu kristallisieren scheint. Wie viele Male hatte ich meinen Student_innen vom Beweis der Existenz von Atomen erzählt? Und da waren sie – genau die richtige Größe und gruppiert in einer hexagonalen Struktur mit den interatomaren Zwischenräumen, wie von der Theorie vorausgesagt! „Wenn bloß Einstein, Rutherford, Bohr und vor allem Mach dies hätten sehen können!" rief ich aus. Und als die Studierenden, die das Instrument bedienten (das sie erst am Vortag durch das vorsichtige Beseitigen von Quellen vibrationaler Interferenz zum Laufen gebracht hatten – wir sprechen hier über Nanometer!) die Kammer demontierten, die die Probe enthielt, so dass ich die fachkundig geklebte, delikate Positionierung des Prüfkopfs über der Graphitoberfläche sehen konnte, sinnierte ich laut, dass das „Sehen" von Atomen bald Routine für Studierende werden wird (so wie es für vorherige Generationen die Untersuchung von Zellen mit Lichtmikroskopen war und dann die Untersuchung der Struktur von Molekülen mit Elektronenmikroskopen) und ich war dankbar, in einer naturwissenschaftlichen Ära ohne diese spezielle Erwartung herangewachsen zu sein.

An diesem Punkt meiner Geschichte stelle ich mir vor, dass einige naturwissenschaftliche Kolleg_innen sich fragen, ob dies ein Moment intellektueller Betretenheit für die Erzählerin darstellte, die am Vorabend noch auf der sozialen Konstruiertheit naturwissenschaftlichen Wissens beharrt hatte. Doch obwohl ich tief bewegt war von dem Ereignis, das ich gerade am Altar der Effizienz des naturwissenschaftlichen Unternehmens bezeugt hatte, war ich in der Tat unreuig. Denn, wie Sozialkonstruktivist_innen zu verdeutlichen versucht haben, ist empirische Adäquatheit kein Argument, das benutzt werden kann, um die Argumente des Konstruktivismus außer Gefecht zu setzen. Die Tatsache, dass naturwissenschaftliches Wissen sozial konstruiert ist, impliziert nicht, dass Naturwissenschaft nicht „funktioniert", und die Tatsache, dass Naturwissenschaft „funktioniert", bedeutet nicht, dass wir menschenunabhängige Fakten über die Natur entdeckt haben. (Selbstverständlich ist die Tatsache, dass empirische Adäquatheit kein Beweis für Realismus ist, nicht der Endpunkt, sondern der Startpunkt für Konstruktivist_innen, die erklären müssen, wie es kommt, dass unsere Konstruktionen funktionieren – eine Verpflichtung, die angesichts der zunehmend überwältigenden Belege, dass die soziale Praxis von Naturwissenschaften konzeptuell, methodologisch und epistemologisch mit spezifischen Machtachsen alliiert ist, noch viel dringlicher scheint[1]).

Zugleich sympathisiere ich mit meinen naturwissenschaftlichen Kolleg_innen, die Wissenschaftsforscher_innen daran erinnern, dass es kulturelle *und* natürliche/materielle Grundlagen für Wissensansprüche gibt. Während die meisten Sozialkonstruktivist_innen sich darum bemühen, die Ängste zu zerstreuen, sie würden entweder die Existenz einer menschenunabhängigen Welt oder die Bedeutung materieller Faktoren in der Konstruktion naturwissenschaftlichen Wissens verleugnen, lag ihre Aufmerksamkeit nichtsdestotrotz größtenteils auf kulturellen Faktoren. Um fair zu sein, ihnen wurde die Beweislast auferlegt: Sozialkonstruktivist_innen haben die Herausforderung angenommen, die Falschheit der Weltsicht aufzuzeigen, die Naturwissenschaft als Spiegel von Natur begreift. Ebenso wie Bandbreite und Tiefgang der konstruktivistischen Argumente gewachsen sind, ist gleichwohl zunehmend der Vorwurf gegen sie erhoben worden, dass sie eine ebenso extreme Position darstellen – dass Naturwissenschaft Kultur spiegele. Obwohl wenige Sozialkonstruktivist_innen tatsächlich eine solch extreme Position einnehmen, wären wir nachlässig, diesen Vorwurf schlicht als triviale Übervereinfachung und Missverständnis der unterschiedlichen und komplexen Positionen abzutun, die unter die Rubrik Konstruktivismus fallen. Denn die ausgedrückte – obwohl zugegebenermaßen eher verdrängte – Angst betrifft die legitime Beunruhigung über das Privilegieren epistemologischer Fragen über ontologische in der konstruktivistischen Literatur. Wobei ontologische Fragen nicht vollständig ignoriert worden sind, doch sie waren überschattet.

Für die traditionelle Realist_in ist die Ontologie der Welt eine Sache der Entdeckung. Die angenommene Eins-zu-Eins-Korrespondenz zwischen naturwissenschaftlichen Theorien und Wirklichkeit dient der Unterstützung der weiteren Annahme, dass naturwissenschaftliche Entitäten nicht durch die Entdecker_innen markiert sind: Das heißt, es wird angenommen, dass Natur transparent wiedergegeben wird. Cartwrights (1983) philosophische Analyse ist hier wichtig, die diese Annahmen entkoppelt und anschließend naturwissenschaftlichen Realismus in zwei unabhängige Positionen aufteilt – Realismus über Theorien und Realismus über Entitäten. Ähnlich wie Cartwright, befürwortet Hacking einen Realismus gegenüber Entitäten. In einer Verschiebung des traditionellen Schwerpunkts der Wissenschaftsforschung weg von Theoriebildung hin zur Untersuchung experimenteller Praxis, gründet Hacking seine Position auf der Fähigkeit der Experimentierenden, Entitäten im Labor zu manipulieren. In seiner vergleichenden, konstruktivistischen Analyse drei verschiedener Phasen physikalischen Experimentierens im 20. Jahrhundert stellt auch Galison (1987) die experimentelle Praxis in den Mittelpunkt. Er verallgemeinert Hackings Kriterium für die Realität von Entitäten, indem er die Wichtigkeit der Konzepte von Stabilität (d.h., Invarianzen von Ergebnissen unter sich verändernden experimentellen Bedingungen, statt der engeren Kategorie der Manipulation) und Direktheit (d.h., epistemologisch, aber nicht notwendigerweise logisch, nicht-induktiv) zugrunde legt. Es gibt andere konstruktivistische Ansätze, die in der Untersuchung der Transparenz unserer Repräsentationen von Natur weitergehen. Auch Latour (1993, dt. 2008) priorisiert Stabilität, setzt sie als eine Variable einer zweidimensionalen Geometrie, deren andere Achse die Pole Natur und Gesellschaft verbindet. Essenz wird dann die Stabilisierungsbahn in dieser Geometrie, die die variablen Ontologien von Quasi-Objekten charakterisieren soll. Haraway (1988) hingegen betont Instabilität: Die Instabilität von objekt-definierenden Grenzen liegt im Fokus ihrer Arbeit, die nicht nur Konzeptionen von Natur explizit in Frage stellt, die beanspruchen außerhalb von Kultur zu sein, sondern auch die Trennung von Epistemologie und Ontologie. Auf interessante Weise bringen die Instabilität von Grenzen und Haraways Beharren, dass Wissensobjekte in Wissensproduktion wirkmächtig sind, ihre Konzepte von Cyborgs (1985) und materiell-semiotischen Akteur_innen [*agents*] (1988) hervor, die dissonante und harmonische Resonanzen mit Latours Hybriden und Quasi-Objekten (1993) aufweisen. Kommen wir nun zur poststrukturalistischen Position, die einige als gegensätzlichen Pol der traditionellen, realistischen Position betrachten. Vielen Naturwissenschaftler_innen und auch Wissenschaftsforscher_innen erscheinen Derrida'sche Formen des Poststrukturalismus, die Zeichen von Bezeichnetem trennen, als ultimativer Narzissmus. Während sie betont, dass wir immer schon im „Theater der Repräsentationen" sind, nimmt Hayles (1993) Anstoß an extremen Sichtweisen, die Sprache als „gegenstandsloses Spiel" verstehen. Während auch Hayles uns keinen Zugang zum Realen bietet, versucht sie, Sprache in Kontakt mit Realität zu bringen, indem sie Referentialität neu konzeptualisiert. Hayles Theorie eines eingeschränkten

Konstruktivismus (1993) basiert auf Widerspruchslosigkeit bzw. Konsistenz (im Gegensatz zum realistischen Konzept der Deckungsgleichheit bzw. Kongruenz) und dem semiotischen Konzept der Negativität, um die Wichtigkeit von Beschränkungen anzuerkennen, die eine Wirklichkeit bietet, die nicht in ihrer Positivität gesehen werden kann. In Hayles Worten: „Obwohl es vielleicht kein Außerhalb gibt, das wir kennen können, *gibt es eine Grenze*“ (Hayles 1993, S 40).

Diese Versuche, etwas über die Ontologie unserer Welt zu sagen, sind eher Ausnahmen als die Regel in der konstruktivistischen Literatur. Es bedarf weiterer Ausarbeitungen über die Erzeugung von Ontologien. Wir müssen die Technologien verstehen, durch die Natur und Kultur interagieren. Bietet die Natur eine Vorlage, die durch Kultur auf Weisen gefüllt wird, die mit lokalen Diskursen kompatibel sind? Oder bieten spezifische Diskurse die Linsen, durch die wir betrachten können, wie Kultur auf Natur geschichtet ist? Kommt die ganze „Textur“ der Natur durch oder ist sie in diesem Prozess teilweise verwischt oder verzerrt? Ist Realität ein amorpher Klecks [*blob*], der von menschlichen Diskursen und Interaktionen strukturiert ist? Oder hat sie irgendeine komplizierte, ungleichmäßige Gestalt, die in verschiedenen Rahmen unterschiedlich zusammengefügt wird, die dann eben in lokalen Regionen „passen“, wie zufällige Segmente von ineinandergreifenden Puzzlestücken? Oder ist die Geometrie fraktal, so dass es Theorien, sogar lokal, unmöglich ist, der Realität zu entsprechen? Auf welcher Detailebene können solche Fragen beantwortet werden, wenn überhaupt? Und was würde das bedeuten? Ist es möglich, eine dieser Fragen im Wissenschaftsbetrieb, in den USA, im späten 20. Jahrhundert ernst zu nehmen? Wird dies für jene, die in den verschiedenen Stadien des Zerfalls positivistischer Kultur ausgebildet wurden, nicht immer noch zu sehr nach Metaphysik klingen? Und wenn wir diese Fragen nicht stellen, was werden die Konsequenzen sein? Denn, wie Donna Haraway uns erinnert, „Objektivität kann keine festgelegte Vision sein, wenn das, was als Objekt gilt, sich als Dreh- und Angelpunkt der Weltgeschichte herausstellt.“ (2007, S. 309). Ich versuche, das Zusammenspiel von Materiellem und Kulturellem in der Erzeugung einer Ontologie zu verstehen. Daher werde ich deutlich mehr Betonung auf ontologische Fragen legen, als es in der Wissenschaftsforschung üblich ist, gleichwohl ich auch die epistemologischen Fragen nicht ignoriere. Denn ebenso wie Haraways materiell-semiotische Akteur_innen liegt die von mir angebotene Ontologie nicht außerhalb von Epistemologie.

Bevor ich einen neuen ontologischen und epistemologischen Rahmen formuliere, bekenne ich mich zu dessen realistischem Tenor. Nach einem Wiederaufleben von Interesse an naturwissenschaftlichem Realismus in den 1980er Jahren scheint dessen Popularität wieder abgeflaut zu sein. Wenn dies nicht Ergebnis des Todesstoßes durch Fines (1984) kluge Ausführung des metatheoretischen Fehlers realistischer Argumente ist, dann liegt es zumindest an der allgemeinen Tendenz seitens der Konstruktivist_innen, naturwissenschaftlichen Realismus als naiv, unreflektiert und in seiner Vortäuschung einer apolitischen Haltung als politisch bemüht darzustellen. Tatsächlich scheint die Paarung von Sozialkonstruktivismus mit irgendeiner Form von Antirealismus beinahe axiomatisch geworden zu sein: Verpflichtet uns die Anerkennung der kulturellen Spezifität naturwissenschaftlicher Wissenskonstruktion nicht dazu, die Hoffnung auf die Konstruktion von Theorien aufzugeben, die wahre Repräsentationen von unabhängiger Realität sind? Zum Beispiel argumentiert Cushing (1994) in einer konkreten Auseinandersetzung mit der Unterdeterminiertheitsthese, dass die Tatsache, dass auf den gleichen empirischen Befunden unterschiedliche Theorien basieren können, Realist_innen dazu drängt, ein Argument für einen theoretischen Zugang zur wirklichen Ontologie unserer Welt zu schaffen.[2] Größtenteils haben Sozialkonstruktivist_innen entweder unumwundene Geringschätzung für oder zumindest Argwohn gegenüber Realismus ausgedrückt und zuweilen explizit antirealistische Positionen eingenommen; andere haben die Realismus-Antirealismus-Debatte insgesamt zurückgewiesen, weil sie sich durch diese Gegensätzlichkeit beschränkt fühlen (siehe etwa Fine 1984 oder Pickering 1994) oder sie haben andere Themen als fruchtbarer erachtet. Als ausgewiesene Sozialkonstruktivistin muss ich gestehen, mit all diesen Positionen zu sympathisieren, doch will ich nicht meine eigenen realistischen Tendenzen oder die realistischen Züge des von mir dargelegten Rahmens verleugnen. Während ich anerkenne, dass Realismus zur Unterstützung sowohl repressiver als auch freiheitlicher Positionen und Projekte geltend gemacht wurde, hoffe ich, dass an diesem historischen Punkt das Gewicht des Realismus – die in der Jagd nach Wahrheit inbegriffene, ernsthafte Geschäftigkeit und zugehörige Verantwortung – ein mögliches Gegengewicht zur verbreiteten positivistisch naturwissenschaftlichen Kultur bieten kann, die Theorie zu leicht mit Spiel verwechselt (siehe Barad 2007).

Da ich mir der vielfältigen Konnotationen von Realismus bewusst bin, möchte ich an eben diesem kritischen Punkt klären, wie ich Realismus überhaupt fasse. Als Startpunkt folge ich Cushing:

> „Ich nehme vielleicht unbegründet an, dass eine naturwissenschaftliche Realist_in an die Fähigkeit erfolgreicher naturwissenschaftlicher Theorien glaubt, einen zuverlässigen und verständlichen Zugang zur Ontologie der Welt zu bieten. Wenn eine_r diesen Anspruch zu sehr schwächt, bleibt nicht viel übrig, außer ein Glaube an die Existenz einer objektiven Wirklichkeit, zu der wir wenig Zugang haben und deren Repräsentation durch unsere Theorien nebulös außerhalb von bedeutsamem Verständnis liegt. In einer solchen Situation, lohnt es, sich Gedanken darüber zu machen, ob eine_r Realist_in ist oder nicht?"
>
> (Cushing 1994, S. 270)

Obwohl ich zu dieser Definition letztlich wesentliche Qualifikationen hinzufügen werde, möchte ich nicht schwächen, was ich für den Geist dieses Anspruchs halte. Und dieser Startpunkt soll verdeutlichen, mit welcher Bedeutung von Realismus ich mich auseinandersetze: eine andere Bedeutung als einige allgemeinere Verwendungen in der Wissenschaftsforschung, etwa solche Diskussionen, die Realismus Relativismus gegenüberstellen, oder linguistischem Monismus, oder Subjektivismus. Meine erste Sorge bezieht sich nicht auf Realismus in diesem Sinne: Ich räume ein, dass es Formen des Antirealismus gibt, die nicht relativistisch sind, die nicht die Existenz einer außer-linguistischen Realität leugnen, und die kompatibel mit verschiedenen Konzepten von Objektivität sind. Das heißt im Sinne von Cushings Überlegung möchte ich die Elastizität der Bedeutung von Realismus für meine eigenen Zwecke begrenzen. Wissenschaftsforscher_innen arbeiten schon lange hart an der Artikulation moderater sozialkonstruktivistischer Positionen, die die Extreme objektivistischer, subjektivistischer, absolutistischer oder relativistischer Haltungen zurückweisen, doch ist es vielleicht unangemessen, sie bloß auf dieser Basis als realistisch zu bezeichnen. Das heißt, ich möchte diese Ausführungen nicht beiseiteschieben, indem ich Realismus als Folie für diese ganze Reihe von Erscheinungen anlege, einschließlich jener, die Naturwissenschaftler_innen am gruseligsten finden. Insbesondere haben etwa feministische Wissenschaftsforscher_innen mit einer den Naturwissenschaftler_innen ähnlichen Intensität überwältigend das Gespenst des epistemologischen Relativismus zurückgewiesen (eine Tatsache, die für jene Naturwissenschaftler_innen überraschend sein mag, die die feministische Literatur nicht gelesen haben). Feministische Naturwissenschaftstheorien – wie Haraways Theorie des ‚Situierten Wissens‘ (1988), Hardings ‚Strenge Objektivität‘ (1991), Kellers ‚Dynamische Objektivität‘ (1985), und Longinos ‚Kontextueller Empirismus‘ (1990) – betrachten epistemologischen Relativismus als Spiegelzwilling des Objektivismus und beide als Versuche, die Verkörperung von Wissensansprüchen zu verleugnen. Sie formulieren nicht-relativistische konstruktivistische Positionen. Während meine Diskussion sich in diesem Text damit befasst, in welchem Sinne ein Zugang zur Ontologie unserer Welt möglich ist, werde ich dementsprechend auch den bestehenden hohen Standards zu genügen versuchen, wenn ich erörtere, inwiefern die von mir vorgeschlagene neue Form des Realismus diese anderen extremen Positionen zurückweist. Ich verwende dieselbe Bezeichnung „agentischer Realismus“ sowohl für die neue Form des Realismus als auch für den größeren epistemologischen und ontologischen Rahmen, den ich vorstelle. (Meine Motivation, eine adjektivische Form von Wirkmächtigkeit [*agency*] als Bestimmungswort zu verwenden, wird später deutlich.)

## 2. Agentischer Realismus: ein Überblick

Die Inspiration für agentischen Realismus stammt aus meiner Lektüre der Physik-Philosophie Niels Bohrs. Ich verwende diese Bindestrich-Schreibweise statt des üblichen „Philosophie der Physik“, um Bohrs Unwillen zu betonen, diese Interessen als in irgendeinem Sinne distinkt zu denken – den disziplinären Grenzen zum Trotz, die der zeitgenössischen Physik-Kultur wichtig sind (Barad 1995). Bohrs Physik-Philosophie bietet einen ergiebigen Startpunkt, weil sie die kritische Untersuchung von Beobachtungs- bzw. Messprozessen beinhaltet: Im Gegensatz zu der bedeutungslosen Rolle des Beobachters in der Newton'schen Physik argumentierte Bohr, dass die Quantenphysik einen neuen logischen Rahmen erfordert, der die Beobachtungsprozesse berücksichtigt. Messen ist ein wirk/mächtiger Moment in der Konstruktion naturwissenschaftlichen Wissens – es ist eine Gelegenheit, bei der Materie [*matter*] und Bedeutung [*meaning*] sich in einem sehr wörtlichen Sinne begegnen. Zum Beispiel haben Wissenschaftsforscher_innen im Kontext von Studien zur Praxis der experimentellen Hochenergiephysik die Rolle von Detektoren als Stätte der Bedeutungsherstellung betont (Traweck 1988; Galison 1987; Pickering 1984). Mein Fokus hier liegt auf der Verkörperung von Kultur innerhalb von *Theorie*. Das heißt, ich lese Bohrs Physik-Philosophie als Argument für die Notwendigkeit, Praxis innerhalb von Theorie zu denken: im Gegensatz zu traditionellen Sichtweisen physikalischer Theorie, die die eigentliche Praxis der Messung außerhalb von Theorie verorten. Entsprechend des logisch positivistischen/empiristischen Programms, das annimmt, dass Messungen transparent zwischen Theorien entscheiden, situiert Bohr Praxis innerhalb von Theorie, weil ein Ignorieren der Praxis bedeutet, die Theorie falsch zu verstehen. Dies soll nicht nahelegen, dass alles auf Theorie reduziert ist, sondern dass Theorie selbst prinzipiell in Praxis verkörpert sein muss und sich nicht von diesen Dingen abstrahieren kann.[3] Während ich vermute, dass postmoderne Leser_innen leicht misstrauisch gegenüber theoretischen Schritten sind, die praktische Fragen in den Bereich der Prinzipien erheben, werde ich zeigen, dass diese implizite Universalität auf die gängige konstruktivistische Aussage hinausläuft, dass alle Wissen lokale Wissen sind. Das heißt, ich werde zeigen, wie diese theoretische Analyse von Messungen als die buchstäbliche Verkörperung von Objektivität im Sinne von Haraways Theorie von Situiertem Wissen (1988, dt. 1995) verstanden werden kann (siehe auch Barad 1996).

Nun bin ich mir durchaus darüber im Klaren, dass die allgegenwärtige Vereinnahmung der Quantentheorie diese zu gefährlichem Material macht; und dass ich auch noch Feministische Theorie zur Liste meiner Anliegen hinzufüge, scheint auszureichen, um eben diese explosive Mischung detonieren zu lassen. So sind ein paar einleitende Worte der Vorsicht angebracht. Um meiner Aufgabe nachzukommen, muss ich die Quantentheorie in gewissem Sinne sowohl vor ihren übereifrigen Befürworter_innen als auch vor ihren unreflektierten Anwender_innen „bewahren". In der populären Literatur wird Quantenphysik oft als der naturwissenschaftliche Pfad positioniert, der aus dem Westen hinaus zum metaphysischen Garten Östlichen Mystizismus führt. Parallel zu diesen populären Verkündungen, kann man in der feministischen Literatur Annahmen finden, dass Quantenphysik inhärent weniger androzentrisch, sondern femininer und allgemein weniger rückschrittlich sei als die maskulinistischen Tendenzen, die in der Newton'schen Physik zu finden sind. Doch jene, die naiv die Quantenphysik begeistert als irgendein exotisches Anderes aufgreifen, das unsere öden westlichen Seelen erlöst, vergessen zu schnell, dass Quantenphysik dem Funktionieren der Atombombe zugrunde liegt, dass Teilchenphysik (die auf Quantentheorie beruht) die ultimative Manifestierung der Tendenz zum naturwissenschaftlichen Reduktionismus ist, und dass Quantentheorie in all ihren Einsatzfeldern weiterhin der Arbeitsbereich einer kleinen Gruppe vornehmlich westlich-ausgebildeter Männer ist. Es ist nicht meine Intention, zur Romantisierung oder Mystifizierung der Quantenphysik beizutragen. Als Physikerin bin ich stattdessen an einem rigorosen Dialog über bestimmte Aspekte spezifischer Diskurse über Quantenphysik und deren Implikationen interessiert. Gleichermaßen mache ich hier keine Behauptungen über Niels Bohr als verkannten oder heimlichen Feministen. Noch ist mein Ziel, die Physik entlang irgendeines starren Konzepts von Geschlecht zu kritisieren. Stattdessen untersucht die von mir hier vorgelegte feministische Analyse zugleich die Konzepte von Identität und Naturwissenschaft.[4]

Auf der anderen Seite trenne ich mich von meinen neopositivistischen Physik-Kolleg_innen, die glauben, dass philosophische Anliegen überflüssig für den realen Gegenstand der Physik sind. In der Tat sympathisiere ich mit Bohrs Sicht, dass Philosophie integraler Bestandteil der Physik ist. Niels Bohr war einer der wichtigsten Physiker des 20. Jahrhunderts und seine „philosophischen" Schriften umfassen einen Zeitraum von annähernd vier Jahrzehnten.[5] Bohr wird als primärer Autor der sogenannten *Kopenhagener Deutung* der Quantenmechanik betrachtet.[6] Obwohl seit der Formulierung der Quantentheorie Mitte der 1920er Jahre alternative Interpretationen ins Feld geführt wurden, folgt die Physik-Gemeinschaft der *Kopenhagener Deutung*.[7] Leider hat die breite Mehrheit der Physiker_innen nicht mehr als ein vorübergehendes Interesse an deren philosophischen Fragen und zieht es vor, sich auf die mächtigen Werkzeuge zu fokussieren, die die Quantenformulierung für Zwecke der Berechnung bietet. Diese Vermeidung hat ihren Preis: Die grundlegenden Probleme dieser fundamentalen physikalischen Theorie bleiben ungelöst und die Kultur der Physik belohnt so unreflektierte Haltungen und Ansätze. Während ich keine Argumente zur Überlegenheit von Bohrs Ansatz der Quantenphysik machen werde, macht dessen gleichzeitige Zentralität und Marginalität ihn besonders interessant.[8]

Bohr bezieht sich häufig auf die epistemologischen Lehren der Quantentheorie und betrachtet seinen herausgearbeiteten Rahmen für die Quantenphysik als über die Physik hinaus relevant (Folse 1985). Entsprechend hat die Aufmerksamkeit, die den breiteren philosophischen Implikationen von Bohrs Physik-Philosophie zugekommen ist, bestimmte Fragestellungen um die Interpretation der Quantentheorie beiseitegelassen. Mein Ansatz ist es, die Spezifika eines konsistenten Bohr'schen Systems herauszuarbeiten, die Analyse in der Physik zu begründen, und dann breitere Implikationen zu betrachten.

Die erste Aufgabe ist notwendig, denn es gibt in der Sekundärliteratur viel Uneinigkeit darüber, wie Bohr zu interpretieren ist. Beispielsweise wurde Bohr von verschiedenen Autor_innen als Positivist, als Idealist, als Instrumentalist, als (Makro)Phänomenalist, als Operationalist, als Pragmatist, als (Neo)Kantianer, und als Realist bezeichnet. Bohr benennt seine ontologischen Hinwendungen nicht ausdrücklich, was es schwierig macht, seinem interpretativen Bezugssystem ein traditionelles Label zuzuschreiben. Um diese entscheidende Lücke zu füllen, schlage ich eine Ontologie vor, die ich für konsistent mit Bohrs Sichtweisen halte, obwohl ich nicht beanspruche, dass er notwendigerweise dies im Sinn hatte. Das heißt, Bohrs Unaufmerksamkeit gegenüber ontologischen Belangen wird sicher in enorm verschiedenen Meinungen hierüber resultieren; und ich bin weniger daran interessiert, herauszufinden, was Bohr wirklich dachte, als daran, was im Kontext seiner Erzählung Sinn macht. Ich nutze Bohrs Schriften als Kontext meines Nachdenkens über diese Fragen, nicht als Manuskript (siehe Kap. Methodologisches Zwischenspiel). Ich nutze also diese Analyse von Bohrs Physik-Philosophie als Inspiration, um agentischen Realismus als Rahmen einzuführen, der die epistemologischen und ontologischen Fragestellungen miteinander verknüpft.

Dann zeige ich, wie agentischer Realismus genutzt werden kann, um sich mit bestimmten Angelegenheiten zu befassen, die sozialkonstruktivistische Ansätze an Naturwissenschaften offenbaren, einschließlich einiger der im vorangegangenen Kapitel benannten. Strategisch weiche ich hier von Bohr ab, aber nicht im Geiste. Bohrs methodologischer Ansatz war es, die epistemologischen Lehren der Quantenphysik für andere Wissensfelder herauszuarbeiten, indem er im Grunde zu erraten versuchte, welche die relevanten komplementären Variablen im jeweiligen Bereich sein würden. Diese analogisierende Strategie scheiterte häufig: sowohl weil er eine Reihe von Variablen aufstellte, die sich als nicht komplementär erwiesen, und weil die auf dieser Basis herausgearbeiteten Implikationen die Komplexität und Fülle der „epistemologischen Lehren" verwässerten.[9] Mein Ansatz wird sein, die spezifischen Implikationen zu untersuchen, indem ich von Vornherein einen anderen Satz epistemologischer und ontologischer Annahmen aufgreife. Das heißt, ich werde nicht den Begriff der Komplementarität als Sprungbrett verwenden, stattdessen befrage ich unmittelbar bestimmte philosophische Hintergrundprämissen, die dem spezifischen Anliegen zugrunde liegen.

Schließlich möchte ich noch den Unterschied zwischen meinem Ansatz und der Masse analogisierender (Fehl)aneignungen der Quantentheorie explizit machen, die in der Literatur gängiger sind als Physiker_innen sich wünschen würden. Ich werde keine Argumente vorbringen, dass die Quantentheorie der Mikrowelt analog zu Situationen ist, die uns in der Makrowelt interessieren – seien sie religiös, spirituell, psychologisch, oder sogar jene der Wissenschaftsforschung. Mein Fokus liegt auf der Entwicklung breit anwendbarer epistemologischer und ontologischer Fragestellungen, die durch eine rigorose Untersuchung von Messprozessen sinnvoll erkundet werden können, wie ich durch Bohrs Verständnis der Quantenphysik erläutert habe. Zu fragen, ob es nicht suspekt ist, spezifisch für mikroskopische Entitäten hervorgebrachte Argumente auf die makroskopische Welt zu übertragen, ist in diesem Falle ein Missverstehen meines Ansatzes als analogisierend. Die epistemologischen und ontologischen Fragestellungen sind nicht durch die Größe von Plancks Konstante begrenzt (siehe Endnote 12). Das heißt, ich bin nicht an schlichten Analogien interessiert, sondern an breit anwendbaren philosophischen Fragestellungen, wie den Bedingungen für Objektivität, dem adäquaten Bezugspunkt für empirische Attribute, der Rolle von natürlichen sowie kulturellen Faktoren in naturwissenschaftlicher Wissensproduktion, und der Wirksamkeit von Naturwissenschaft.

## 3. Messung ist von Bedeutung

> Oft hat uns „die Entwicklung der Physik [...] gelehrt [...], daß die zweckmäßige Anwendung schon der elementarsten Begriffe, die zur Beschreibung der alltäglichen Erfahrungen unentbehrlich sind, auf zunächst nicht beachteten Voraussetzungen beruht, deren Berücksichtigung für die möglichst willkürfreie und übersichtliche Darstellung mehr umfassender Erfahrungsgebiete wesentlich ist. Auch brauche ich kaum zu betonen, wie sehr diese Entwicklung zur Klärung der allgemeinen Voraussetzungen menschlicher Erkenntnis beigetragen hat."
>
> (Bohr 1936, S. 293)

Klassische epistemologische und ontologische Annahmen, wie jene der Newton'schen Physik, beinhalten eine autonom existierende Welt, die unabhängig von unseren experimentellen Untersuchungen von ihr, beschreibbar ist. Dies erklärt die Tatsache, dass der Prozess der Messung transparent und außerhalb des Diskurses Newton'scher Naturwissenschaft ist. Es wird angenommen, dass Objekte und Beobachter_innen physisch und konzeptuell trennbare Positionen einnehmen. Objekten wird zugeschrieben, dass sie wohldefinierte, intrinsische Attribute besitzen; und das geschickte Erkennen dieser inhärenten Charakteristika ist die Aufgabe der Naturwissenschaftler_innen, indem sie die Werte der korrespondierenden kontext-unabhängigen Variablen durch eine wohlmeinend invasive Messprozedur beziehen. Die Reproduzierbarkeit der unter der Methodologie der kontrollierten Versuchsdurchführungen gemessenen Werte wird als Unterstützung des objektivistischen Anspruchs benutzt, dass das Gewonnene eine objektive Repräsentation intrinsischer Eigenschaften ist, die die Objekte einer unkontrollierten, unabhängigen Wirklichkeit charakterisieren.[10] Die Transparenz des Messprozesses in der Newton'schen Physik ist eine Hauptursache ihres Wertes und Prestiges innerhalb der Aufklärungskultur des Objektivismus.

Die zwei der Newton'schen Physik zugrundeliegenden Annahmen der Messtransparenz, die durch Bohrs Interpretation der Quantenphysik infrage gestellt wurden,[11] sind:
(1) Messungen beinhalten kontinuierliche, bestimmbare Interaktionen: Das heißt, ein unzweideutiger, inhärenter, cartesianisch anmutender Schnitt zwischen Wissenden und Gewusstem grenzt das Objekt vom Beobachtungsapparat ab.
(2) Die Anwendbarkeit konzeptueller Modelle ist unabhängig von Messprozessen; Konzepte sind abstrahierbar, universell, definit, und kontextunabhängig.

Das Markenzeichen Newton'scher Physik ist ihr Determinismus, ihre proklamierte Fähigkeit, den vollständigen Satz physikalischer Zustände eines Systems für alle Zeiten vorherzusagen und rückwirkend zu erkennen: Mit den gegebenen Ausgangsbedingungen (d.h., der gleichzeitigen Spezifizierung von Ort und Impuls zu einem Zeitpunkt), können ganze Teilchenbahnen kalkuliert werden. In der Newton'schen Darstellung können Ort und Impuls eines Objekts etwa durch eine Flugzeitmessung bestimmt werden, bei der Licht auf das Objekt fällt und das

Streulicht mit einem Detektor erfasst wird. Obwohl Licht Impuls und Energie hat, kann entweder dafür gesorgt werden, dass der Prozess des Beleuchtens des Objekts nur eine vernachlässigbare Störung an das Objekt übermittelt (intuitiv, indem kontinuierlich die Intensität gesenkt wird), oder die Störung kann bestimmt und subtrahiert werden, und so die gewünschten Werte von Ort und Impuls des Objekts erzielt werden, wie sie gewesen wären, wenn die Messung nicht stattgefunden hätte. Niels Bohr zufolge beruht diese objektivistische Beschreibung des Messprozesses auf falschen Voranahmen.[12]

Quantenphysik basiert auf einer empirisch nachgewiesenen Unbeständigkeit oder Diskontinuität (das Wirkungsquantum = Plancks Konstante = $h \neq 0$) in Messinteraktionen – anfänglich beobachtet in Versuchen zur Erforschung atomarer Phänomene zur Jahrhundertwende. Der Mangel an Kontinuität bedeutet, dass Messinteraktionen nicht bis zu dem Punkt reduzierbar sind, an dem sie vernachlässigbar wären. Somit hängt die Bestimmung von Eigenschaften eines unabhängigen Objekts von der Subtraktion der Auswirkungen der Messinteraktion ab. Bohr argumentierte, dass auch diese Subtraktion unmöglich ist; dass die Messinteraktion nicht genau spezifiziert werden kann, ohne auf eine Weise zu intervenieren, die den Zweck der intendierten Messung stört. Außerdem argumentierte er, dass *die unbestimmbare Diskontinuität die Trennbarkeit von „Objekt" und „Beobachtungsinstanzen" [agencies of observation] unterminiert.*

Bohrs Argument für die Unbestimmbarkeit von Messinteraktionen basiert auf seinem Beharren, dass *Konzepte durch die für ihre Messung benötigten Bedingungen definiert sind* und somit einander wechselseitig ausschließende experimentelle Aufbauten gleichzeitig eingesetzt werden müssten (was unmöglich ist), um alle Eigenschaften der Messinteraktion zu bestimmen. Zum Beispiel müsste in einer Flugzeitmessung, die benutzt wird, um die Ausgangsbedingungen zu bestimmen, der durch das auf das Objekt treffende Licht übermittelte Impuls heraus subtrahiert werden. Aber eine Impulsmessung bedarf eines

Apparats mit beweglichen Teilen (d.h., das Konzept ‚Impuls' ist notwendigerweise in Bezug auf einen Apparat mit beweglichen Teilen definiert[13]), was dann die gleichermaßen notwendige Messung des Orts ausschließen würde. Denn Ortsmessungen bedürfen eines Apparats mit starren Teilen (d.h., das Konzept ‚Ort' ist notwendigerweise in Bezug auf einen starren Apparat definiert). Folglich ist Beobachtung nur unter der Bedingung möglich, dass die Messinteraktion unbestimmbar ist (d.h., sie kann nicht subtrahiert werden). Da Beobachtungen eine unbestimmbare, diskontinuierliche Interaktion beinhalten, *gibt es somit prinzipiell keine eindeutige Unterscheidung zwischen „Objekt" und „Beobachtungsinstanzen" – es existiert kein inhärenter / natürlich vorkommender / starrer / universeller / Cartesianischer Schnitt.* Somit *referieren Beobachtungen nicht auf Objekte einer unabhängigen Wirklichkeit.* Bohrs Interpretation der Quantentheorie bietet profunde Herausforderungen beider, dem Newton'schen Rahmen zugrundeliegenden Annahmen zur Messtransparenz. Tatsächlich untergräbt Bohrs Physik-Philosophie eine Reihe von Konzepten der Aufklärung, was ihm die Konstruktion eines neuen logischen Rahmens abverlangte (siehe besonders Folse 1985), einschließlich einer neuen Epistemologie zum Verständnis der Naturwissenschaften.

Bohr entfernt sich in seinen späteren Schriften vom Bezug auf das klassische Konzept der „Störung" und betont „Quantenganzheit", oder das Fehlen einer inhärenten / Cartesianischen Unterscheidung zwischen dem „Objekt" und den „Beobachtungsinstanzen", als zentrales Merkmal seines neuen deskriptiven Rahmens. Für Bohr ergeben „Objekt" und „Beobachtungsinstanzen" ein nicht-dualistisches Ganzes, insofern es konzeptuell inkohärent wäre, sich auf eine inhärente Unterscheidung zwischen den beiden zu beziehen.

„*Deskriptiv* handelt es sich um eine *einzige* Situation, aus der kein Teil heraus-abstrahiert werden kann, ohne in einen Konflikt mit anderen Beschreibungen zu geraten (nämlich die der komplementären Situation). Dem Objekt kann keine ‚unabhängige Wirklichkeit im gängigen physikalischen Sinne' zugeschrieben werden." (Hooker 1972, S. 156). Dies ist eine zentrale Idee in Bohrs Physik-Philosophie und er verwendet (in seinen späteren Schriften) den Begriff *„Phänomen", um bestimmte Instanzen von Ganzheit zu bezeichnen:* „Während im Rahmen der klassischen Physik die Wechselwirkung zwischen Objekt und Apparat vernachlässigt oder notfalls kompensiert werden kann, bildet diese Wechselwirkung in der Quantenphysik *einen untrennbaren Teil des Phänomens. Demgemäß muß die eindeutige Beschreibung eigentlicher Quantenphänomene prinzipiell die Angabe aller relevanten Züge der Versuchsanordnung umfassen."* (Kursivsetzung KB, Bohr 1966, S. 4). Des Weiteren findet „die wesentliche Ganzheit eines Quantenphänomens [...] ihren logischen Ausdruck in dem Umstande, daß jeglicher Versuch einer wohldefinierten Unterteilung eine Veränderung der Versuchsanordnung verlangen würde, die mit dem Auftreten des Phänomens selbst unvereinbar wäre" (Bohr 1964, S. 73).

Wenn ein „Objekt" und „Beobachtungsinstanzen" abgrenzender Schnitt nicht inhärent ist, welche Bedeutung, wenn überhaupt, sollten wir dann der Idee der Beobachtung zuschreiben? Bohr legt nahe, dass „wir ein Experiment einfach als ein Ereignis verstehen, über das wir eindeutig die Bedingungen aussagen können, die für die Reproduktion des Phänomens notwendig sind" (zitiert in Folse 1985, S. 124). Die Spezifizierung dieser Bedingungen ist gleichbedeutend mit *der Einführung einer konstruierten / agentisch positionierten / beweglichen / lokalen / „Bohr'schen" Unterscheidung zwischen einem „Objekt" und den „Beobachtungsinstanzen".*[14] Das heißt, obwohl keine inhärente Unterscheidung existiert, beinhaltet jede Messung die bestimmte Wahl eines Apparats, der die notwendigen Bedingungen zur Definition eines spezifischen Satzes klassischer Variablen bietet, unter Ausschluss anderer wesentlicher Variablen und somit einen spezifischen, konstruierten Schnitt platziert, der das „Objekt" von den „Beobachtungsinstanzen" abgrenzt. *Dieser spezifische, konstruierte Schnitt löst die Uneindeutigkeiten nur für einen gegebenen Kontext; er grenzt ab und ist Teil einer spezifischen Instanz von Ganzheit, d.h. eines spezifischen Phänomens.*

Betrachten wir beispielsweise nochmals ein Experiment, bei dem Licht von einem Teilchen gestreut wird. Das Streulicht kann auf eine fotografische Platte gerichtet sein, die fest im Labor fixiert ist und somit zur Erfassung des Orts verwendet wird, oder das Licht kann auf eine Ausrüstung mit beweglichen Teilen gerichtet sein, die verwendet wird, um den Impuls des Streulichts zu erfassen. Der erste Fall beschreibt im Wesentlichen den Prozess des Fotografierens eines Teilchens mit einer Blitzkamera. Hier ist das Licht Teil des Messapparats. Im letzteren Fall wird der Impuls des Lichts gemessen und es ist somit Teil des fraglichen Objekts.[15] Dieses Beispiel veranschaulicht gut die Bohr'sche Behauptung, dass Beobachtung nur unter der Bedingung möglich ist, dass die Messinteraktion unbestimmbar ist: denn es bedarf mindestens eines Photons (Lichtteilchen), um eine Spur auf dem Film zu hinterlassen, der den Ort erfasst (was die „Quantendiskontinuität" illustriert). Da der Effekt, den dieses Photon auf das Teilchen hat, nicht ausgemacht werden kann, außer wenn gleichzeitig der Impuls des Photons bestimmt wird, und da unter Verwendung eines spezifischen ausgewählten Messapparats nicht beide Variablen eindeutig definiert werden können („Ort" ist im Kontext eines Apparats mit einer fixierten fotografischen Platte definierbar, „Impuls" ist im Kontext einer fotografischen Platte auf einer beweglichen Plattform definierbar), beinhaltet die Beobachtung eine unbestimmbare Interaktion. Somit wird die Messung eindeutig definierter Quantitäten durch die Einführung eines konstruierten Schnitts zur Definition von „Objekt" und „Beobachtungsinstanzen" *in einem spezifischen Kontext* ermöglicht.[16]

Besonders in seinen späteren Schriften beharrte Bohr darauf, dass quantenmechanische Messungen „objektiv" sind.[17] Da Bohr auch die wesentliche Ganzheit von Phänomenen betont, kann er unmöglich gemeint haben, dass Messungen objektive Eigenschaften unabhängiger Objekte offenlegen. Vielmehr ist Bohrs Verwendung des Begriffs „Objektivität" an die Tatsache geknüpft, dass „nicht explizit auf einen individuellen Beobachter Bezug genommen wird“ (Bohr, zitiert in Murdoch 1987, S. 99). „Objektiv“ bedeutet reproduzierbar und eindeutig kommunizierbar – in dem Sinne, dass „permanente Markierungen auf Körpern hinterlassen werden, die die Versuchsbedingungen definieren“ (ebd. S. 98):

> „Wie für die Schulen sogenannter empirischer und kritischer Philosophie üblich, herrschte somit eine Haltung der mehr oder minder wagen Unterscheidung zwischen objektivem Wissen und subjektivem Glauben vor. Durch die Lektion bezüglich unserer Position als Beobachter von Natur, die uns die Entwicklung der Physik im gegenwärtigen Jahrhundert erteilt hat, hat eben die Verwendung solcher Begriffe wie Objektivität und Subjektivität einen neuen Hintergrund erhalten. Von einem logischen Standpunkt aus, können wir unter einer objektiven Beschreibung nur eine Kommunikation von Erfahrung verstehen, was bezüglich der Wahrnehmung solcher Kommunikationen keine Uneindeutigkeit zulässt.“
>
> (Bohr, zitiert in Folse 1985, S. 15)

Bohrs Konzept von „Objektivität“, die nicht auf einer inhärenten/ Cartesianischen Unterscheidung zwischen „Objekten“ und „Beobachtungsinstanzen“ basiert, steht in deutlichem Kontrast zu jeder Newton'schen Bedeutung von „Objektivität“, die Beobachtungsunabhängigkeit meint.

Bohrs Begriff „Beobachtungsinstanzen“ [*agencies of observation*] ist sinntragend für die zentrale Rolle von Wirkmächtigkeit [*agency*] in meinem epistemologischen und ontologischen Rahmen, den ich später in diesem Text einführen werde. „Beobachtungsinstanzen“, anstelle des üblicheren Begriffs „Beobachter“, signalisiert bereits die Untrennbarkeit der materiellen und semiotischen Apparate. Das heißt, in meiner Lesart ist der Mittelpunkt von Bohrs Analyse, dass *der physikalische Apparat (der im Bereich klassischer, makroskopischer, alltäglicher, direkter Erfahrung existiert) die konzeptuelle*

*Subjekt-Objekt Unterscheidung markiert: Die materiellen und semiotischen Apparate bilden ein nicht-dualistisches Ganzes.* In anderen Worten erhalten klassische deskriptive Konzepte ihre *Bedeutung* durch die Referenz auf einen bestimmten physikalischen Apparat, der wiederum die Platzierung eines konstruierten Schnitts zwischen „Objekt" und den „Beobachtungsinstanzen" markiert. Schließlich „stammt" der Bezugspunkt für eindeutige Kommunikation „von permanenten Spuren [...] – wie z.B. ein durch das Auftreffen eines Elektrons auf eine fotografische Platte hervorgerufener Fleck –, die auf den Körpern, welche die Versuchsbedingungen bestimmen, hinterlassen werden." (Bohr 1966, S. 3). Daher dienen „Körper, die die Versuchsbedingungen definieren", sowohl als Endpunkt als auch als Startpunkt aussagekräftiger Beobachtung. Für Bohr beinhalten Messung und Beschreibung einander (jedoch nicht in einem eng operationalistischen Sinn, sondern im Sinne epistemologischer Ununterscheidbarkeit).

Recht untypisch für die Schriften theoretischer Physiker_innen, beinhalten Bohrs Schriften häufig sehr detaillierte Zeichnungen von Versuchsanordnungen. Wie Honner herausstellt, „beharrte Bohr auf dem Erstellen ausführlicher Zeichnungen von mechanischen Geräten zur Beobachtung von Quantenereignissen [in vielen seiner Erörterungen von Komplementarität], als ob er damit den Zusammenhang zwischen beschreibenden Konzepten und klassischem Apparat betonen wollte." (Honner 1987, S. 119). Obwohl theoretischer Physiker, war Bohr besessen von den Messdetails und unzufrieden im bloßen Umgang mit abstrakten Konzepten – für Bohr *ist Bedeutung an die Erfahrungswelt gebunden.*[18] (Es gibt historische Belege für den profunden Einfluss Rutherfords, den einige als den größten *experimentellen* Physiker dieses Jahrhunderts betrachten, auf Bohr, der Postdoktorand bei Rutherford war.)

Die Frage bleibt: Was ist die Referenz für eine bestimmte objektive Eigenschaft (die bezüglich eines bestimmten konstruierten Schnitts eindeutig definiert ist), die wir durch einen bestimmten Messprozess erhalten? Da es keine inhärente

Unterscheidung zwischen Objekt und Messgerät gibt, kann die bestimmte Eigenschaft weder einem abstrakten Objekt noch einem abstrakten Messgerät aussagekräftig zugeschrieben werden. Das heißt, der gemessene Wert ist weder einem beobachtungsunabhängigen Objekt zuschreibbar, noch ist er eine durch den Akt des Messens kreierte Eigenschaft (was jegliche sinnvolle Bedeutung des Wortes „Messung" Lügen strafen würde).[19] Meine Lesart ist, dass *die gemessenen Eigenschaften auf das Phänomen referieren;* unter Erinnerung an das entscheidende Merkmal von Phänomenen, dass sie eine spezifische Instanz von Ganzheit sind, dass „die eindeutige Beschreibung eigentlicher Quantenphänomene prinzipiell die Angabe aller relevanten Züge der Versuchsanordnung umfass[t]" (Bohr 1966, S. 4).

Unsere klassischen deskriptiven Konzepte implizieren eine Subjekt-Objekt Unterscheidung, und da Phänomene die Platzierung einer konstruierten Subjekt-Objekt Unterscheidung bedingen, ist es konsistent, klassische Konzepte zur Beschreibung von Phänomenen zu benutzen. Für Bohr ist die Nutzung klassischer Konzepte zur Beschreibung von Phänomenen nicht nur angemessen, sondern notwendig. Die folgende detaillierte Kartierung des Verhältnisses zwischen klassischen Konzepten und Phänomenen kann dies rechtfertigen: Da klassische deskriptive Konzepte qua definitionem eine bestimmte Subjekt-Objekt Unterscheidung bedingen, die sich aus den Umständen ihrer Messungen ergibt; und da Phänomene eine konstruierte Subjekt-Objekt-Unterscheidung beinhalten – nämlich die fragliche, die einem spezifischen klassischen Konzept Definition verleiht –, folgt, dass genau diese spezifischen klassischen Konzepte für die Beschreibung von Phänomenen nützlich sind.[20] Das heißt, Phänomene werden notwendigerweise unter Verwendung von Konzepten beschrieben, die von spezifischen Subjekt-Objekt Unterscheidungen beschränkt sind. Diese Bedingung ist auch notwendig, weil eindeutige Kommunikation sich immer auf „permanente Markierungen auf Körpern" bezieht, d.h. makroskopischen Körpern, die in einem bestimmten Kontext als der „Apparat“ definiert werden. Da der „Apparat“ wiederum die für die Definition bestimmter klassischer Konzepte erforderlichen Umstände festlegt (abgeleitet von Alltagserfahrung in der makroskopischen Welt und auf einer Subjekt-Objekt Unterscheidung basierend), folgt es, dass Phänomene, die den fraglichen, spezifischen, konstruierten Schnitt beinhalten, notwendigerweise unter Verwendung der für den bestimmten Kontext angemessenen klassischen Konzepte beschrieben werden. Nochmal, *es muss auf Körper referiert werden, damit die Konzepte Bedeutung erhalten.*

„Während in der [klassischen] mechanistischen Naturauffassung diese Trennung [zwischen Subjekt und Objekt der Beobachtung] festlag, ist es gerade die mit den Bedingungen für den konsequenten Gebrauch der Ausdrucksmittel verbundene verschiedene Abgrenzung der Phänomene, die ihre umfassende Beschreibung ermöglicht.“ (Bohr 1964, S. 93). Nach Bohrs Komplementaritätsprinzip müssen tatsächlich alle Möglichkeiten der Setzung der Subjekt-Objekt Unterscheidung beachtet werden, um unsere Untersuchung bestmöglich zu erklären. Das heißt, einander wechselseitig ausschließende konstruierte Schnitte, die einander wechselseitig ausschließende experimentelle Bedingungen konstituieren, wodurch sie einander wechselseitig ausschließende Phänomene agentisch manifestieren, dienen der Denaturalisierung der Beschaffenheit des Beobachtungsprozesses.

Bohrs epistemologischer und ontologischer Rahmen unterscheidet sich radikal von jenem Newton’scher Physik. Bei Weitem nicht außerhalb der Diskurse naturwissenschaftlicher Theorien verortet, müssen Messungen für Bohr eine wichtige Rolle in der naturwissenschaftlichen Theoriebildung spielen: Bohr situiert Praxis innerhalb der Theorie. Folglich sind Methode, Messung, Beschreibung, Interpretation, Epistemologie und Ontologie keine trennbaren Erwägungen. Mit diesen Verbindungen befasse ich mich in den Kapiteln nach dem Methodologischen Zwischenspiel.

## 4. Methodologisches Zwischenspiel

> Einstein bemerkte einmal über Bohr: „Er äußert seine Meinung wie einer, der fortwährend tastet, nie wie einer, der sich im Besitz endgültiger Wahrheit glaubt."
>
> (Einstein 1954, zitiert in Pais 1982, S. 417)

Viele der Philosoph_innen, Historiker_innen und wenigen Physiker_innen, die Bohrs Arbeiten zu lesen versuchten, haben sich über die Schwierigkeit dieser Aufgabe geäußert. Bohrs Stil ist untypisch für naturwissenschaftliches Schreiben. Seine Schriften spiegeln eine bewusste Betrachtung seines eigenen deskriptiven Prozesses wider. Das ist mit seinen sorgfältigen Untersuchungen der Rolle der Beschreibung in naturwissenschaftlicher Wissensproduktion konsistent, die wesentlich für seinen Zugang zum Verständnis von Quantenphysik sind. Auf ähnliche Weise habe ich bei der Lektüre Bohrs versucht, für meinen eigenen beschreibenden und interpretativen Prozess aufmerksam zu bleiben. Folglich erhebe ich keinerlei Anspruch, entdeckt zu haben, was Bohr losgelöst von meinem eigenen interpretativen „Apparat" tatsächlich dachte oder intendierte; vielmehr versuche ich, eine konsistente Lesart im Rahmen bestimmter Möglichkeiten zur Lösung von Uneindeutigkeiten zu bieten. (Bedenke, dass Beschreibungen für Bohr auf Phänomene referieren, nicht auf irgendeine unabhängige Wirklichkeit.) Es bestehen deutliche Parallelen zwischen dieser Methodologie und feministischen und anderen Methodologien des verorteten Wissens. Das ist kein schierer Zufall, sondern spiegelt – wie später deutlich wird – eine gemeinsame kritische Reflexivität.

Meine Aufbereitung der Hauptmerkmale von Bohrs post-Newton'schem Rahmen und der entsprechenden Epistemologie geht aus mehr als einem Jahrzehnt des ausgiebigen Studiums von Bohrs Schriften hervor. Interpretative Fragen zur Quantentheorie plagten mich als Promovendin der theoretischen Teilchenphysik. (Nicht-Naturwissenschaftler_innen mag es überraschen, dass ein Graduiertenkolleg der Physik nicht der angemessene Kontext für die Auseinandersetzung mit solchen Fragen ist.[21]) Bis ich später wissenschaftliche Mitarbeiterin in der Physik war, hatte sich mein Fokus erweitert und umfasste die breiteren philosophischen Fragen in Bohrs post-Newton'schem System.

Die Ideen, wie ich sie bis hierher vorgestellt habe, stimmen weitgehend mit einzelnen Befunden vieler Standardtexte der Sekundärliteratur zu Bohrs Philosophie der Physik überein, einschließlich der Arbeiten von Feyerabend (1962), Hooker (1972), Bohm (1985), Folse (1985), Petersen (1985), Honner (1987) und Murdoch (1987). Wichtig ist, dass die Ansichten dieser Wissenschaftler_innen bei vielen entscheidenden Punkten weit auseinandergehen. Ich stimme keinem dieser anderen Werke in all seinen Sichtweisen zu. Doch während ich die Primärtexte wieder und wieder aus der Perspektive einer theoretischen Teilchenphysikerin las, waren und sind diverse Aspekte der eben genannten Arbeiten hilfreich für mich, wenn ich meine eigenen sich entfaltenden Ansichten zu Bohrs Physik-Philosophie formuliere.

Das Maß der Uneinigkeit unter Bohr-Forschenden zeigt sich schon in der Frage nach Bohrs interpretativem Rahmen. Die meisten Bohr-Forschenden und andere, die Bohr nicht gelesen haben, schreiben Bohr einen gewissen Antirealismus zu. Folse war einer der vehementesten unter den wenigen Vertretern, die Bohr als Realisten erachten. Wie ich in der Einleitung angedeutet habe, besteht eine der Schwierigkeiten im Klären der Uneindeutigkeiten von Bohrs Position darin, dass Bohr sein Schreiben auf epistemologische Fragen fokussierte und seine ontologischen Bekenntnisse nie aussprach. Folglich ist es schwierig, das Wesen irgendeiner Korrespondenz zu erkennen, die er zwischen Theorie und Wirklichkeit behaupten mag. Ohne eine klare Darstellung einer kohärenten Bohr'schen Ontologie, scheint eine Festlegung zum Scheitern verurteilt, welche realistische oder antirealistische Position mit Bohrs Physik-Philosophie konsistent ist. Im nächsten Kapitel stelle ich daher eine Ontologie vor, die ich für konsistent mit Bohrs

Ansichten halte, und wende mich dann der Frage einer entsprechenden interpretativen Haltung zu.

Ich werde argumentieren, dass Bohrs Physik-Philosophie mit einer besonderen Form des Realismus konsistent ist, die ich „Agentischer Realismus“ nenne. Doch wie von vornherein angemerkt, will ich hier weniger eine getreue Darstellung von Bohrs Physik-Philosophie anbieten, als vielmehr einen Rahmen zum Nachdenken über kritische epistemologische und ontologische Angelegenheiten – insbesondere in der (Natur-)Wissenschaftsforschung – vorschlagen. Da es im verbleibenden Text um diese Fragen geht, wäre es ebenso unehrlich, die vollständige Entwicklung dieses Rahmens Bohr zuzuschreiben, wie zu verleugnen, dass mein Denken über Bohrs Physik-Philosophie in meinen Formulierungen immer präsent ist.

## 5. Agentische Realität und agentischer Realismus

> „Ich glaube, Bohr wurde oft sehr missverstanden, weil seine Leser_innen darauf beharrten, die klassischen ontologischen und epistemologischen Annahmen in seine Anmerkungen [...] hineinzulesen. [...] Es wird eine autonom existierende atomare Welt vorausgesetzt, die unabhängig von unserer experimentellen Untersuchung beschreibbar ist. Für Bohr gibt es eine solche Welt nicht. [...] Es ist keine gottähnliche Annäherung an die physische Welt möglich, durch die wir sie kennen könnten, wie sie ‚absolut in sich selbst ist‘; vielmehr können wir nur soviel von ihr kennen, wie wir in für uns konzeptuell handhabbaren Situationen einfangen können – d.h., jenen Situationen, wo eindeutige Kommunikation der Ergebnisse möglich ist. [...] Dies steht in völligem Gegensatz zur klassischen realistischen Metaphysik und Epistemologie, wo die Welt betrachtet wird, als sei sie eben so, wie die klassische Theorie behauptet, dass sie ist; unabhängig von ihrer experimentellen Erforschung durch uns.“
>
> (Hooker 1972, S. 155f)

Die Realismus-Antirealismus Unterscheidung wird oft auf Basis der Frage nach dem Glauben an die Korrespondenztheorie von Wahrheit getroffen, die in einem Subjekt-Objekt / Kultur-Natur / Wort-Welt -Dualismus wurzelt. Die Trennung von Epistemologie und Ontologie ist ein Nachhall dieser Dualismen. Bohrs Philosophie fechtet eine Cartesianische (inhärente, starre, universelle) Subjekt-Objekt-Unterscheidung deutlich an. Und ich argumentiere hier, dass dies jene Konzeptionen unterminiert, die Realität entweder als vorgängig oder als außerhalb von Sprache sehen. Was beschrieben wird, ist unsere Teilhabe *in* Natur. Aage Petersen schreibt in „Die Philosophie von Niels Bohr":

> „Traditionelle Philosophie hat uns daran gewöhnt, Sprache als etwas Sekundäres zu betrachten, und Wirklichkeit als etwas Primäres. Bohr erachtete diese Haltung zur Beziehung zwischen Sprache und Wirklichkeit als unangemessen. Wenn jemand zu ihm sagte, dass es nicht die Sprache sein könne, die fundamental ist, sondern, dass es die Wirklichkeit sein muss, die sozusagen unter der Sprache liegt, und deren Ab/bild Sprache ist, antwortete er: ‚Wir hängen derart in Sprache drin, dass wir nicht sagen können was oben und unten ist. Das Wort *Wirklichkeit* ist auch ein Wort, ein Wort, dessen korrekte Verwendung wir lernen müssen.'"[22]
>
> (Petersen 1985, S. 302)

In meiner Bemühung, eine konsistente Bohr'sche Bedeutung für den Begriff der ‚Wirklichkeit' anzubieten, wende ich mich einer sehr wichtigen Aussage aus Bohrs Schriften zu: einer Passage aus seiner Antwort auf die Abhandlung von Einstein, Podolsky und Rosen (1935), worin Bohr direkt die EPR-Definition von „physikalischer Wirklichkeit" anzweifelt.[23] Viele Autor_innen haben herausgestellt, dass Bohrs Argument in dieser Passage zentral für seinen Versuch der Diskreditierung der EPR-Analyse und der schließlichen Lösung des „EPR-Paradoxons" ist. Ich möchte hiermit einerseits betonen, dass ich nicht irgendeine unbedeutende oder beliebige Passage aus Bohrs Werk gewählt habe, sondern jene, in der es für Bohr besonders wichtig war, seine Ideen zur Konzeption von Realität sorgfältig zu präsentieren. Zudem möchte ich meine Verwunderung ausdrücken, dass keine der wissenschaftlichen Arbeiten, die ich über Bohr gelesen habe, den *positiven* Aspekt dieser Passage betont – dass Bohr im letzten Satz seine eigene Definition von physikalischer Wirklichkeit anführt:

> „Von unserem Gesichtspunkt aus erkennen wir nun, daß die Formulierung des obenerwähnten, von *Einstein*, *Podolsky* und *Rosen* vorgeschlagenen Kriteriums physikalischer Wirklichkeit eine Mehrdeutigkeit in Bezug auf den Sinn des Ausdrucks ‚ohne ein System irgendwie zu stören' enthält. Natürlich ist in einem Fall wie dem soeben betrachteten nicht die Rede von einer mechanischen Störung des zu untersuchenden Systems während der letzten kritischen Phase des Meßverfahrens. Aber selbst in dieser Phase handelt es sich wesentlich um *einen Einfluß auf die tatsächlichen Bedingungen, welche die möglichen Arten von Voraussagen über das zukünftige Verhalten des Systems definieren.* Da diese Bedingungen ein immanentes Element der Beschreibung jeglichen Phänomens ausmachen, dem man mit Recht den Begriff ‚physikalische Wirklichkeit' zuschreiben kann, sehen wir, daß die Argumentation der genannten Verfasser nicht ihre Schlußfolgerungen rechtfertigt, die quantenmechanische Beschreibung sei wesentlich unvollständig."
>
> (Bohr 1935, zitiert in Bohr 1964, S. 61)

In der Besprechung von Bohrs Verwendung des Begriffs ‚Phänomen' habe ich herausgestellt, dass die Bedingungen, die die möglichen Arten von Vorhersagen definieren, ein inhärentes Element der Beschreibung eines jeden Phänomens darstellen. Somit ist die erste Aussage des letzten Satzes mit Bohrs Verwendung des Begriffs ‚Phänomen' konsistent.[24] Dann deutet der letzte Satz an, dass der Begriff ‚physikalische Wirklichkeit' richtigerweise für das Phänomen verwendet werden kann. *Phänomene konstituieren Realität.* Realität setzt sich nicht aus den Dingen-in-sich-selbst oder Dingen-hinter-Phänomenen zusammen, sondern aus Dingen-in-Phänomenen. Diese Interpretation ist mit folgendem Punkt von Weizsäcker konsistent:

> „Das Versagen der klassischen Physik im atomaren Bereich besagt, daß wir Atome nicht als ‚kleine Dinge' beschreiben können. Das scheint nicht zu fern von Machs Forderung zu sein, man solle keine ‚Dinge' hinter den Phänomenen erfinden. Aber Bohr unterscheidet sich von Mach durch die Behauptung, ‚Phänomene' seien stets ‚Phänomene an Dingen', weil sie sonst die Objektivierung nicht zuließen, ohne die es keine Wissenschaft von ihnen gäbe. Die wahre Rolle der Dinge ist nach Bohr gerade, nicht ‚hinter' sondern ‚in' den Phänomenen zu sein."
>
> (Weizsäcker 1971, S. 228)

> Oder, in Honners Worten: „Der Begriff [Phänomen] sollte nicht das uninterpretierte Erscheinen des Objektes von Erfahrung selbst bezeichnen. Noch versuchte Bohr der Kant'schen Unterscheidung zwischen dem *Ding an sich* und unserer Wahrnehmung davon zu folgen. Wenn es um solche ‚Dinge' gehen soll, dann wären sie, wie Weizsäcker es ausdrückte, eher *in* den Phänomenen zu finden als hinter ihnen."
>
> (Honner 1987, S. 15)

Das Wesen dieses Verhältnisses ist ein Streitpunkt unter jenen, die sich mit Bohr beschäftigen. Mein eigenes Verständnis von Bohrs Schriften hat mich zu einem ähnlichen Schluss geführt wie von Weizsäcker, noch bevor ich begann, Sekundärtexte zu lesen; und trotz der darauf folgenden Auseinandersetzung mit den vielen verschiedenen Interpretationen, blieb diese Interpretation für mich die einzige, die die komplexe Intention des Bohr'schen Konzepts von ‚Phänomenen' respektiert.[25] Der Punkt ist, dass Phänomene ein nicht-dualistisches Ganzes darstellen, so dass es buchstäblich keinen Sinn macht, über unabhängig existierende Dinge – als irgendwie hinter oder als Ursachen von Phänomenen – zu sprechen. Eine Bohr'sche Ontologie beinhaltet keine starre Vorstellung von Sein, die der Bedeutungsgebung vorgängig wäre (wie die klassische Realist_in annimmt), doch ist Sein auch nicht völlig unzugänglich für Sprache (wie im transzendentalen Idealismus) oder völlig aus Sprache (wie in linguistischem Monismus) – was beschrieben wird, ist unsere Teilhabe *in* Natur, was ich „agentische Realität" nenne.

Bohr betont oft die Tatsache, dass wir in der Natur sind: „In unserem Jahrhundert hat der ungeheure Fortschritt der Naturwissenschaften [...] eine ungeahnte Belehrung über *unsere Stellung als Beobachter der Natur, der wir selbst angehören, mit sich gebracht.*" (Kursivsetzung KB; Bohr 1966, S. 8). Bohrs Einleitung zu der Sammlung *Atomphysik und menschliche Erkenntnis I – Aufsätze und Vorträge aus den Jahren 1933-1955* beginnt folgendermaßen:

> „Die Bedeutung der physikalischen Wissenschaft für das allgemeine philosophische Denken liegt nicht allein in ihrem Beitrag zu unserer stetig wachsenden *Kenntnis der Natur, derer wir selbst ein Teil sind*, sondern ebensosehr darin, daß sie immer wieder zu einer Überprüfung und Verfeinerung unserer begrifflichen Hilfsmittel Anstoß gegeben hat."
> (Kursivsetzung KB; Bohr 1964, S. 1)

Die Passage von Bohrs Antwort auf EPR führt fort:

> „Im Gegenteil kann diese Beschreibung, wie die obige Diskussion zeigt, als eine rationelle Ausnützung aller Möglichkeiten eindeutiger Interpretation von Messungen charakterisiert werden, wie sie auf dem Gebiete der Quantentheorie mit der endlichen und unkontrollierbaren Wechselwirkung zwischen Objekten und den Meßgeräten vereinbar ist. Tatsächlich ist es nur der wechselseitige Ausschluß von irgend zwei, die

> eindeutige Definition komplementärer physikalischer Größen gestattenden Versuchsanordnungen, der neuen physikalischen Gesetzen Raum schafft, deren Koexistenz auf den ersten Blick mit den Grundprinzipien der Naturwissenschaften unvereinbar zu sein scheint. Es ist gerade diese völlig neue Situation bezüglich der Beschreibung physikalischer Phänomene, deren Kennzeichnung mit dem Begriff *Komplementarität* beabsichtigt ist."
>
> (Bohr 1935, zitiert in Bohr 1964, S. 61)

Bemerke, dass dieser letzte Satz besagt, dass naturwissenschaftliche Theorien physikalische Phänomene beschreiben. Da Phänomene agentische Realität konstituieren, und naturwissenschaftliche Theorien Phänomene beschreiben, folgt, dass naturwissenschaftliche Theorien agentische Realität beschreiben. Wäre da nicht das entscheidende Adjektiv „agentisch", welches das nicht-objektivistische Wesen der Bohr'schen Ontologie betont, wie ich sie hier beschrieben habe, würde das Fazit aus diesem Syllogismus wie die Proklamation einer knallharten Realist_in klingen, der eine klassische Korrespondenztheorie der Wahrheit vertritt. Jedoch liegt die fragliche Korrespondenz zwischen Theorien und agentischer Realität, und nicht zwischen Theorien und einer beobachtungsunabhängigen Realität. Daraus schlussfolgere ich, dass Bohrs Rahmen mit einer spezifischen Vorstellung von Realismus konsistent ist, die ich als „agentischen Realismus" bezeichne. Agentischer Realismus ist mit meinem früheren Argument kompatibel, dass jegliche Vorstellung von Realismus, die mit Bohrs Philosophie konsistent ist, nicht von Subjekt-Objekt / Kultur-Natur / Wort-Welt Unterscheidungen zehren darf.[26]

Auch Bohrs naturwissenschaftliche Praxis legt nahe, dass er sich einer gewissen Art von Realismus anschloss. Ein besonders bestechendes Beispiel dafür, wie unterschiedliche philosophische Positionen die Bemühungen verschiedener Teile der Physik-Gemeinschaft während der 1920er Jahre leiteten, zeigt sich bei der Betrachtung der verschiedenen Reaktionen auf die Konzeption der „Welle-Teilchen-Dualität". Diese Reaktionen stellen den Beitrag des 20. Jahrhunderts zu einer langen historischen Debatte über das Wesen von Licht dar.

Die Aussage, dass Licht aus Teilchen besteht, bedeutet, darauf zu beharren, dass Licht aus lokalisierten Objekten besteht, die in jedem zeitlichen Moment einen gegebenen Ort einnehmen. Auf der anderen Seite bedeutet die Aussage, dass Licht aus Wellen besteht, darauf zu beharren, dass Licht aus Objekten mit räumlicher Ausdehnung besteht, die mehr als einen Ort in jeweiligen zeitlichen Momenten einnehmen, wie Meereswellen, die sich an einem Strandabschnitt entlang bewegen; und außerdem können verschiedene Wellen, anders als Teilchen, einander überlappen und in einem Moment den gleichen Ort einnehmen. Offensichtlich schließen die Konzepte von „Welle" und „Teilchen" einander wechselseitig aus: Ein Objekt ist entweder lokalisiert oder ausgedehnt, es kann nicht beides sein. Und doch schienen Versuche im frühen 20. Jahrhundert zu zeigen, dass Licht sich unter bestimmten experimentellen Bedingungen als Welle verhält, und unter Bedingungen in der Versuchsanordnung, die sich mit der ersteren wechselseitig ausschließen, als Teilchen. Dieses Ergebnis war überraschend, da im späten 19. Jahrhundert die Wellentheorie des Lichts durch sowohl theoretische (Maxwells Elektromagnetismus) als auch experimentelle (Beugungs- und Interferenzeffekte) Überlegungen wohl bestätigt war. Es folgte eine umfassende Anstrengung, dieses Paradoxon zu klären.

Klassische Realist_innen hofften, das Paradoxon in einer vereinenden Erklärung zu lösen. Könnte es sein, dass alle Objekte schlussendlich Wellen sind, aber in bestimmten Größenordnungen aussehen wie Teilchen? Eine Antwort anderer Art kam von den Positivist_innen oder Instrumentalist_innen, die wie Heisenberg ihren Glauben in den mathematischen Formalismus selbst steckten und denen die Bemühungen um angemessene, visualisierbare Konzepte suspekt waren. Während dies einigen Physiker_innen als eine saubere und pragmatische Lösung erschien, waren andere nicht so gewillt, Interpretation und Bedeutung aufzugeben.

Bohrs Affinität für eine Art realistische interpretative Haltung ließ ihn weiter nach einer Lösung des Paradoxons suchen. Er nahm mit beharrlicher Leidenschaft an der Debatte teil. Wenn Bohr antirealistisch eingestellt gewesen wäre, bezweifle ich, dass er es für nötig gehalten hätte, einen völlig neuen Ansatz zum Verstehen der Rolle deskriptiver Konzepte in den Naturwissenschaften zu entwickeln, der die Basis für Komplementarität und schließlich für die sogenannte *Kopenhagener Deutung* der Quantenmechanik wurde. Offensichtlich sind interpretative Haltungen in der Konstruktion naturwissenschaftlicher Theorien von Bedeutung.

Ein paar weitere historische Details mögen hier erhellend sein. Im Jahr 1924 schrieben Bohr, Kramers und Slater eine Abhandlung mit der radikalen Vermutung, dass das vielleicht heiligste Prinzip der gesamten Physik – die Energieerhaltung – auf der atomaren Ebene aufgegeben werden müsse, um eine befriedigende Lösung für das Paradoxon der Welle-Teilchen-Dualität zu finden. Ein Instrumentalist oder knallharter Antirealist wäre im Versuch, die Anwendbarkeit dualer Repräsentationen zu erklären, sicher nicht so weit gegangen. Die drei widerriefen diesen Vorschlag als gegensätzliche empirische Belege ans Licht kamen, aber Slater verzieh Bohr nie, dass er ihn überzeugt hatte, bei einem solch radikalen Vorschlag mitzumachen. Bohr übernahm dann einen neuen Ansatz, der die Untersuchung der Gegebenheiten beinhaltete, unter denen diese Eigenschaften manifest sind (sie erscheinen nur unter einander wechselseitig ausschließenden Bedingungen), und folglich die Untersuchung der Kontextabhängigkeit deskriptiver Konzepte.[27] Die Entwicklung des Komplementaritätsprinzips war durch bestimmte realistische Bekenntnisse seitens Bohr bedingt. Andernfalls wäre Bohr mit der Verwendung alternativer Beschreibungen (Welle und Teilchen) zufrieden gewesen, wie sie durch Heisenbergs instrumentalistische Haltung nachgewiesen wurden.

Des Weiteren gibt es wichtige historische Belege, dass Bohr und Heisenberg über die Wichtigkeit und Interpretation der Welle-Teilchen-Dualität stark uneins waren. Bohr und Heisenberg entwickelten in getrennten Ferien je die Rahmen des Komplementaritätsprinzips und des Unschärfeprinzips. Nach ihrer Rückkehr nach Kopenhagen, kritisierte Bohr leidenschaftlich Heisenbergs Ableitung des Unschärfeprinzips für dessen grobe Vernachlässigung der zentralen Rolle der Welle-Teilchen-Dualität für eine angemessene Analyse.[28]

Bohrs interpretativer Rahmen weicht auf einzigartige und nicht triviale Weise von klassischen Korrespondenz- oder Spiegelungstheorien der Naturwissenschaften ab. Für Bohr wird das Paradoxon wie folgt gelöst: „Welle" und „Teilchen" sind klassische Beschreibungen, die auf verschiedene, einander wechselseitig ausschließende Phänomene referieren und nicht auf unabhängige, physikalische Objekte. Er betont, dass dies die Theorie vor Inkonsistenzen bewahrte, da es unmöglich ist, Welle und Teilchen gleichzeitig zu beobachten, da einander wechselseitig ausschließende Versuchsaufbauten benötigt werden.

Uneindeutigkeit und Paradoxon finden in diesem post-Newton'schen Rahmen keine Newton'sche / Cartesianische Lösung. Es wird keine finale, vereinende, reduktionistische Erklärung angeboten; nur kontextuelles Verständnis – lokalisierte Wissen – werden aus den multiplen Anfechtungen einer inhärenten / starren / universellen / Cartesianischen Subjekt-Objekt-Unterscheidung gezogen. Die Uneindeutigkeit wird nur temporär und kontextuell entschieden, und somit bezeichnen beschreibende Charakterisierungen nicht Eigenschaften abstrakter Objekte oder beobachtungsunabhängiger Wesen [*beings*], sondern beschreiben vielmehr das „Zwischen" unserer Intraaktionen, wie es durch spezifische, konstruierte Grenzlinien markiert ist. (Da hier nicht gemeint ist, dass zwei Dinge interagieren, habe ich den Begriff der „Intraaktion" eingeführt, um eine Wiedereinschreibung der hinterfragten Dichotomie zu vermeiden.) Anders ausgedrückt, können Messungen der Werte von wohldefinierten Variablen dem Phänomen zugeschrieben werden, und zwar dem Phänomen als spezifischer Instanz von Ganzheit – als völlig kontextuellem Da-Sein [*be-in'*], wo Materie und Bedeutung sich treffen.

## 6. Agentischer Realismus: der Rahmen

> „Allen wissenschaftlichen Bedeutungsproduktionen stellt sich das Problem der Beziehung zwischen dem Status eines Wissensobjekts und den Ansprüchen an die Treue unserer Darstellung zu einer ‚wirklichen Welt' – unabhängig davon, wie vermittelt diese Welten für uns und wie komplex und widersprüchlich sie sein mögen."
>
> (Haraway 1995, S. 91f, Übersetzung geändert)

Zusätzlich zur Frage der interpretativen Haltungen in der Wissenschaftsforschung bietet Agentischer Realismus einen Rahmen für die Beschäftigung mit breiten epistemologischen und ontologischen Fragen. In diesem Abschnitt entwickle ich einige Schlüsselpunkte, die relevant für die Themen des nächsten Abschnitts sind:[29] (1) Agentischer Realismus gründet und situiert Wissensansprüche in lokalen Erfahrungen: Objektivität wird buchstäblich verkörpert; (2) Agentischer Realismus privilegiert weder das Materielle noch das Kulturelle: Der Apparat körperlicher Produktion [*apparatus of bodily production*] ist materiell-kulturell, und so auch agentische Realität; (3) Agentischer Realismus bedingt die Untersuchung von Grenzziehungen und kritische Reflexivität; und (4) Agentischer Realismus betont die Notwendigkeit einer Ethik des Wissens.

*(1) Agentischer Realismus gründet und situiert Wissensansprüche in lokalen Erfahrungen: Objektivität wird buchstäblich verkörpert.*

Einerseits haben Feminist_innen und andere Aufklärungskritiker_innen ihre Skepsis gegenüber Objektivismus ausgedrückt, besonders gegenüber

> „der Idee einer grundlegenden Dichotomie zwischen dem Subjektiven und Objektiven; der Konzeption von Wissen als korrekter Repräsentation dessen, was objektiv ist; der Überzeugung, dass der menschliche Verstand sich komplett von Voreingenommenheit, Vorurteil und Tradition befreien kann; dem Ideal einer universellen Methode, durch die wir erst eine solide Wissensgrundlage erhalten und dann ein Gebäude universeller Wissenschaft errichten können; dem Glauben, dass wir durch die Kraft der Selbstreflexion unseren historischen Kontext und Horizont transzendieren und Dinge so erkennen können, wie sie in sich selbst wirklich sind“
> (Bernstein 1983, S. 36).

In unserer post-Kuhn'schen Ära sind die Argumente gegen Objektivismus robust und extensiv gewesen, und haben über disziplinäre Grenzen hinweg und hinaus in die Welt außerhalb der Akademie übergegriffen, so dass wenige Wissenschaftler_innen es derzeit haltbar finden, sich dem oben umrissenen Satz von Aufklärungsdoktrinen anzuschließen. Aufklärungsverteidiger_innen stehen unter dem Druck, zu zeigen, wie sich Objektivismus seinen Weg aus den trüben Wassern der Raumzeitkontingenzen herausarbeiten kann. Ironischerweise haben geläufige aufklärungskritische Theoretiker_innen, einschließlich Derrida, Foucault und Lyotard, entscheidende soziale Markierungen wie Vergeschlechtlichung und Rassifizierung in ihren Kritiken an den für das Aufklärungsprojekt charakteristischen, universalisierenden Tendenzen ignoriert. Allerdings sind es nicht bloß die Beschränktheiten dieser Kritiken, die Feminist_innen beschäftigten, sondern auch deren gründliche Ablehnung des gesamten Satzes an Aufklärungszielen. Feministische Theoretiker_innen stellen eine Ausnahme in der aufklärungskritischen Forschung dar, die in ihrer begeisterten

Annahme von Interpretationismus, Relativismus und strengem Sozialkonstruktivismus die Möglichkeit positiver Epistemologien verwirft.[30]

Haraways Theorie des Situierten Wissens bietet eine direkte Herausforderung des objektivistischen „Blicks von nirgendwo“, des „göttlichen Tricks“ der unbeschränkten, passiven Sicht, und der ebenso unverantwortlichen, relativistischen „Sicht von überall“. Sie setzt die verkörperte Perspektive – also den Blick von einer konkreten Position [*somewhere*] zusammen mit der daraus entstehenden Verantwortung – als Schlüssel zu feministischer Objektivität. Nach Haraway:

> „In wissenschaftlichen Darstellungen von Körpern und Maschinen gibt es keine unvermittelten Fotografien und keine passive Camera obscura, es gibt lediglich hochspezifische Möglichkeiten der Visualisierung, die auf ihre je eigene wunderbar detaillierte, aktive, partiale Weise Welten organisieren. […] Das Verständnis, wie diese visuellen Systeme in technischer, sozialer und psychischer Hinsicht arbeiten, dürfte ein Weg für die Verkörperung feministischer Objektivität sein.“
>
> (Haraway 1995, S. 83)

Agentischer Realismus bietet uns eine Technologie der Verkörperung (Barad 1996). Wie oben ausgeführt, erhalten Konzepte ihre Bedeutung durch Referenz auf einen bestimmten Apparat, der die Platzierung einer konstruierten Grenze zwischen „Objekt“ und den „Beobachtungsinstanzen“ markiert. Der Bezugspunkt für die objektive Beschreibung von Phänomenen stammt wiederum „von permanenten Spuren, […] die auf den Körpern, welche die Versuchsbedingungen bestimmen, hinterlassen werden.“ (Bohr 1966, S. 3) Somit dienen Körper, die die experimentellen Bedingungen definieren, als Endpunkt ebenso wie als Startpunkt für objektive Darstellungen unserer Intraaktionen. In anderen Worten, *Objektivität ist buchstäblich verkörpert.* Agentischem Realismus entsprechend ist Wissen immer eine Sicht von irgendwo – objektives Wissen ist situiertes Wissen.

*(2) Agentischer Realismus privilegiert weder das Materielle noch das Kulturelle: der Apparat körperlicher Produktion ist materiell-kulturell, und so auch agentische Realität.*
Während theoretische Konstrukte nicht als Repräsentationen transparent wiedergegebener, beobachtungsunabhängiger Eigenschaften unabhängiger materieller Objekte bzw. Wesen zu verstehen sind, wie sie in Isolation von allen Beobachtungsinteraktionen existieren; sind diese Konstrukte aber ebensowenig als Artefakte des Beobachtungsprozesses zu interpretieren, als bloße diskursive Gesten, die auf das unbeschriebene Blatt passiver Materie aufgedruckt sind. Wie Bohr ausführt:

> „Diese Probleme wurden von verschiedenen Seiten auf dem Solvay-Kongreß [...] aufschlußreich diskutiert. Dabei entstand eine interessante Debatte darüber, wie man vom Auftreten von Erscheinungen sprechen solle [...]. Die Diskussion drehte sich um die Frage, ob man beim Auftreten von Einzeleffekten die von Dirac vorgeschlagene Terminologie anwenden solle, nach der wir es mit einer Wahl von seiten der ‚Natur' zu tun haben, oder ob wir in Heisenbergs Ausdrucksweise von einer Wahl seitens des ‚Beobachters', der die Meßgeräte konstruiert und ihre Resultate abliest, sprechen sollen. Jede solche Terminologie würde aber zweifelhaft erscheinen; denn einerseits ist es kaum angängig, die Natur mit Willen im üblichen Sinne auszustatten, während es andererseits dem Beobachter sicher nicht möglich ist, die Vorgänge zu beeinflussen, die unter den von ihm geschaffenen Bedingungen ablaufen. Es gibt meiner Meinung nach keinen anderen Ausweg als zuzugeben, daß wir es auf diesem Erfahrungsgebiete mit individuellen Phänomenen zu tun haben und daß unsere Möglichkeiten, die Meßgeräte zu gebrauchen, uns nur die

> Wahl lassen zwischen den verschiedenen komplementären Phänomentypen, die wir untersuchen wollen."
>
> (Bohr 1964, S. 51f)[31]

Es gibt drei wichtige Punkte, die wir aus dieser Passage ziehen können: (i) Die Natur hat Wirkmacht [*agency*], aber sie spricht sich nicht den geduldigen, unaufdringlichen Beobachter_innen gegenüber aus, die ihren Rufen zuhören – bezüglich Wirkmächtigkeit [*agency*] gibt es eine wichtige Asymmetrie: Wir machen das Repräsentieren und doch (ii) ist die Natur kein leeres Blatt, das auf unsere Einschreibungen wartet, und (iii) das Materielle oder Diskursive zu privilegieren, heißt, die Untrennbarkeit zu vergessen, die Phänomene charakterisiert.

Wie im obigen Zitat deutlich wird, sprachen Bohr und andere Physiker_innen in ihrem Dialog über Quantentheorie über die „seitens des Experimenteurs getroffene Entscheidung", als ob dieser ein liberaler, humanistischer Akteur mit individuellem Willen wäre.[32] Es gibt keine Referenz auf die gesellschaftlichen Dimensionen naturwissenschaftlicher Wissensproduktion. (Doch ist es interessant zu merken, dass Bohr die Rolle sprachlicher Einschränkungen anerkennt.) Ohne irgendwelche anachronistischen Projektionen zu intendieren, sind doch materiell-semiotische Apparate gänzlich kulturelle (d.h. soziale, linguistische, historische, politische, etc.) Rahmen, und nicht das Ergebnis individuellen Willens, da Reproduzierbarkeit und eindeutige Kommunikation die Kriterien für Objektivität sind. Das heißt, Naturwissenschaftler_innen schaffen Bedeutungen innerhalb spezifischer Gemeinschaften, sie tun das nicht autonom. Agentischem Realismus entsprechend muss der theoretische Apparat somit ein multidimensionaler materiell-kultureller Rahmen sein.

Außerdem bietet Agentischer Realismus eine Darstellung des gleichzeitig materiellen und kulturellen Wesens der Ontologie der Welt. Zu sagen, dass etwas sozial konstruiert ist, bedeutet nicht, dass es nicht real ist. Nach Agentischem Realismus ist Realität ganz im Gegenteil selbst materiell-kulturell.[33]

Es gibt hier keinen Widerspruch zwischen Materialität und sozialer Konstruktion: Konstruiertheit verleugnet nicht Materialität. *Die Materialität des Körpers ist nicht durch seine Konstruiertheit aufgelöst, da Realität durch das „Zwischen" konstituiert ist, durch die Untrennbarkeit von Natur-Kultur / Welt-Wort / physikalisch-konzeptuell / materiell-diskursiv.* Kultur verdrängt oder ersetzt Natur nicht, aber ebenso wenig existieren Dinge außerhalb von Kultur. Phänomene sind materiell-kulturelle Da-Seins [*be-in's*]. Haraway stellt meines Erachtens eine ähnliche These auf, indem sie Objekte als „materiell-semiotische Akteure" bezeichnet. Sie benutzt diesen Begriff, um „das Wissensobjekt als aktive, bedeutungsgenerierende Axis des Apparats der körperlichen Produktion zu beleuchten, ohne jedoch *jemals* die unmittelbare Präsenz solcher Objekte zu unterstellen [...] Grenzen werden durch Kartierungspraktiken gezogen, ‚Objekte' sind nicht als solche präexistent. Objekte sind Grenzprojekte" (Haraway 1995, S. 96). In anderen Worten, der Apparat der körperlichen Produktion (qua Beobachtungsinstanzen) ist nicht von Phänomenen trennbar.

*(3) Agentischer Realismus bedingt die Untersuchung von Grenzziehungen und kritische Reflexivität.*

In Agentischem Realismus bedeutet Ganzheit nicht die Auflösung von Grenzen. Im Gegenteil sind Grenzen notwendig, um Bedeutungen zu schaffen. Theoretische Konzepte sind nur in einem bestimmten Kontext definiert, der von konstruierten Grenzen spezifiziert wird. Mit Ganzheit ist nicht die Priorisierung des unschuldigen Ganzen über die Summe seiner Teile gemeint; Ganzheit bezeichnet die Untrennbarkeit von Materiellem und Kulturellem. Ganzheit erfordert, dass Grenzlinien, Differenzierungen und Unterscheidungen gezogen werden; Ganzheit bedarf der Verschiedenheit. Utopische Träume vom Auflösen von Grenzen sind reine Illusion, da es per Definition keine agentische Realität ohne konstruierte Grenzen gibt. Es gibt zwei gängige Versuche, die Verantwortung für Grenzen zu verleugnen: (1) ihre Natürlichkeit behaupten oder (2) behaupten, dass sie willkürliche Teilungen einer holistischen Einheit seien, welche außerhalb menschlichen Raums und Zeit existiert. Agentischer Realismus zeigt hingegen explizit, dass Grenzen interessegeleitete Instanzen von Macht sind, spezifische Konstruktionen mit realen, materiellen Konsequenzen. Im Ziehen verschiedener Unterscheidungen liegen nicht nur verschiedene Interessen, sondern sie haben *verschiedene ontologische Implikationen.*

Außerdem sind Grenzen nicht starr. In Anbetracht verschiedener, möglicher Platzierungen agentisch situierter Schnitte entstehen produktive und kreative Spannungen. Die Betrachtung einander wechselseitig ausschließender Intraaktionen, die gegensätzliche Verschiebungen im konzeptuellen Bereich konstituieren, erinnert uns, dass beschreibende Konzepte sich nicht auf eine beobachtungsunabhängige Wirklichkeit beziehen, sondern auf Phänomene. Tatsächlich spiegeln Beschreibungen auf die Spezifikationen von Grenzen zurück, da Beschreibungen sich auf Phänomene beziehen und Grenzen in Phänomenen sind (d.h., das konzeptuelle Modell ist an den physikalischen Apparat gebunden, und die Beschreibungen referieren auf das Phänomen, das per Definition den Apparat mit einschließt; somit verweist die Beschreibung auf das konstruierte konzeptuelle Modell). Die Platzierung der Grenze wird Teil dessen, was beschrieben wird: Menschliche, konzeptuelle Modelle sind Teil der Quantenganzheit. Beschreibungen von Phänomenen sind reflexiv, und das Verschieben von Grenzen konstituiert eine Metakritik.

Die Anerkennung und Hinterfragung von Kontext ist in vielen feministischen Epistemologien üblich. Zum Beispiel fordern sowohl Longinos Theorie des Kontextuellen Empirismus als auch Hardings Strenge Objektivität eine kritische Untersuchung von Hintergrundannahmen. Harding schreibt:

> „In einem wichtigen Sinne haben unsere Kulturen Agenden und treffen Annahmen, die wir als Individuen nicht leicht aufspüren können. Theoretisch fungiert unvermittelte Erfah-

rung – jener Aspekt von Gruppen- oder Individualerfahrung, in dem kulturelle Einflüsse nicht aufgedeckt werden können – als Teil der Beweisführung für naturwissenschaftliche Ansprüche. Kulturelle Agenden und Vorannahmen sind Teil der Hintergrundannahmen und Nebenhypothesen, die Philosoph_innen identifiziert haben. Wenn das Ziel ist, alle für oder gegen eine naturwissenschaftliche Hypothese aufgestellten Beweise für die kritische Prüfung zugänglich zu machen, dann erfordert diese Beweisführung auch die kritische Untersuchung innerhalb von naturwissenschaftlichen Forschungsprozessen".

(Harding 1991, S. 149)

Agentischer Realismus integriert Praxis in die Theorie: Theorie reflektiert Kontext epistemologisch und ontologisch. Im Gegensatz zu traditionellen Ansichten über Theorie, die die eigentliche Messpraxis außerhalb von Theorie verorten, und entsprechend des logischen, positivistischen/empiristischen Programms, das besagt, dass Messungen auf transparente Weise zwischen Theorien verhandeln, bedingt Bohrs Physik-Philosophie eine Rekonzeptualisierung der Naturwissenschaften, die den Diskurs über Naturwissenschaft in den naturwissenschaftlichen Diskurs hineinplatziert. Das heißt, *Phänomene sind die Verkörperung kultureller Praxen innerhalb von Theorie.* Ich vermute, dass solche selbstreflexiven Überlegungen in Bohrs Theoriebildung die Hauptursache für dessen Marginalisierung innerhalb der Physik-Gemeinschaft sind (für mehr Details siehe Barad 1995).

*(4) Agentischer Realismus betont die Notwendigkeit einer Ethik des Wissens*

In Agentischem Realismus ist Realität nicht unabhängig von unseren Erforschungen von ihr – epistemologisch *sowie* ontologisch betrachtet. Die Fokussierung auf beides, das Ontologische wie das Epistemologische, ist wesentlich, um innerhalb der Welt verantwortlich zu intraagieren. Wissensprojekte bedingen die Setzung von Grenzen, die Produktion von Phänomenen, die materiell-kulturelle Intraaktionen sind. Das heißt, unsere konstruierten Wissen haben reale, materielle Konsequenzen. Und deshalb fordert Agentischer Realismus direkte Verantwortlichkeit und Verantwortung. Es gilt, der Tatsache zu erinnern, dass die adjektivische Form des Wortes ‚agency' die Form modifiziert und spezifiziert, die Realismus hier annimmt; in Anfechtung traditioneller Formen von Realismus, die eine aktive Partizipation seitens der Wissenden leugnen. Agency ist eine Sache des Intraagierens, eine Inkraftsetzung – es ist nicht etwas, das jemand hat.

Wir müssen die Technologien verstehen, durch die spezifische soziale Konstruktionen reale, materielle Konsequenzen haben. Agentischem Realismus zufolge muss auch der ganze Apparat körperlicher Produktion theoretisiert werden – die Betrachtung kontextloser Variablen wird inadäquate Ergebnisse bringen. Denken wir wieder an die Existenz von Wellenphänomenen im Kontext eines spezifischen Apparats körperlicher Produktion; Teilchenphänomene sind an einen wechselseitig ausschließenden Apparat gebunden. Quantenphysik kann ein in einem bestimmten Kontext existierendes Phänomen erklären, wenn und nur wenn der Apparat körperlicher Produktion in die Kalkulation mit einbezogen wird. Agentischer Realismus bietet ein Verständnis der möglichen, dynamischen Intraaktionen von Natur-Kultur als ontologisches Da-Sein und hilft uns so, die materiellen Konsequenzen des Konstruierens bestimmter Apparate körperlicher Produktion zu theoretisieren. Wissen beinhaltet, den existierenden Apparat zu denaturalisieren, vielfach anzufechten und zu destabilisieren, um Grenzen neu zu zeichnen. Dies wird reale, materielle Konsequenzen haben, so dass Agentischer Realismus das Erfordernis einer Ethik des Wissens unterstreicht.

# 7. Agentischer Realismus und Wissenschaftsforschung

> „Bohr will auch sagen, dass das Konzept von Komplementarität als aus dem Wesen unseres Bewusstseins darüber hervorgehend verstanden werden kann, was von uns ‚anders' ist; aus der unüberwindbaren Spannung zwischen Inhalt und Form, zwischen Realität und Konzept sowie zwischen Theorie und Erfahrung. Unsere Repräsentationen von Wirklichkeit sind nicht so sehr ein privilegiertes, mentales Spiegeln von externer Realität, in der Objekt und Subjekt absolut fern voneinander sind, als ein erfolgreicher Kompromiss zwischen Sprache und Aktivität. [...] Jedoch sieht Bohr die Beziehung zwischen Wort und Welt nicht als gänzlich relativ, was implizieren würde, dass unsere Worte keine Verankerung in Welt hätten; angesichts des Wesens unseres Bewusstseins darüber, was nachweislich von uns ‚anders' ist, wird stattdessen eine Beziehung zwischen Wort und Welt akzeptiert, die notwendigerweise eine völlige Auflösung verweigert."
>
> (Honner 1987, S. 103)

Als Naturwissenschaftlerin war ich sehr an feministischer Wissenschaftsforschung interessiert, unter anderem weil die Wissenschaftler_innen in diesem Bereich – viele von ihnen selbst Naturwissenschaftler_innen – den Polarisierungen widerstanden, die häufig in traditionelleren und monodisziplinären, zeitgenössischen Diskussionen über das Wesen der Naturwissenschaften zu finden sind. Evelyn Keller identifiziert zwei nicht zusammenarbeitende Diskurse über Naturwissenschaften:

> „[...] einer ist eine radikaler werdende Kritik, die es versäumt, die Effektivität von Naturwissenschaft zu erklären, und der andere ist eine Verteidigung, die ihr Selbstvertrauen aus dieser Effektivität zieht, um eine traditionelle und im Wesentlichen unveränderte Philosophie der Naturwissenschaften zu erhalten. Es bedarf einer Art, über Naturwissenschaft zu denken und zu sprechen, die aus diesen beiden sehr ver-

> schiedenen Perspektiven Bedeutung ziehen kann – die die jeweils reflektierten Realitäten anerkennen und doch deren verschiedene Wahrnehmung berücksichtigen kann."
>
> (Keller 1985, S. 6)

Ich halte diese Spannungen für recht produktiv und meines Erachtens bezeichnet Kellers Forderung eine der wichtigsten Problemstellungen für heutige (Natur)Wissenschaftsforschung.

Wenn das „Entdeckungs-Modell" der Naturwissenschaften, das die naturwissenschaftliche Wissensproduktion als Ein-Mann-Show sieht – die Natur auf der Bühnenmitte mit einem passiven Publikum geduldig zuschauender Beobachter_innen –, nicht länger akzeptabel ist, und auch keine extreme Version von Sozialkonstruktivismus, die die Naturwissenschaften als willkürliche Ansammlung machtbeladener, rhetorischer Schritte darstellt: Ist es dann möglich, ein detailliertes Verständnis der Interaktion von Natur und Kultur in der naturwissenschaftlichen Wissensproduktion zu erhalten? Agentischer Realismus bietet einen Rahmen, der für die Neutheoretisierung einer Reihe von Fragen nützlich sein kann, die im Vertrauen auf klassische Epistemologien und Ontologien generiert wurden. In diesem Kapitel werde ich die Implikationen von Agentischem Realismus für die Wissenschaftsforschung erkunden. Die folgenden Fragen habe ich dabei im Kopf: Wie können wir den Anspruch von Wissenschaftsforscher_innen, dass naturwissenschaftliches Wissen ein sozial konstruiertes Produkt ist, das konzeptuell, methodologisch und epistemologisch an spezifische Machtachsen geknüpft ist, mit sowohl den befreienden als auch den unterdrückenden Interventionen, die durch die Verlässlichkeit empirisch adäquaten naturwissenschaftlichen Wissens möglich sind, unter einen Hut bringen? Was, wenn überhaupt etwas, kann durch unsere Erforschungen unserer Welt über deren Ontologie gesagt werden? Gibt es eine Vorstellung von Realismus, die mit der Aussage konsistent ist, dass naturwissenschaftliches Wissen kulturell spezifisch ist?

Die naturwissenschaftliche Methode, unser Geburtsrecht der Aufklärung, versprach als riesige Destillationssäule zu dienen, die alle kulturellen Einflüsse entfernt und geduldigen Beobachter_innen erlaubt, das pure Destillat der Wahrheit zu sammeln. Die Transparenz der Newton'schen Physik bezüglich des Messprozesses wuchs aus diesem kulturellen Milieu des Objektivismus, das den Erfolgen der Naturwissenschaften die Paradoxie nahm, und bekräftigte es: Naturwissenschaft funktioniert, weil Naturwissenschaftler_innen fähig sind, die Fakten über die Welt zu erhalten, wie sie unabhängig von uns menschlichen Wesen existiert. Die Naturwissenschaften der Aufklärung haben die Trennung von wissenden Subjekten und beobachtungsunabhängigen Objekten zur Prämisse. Agentischer Realismus fordert diese Konzeptualisierung von Naturwissenschaften auf epistemologischer und ontologischer Ebene heraus.

Nach Agentischem Realismus erhalten naturwissenschaftliche Konzepte ihre Bedeutung in Bezug auf einen spezifischen physikalischen Apparat, der die Platzierung eines agentisch konstruierten Schnitts zwischen „Objekt" und den „Beobachtungsinstanzen" markiert. Wiederum stammt der Referenzpunkt für objektive Beschreibungen von Phänomenen „von permanenten Spuren [...] auf den Körpern, die die Versuchsbedingungen bestimmen"[34] (Bohr 1966, S. 3). Somit dienen Körper als Endpunkt sowie als Startpunkt für objektive Darstellungen unserer Intraaktionen. Mit anderen Worten, Agentischer Realismus gibt uns eine verkörperte Erklärung von Objektivität.

Naturwissenschaftliche Ergebnisse sind nicht reproduzierbar, weil wir in der Lage wären, die beobachtungsunabhängigen Eigenschaften einer unabhängigen Realität zu messen. Reproduzierbarkeit ist möglich, weil naturwissenschaftliche Untersuchungen verkörpert sind, fundiert in Erfahrung, in Praxis. Reproduzierbarkeit bedeutet die Möglichkeit der Reproduktion von Phänomenen, und Phänomene sind auf den „Körper" geschrieben; Phänomene sind der Ort, wo Materie und Bedeutung sich treffen. Reproduzierbarkeit von Phänomenen bedarf nicht des Beweises und dient nicht als Beweis für den Zugang zum Transzendenten. „Die übergreifende Kraft von Bohrs Argument ist, dass wir in unserer Teilhabe an der Welt keine absolute Grundlage haben, trotz der Akzeptanz, dass unsere Sprache durch ihre Verankerung in der Alltagserfahrung von Wirklichkeit funktioniert." (Honner 1987, S. 222). Die Reproduzierbarkeit von Phänomenen ist nicht unschuldig – sie hängt von der Wahl eines konstruierten Schnitts ab, für den die Uneindeutigkeit nur temporär und kontextuell entschieden ist; und zwar auf eine Weise, die bestimmten Konzepten unter Ausschluss anderer Bedeutung verleiht. Reproduzierbarkeit ist kein Filter für gemeinsame Voreingenommenheiten; der Apparat körperlicher Produktion ist kulturell situiert. Die Naturwissenschaftler_innen, die die Grenzen markieren, sind selbst durch die kulturellen Spezifitäten von Rassismus, Geschichte, Geschlecht, Sprache, Klasse, Politik, etc. markiert. Im Gegensatz zum klassischen Rahmen gibt es eine Vorstellung von Wirkmächtigkeit und dadurch von Verantwortlichkeit. Da Reproduzierbarkeit der Grundstein westlicher Naturwissenschaften ist, hat Naturwissenschaft im Kontext der gegenwärtigen Diskussion Bedeutung, aber nicht in irgendeinem klassischen Sinne.[35] Agentischem Realismus zufolge *ist Naturwissenschaft eine Bewegung zwischen Bedeutungen und Materie, Wort und Welt, Grenzen untersuchend und verschiebend, ein Tanz nicht hinter oder außerhalb, sondern in „dem Zwischen", wo Wissen und Sein sich treffen.*

Naturwissenschaftliches Wissen ist keine willkürliche Konstruktion unabhängig von „dem, was da draußen ist", denn dieses ist nicht getrennt von uns; und angesichts eines bestimmten Satzes konstruierter Schnitte sind bestimmte beschreibende Konzepte der Naturwissenschaften wohldefiniert und können genutzt werden, um reproduzierbare Ergebnisse zu erreichen. Dennoch können diese Ergebnisse nicht dekontextualisiert werden. Naturwissenschaftliche Theorien erzählen uns nicht von einer unabhängigen Wirklichkeit; naturwissenschaftliche Konzepte sind keine simplen Benennungen von Entdeckungen objektiver Eigenschaften einer unabhängigen Natur mit inhärenten Grenzen. Naturwissenschaftliche Konzepte sind nicht unschuldig oder einzigartig. Sie sind Konstrukte, die benutzt werden können, um eher „das Zwischen" als eine unabhängige Realität zu beschreiben. (Warum wären wir überhaupt an einer solchen Sache wie einer „unabhängigen Realität" interessiert? Wir leben nicht in einer solchen Welt.) Der Punkt ist, dass Phänomene Wirklichkeit konstituieren. Das heißt, Realität selbst ist materiell-kulturell. Und nach Agentischem Realismus ist naturwissenschaftliches Wissen situiertes Wissen, das *agentische* Realität beschreibt. Meine Überarbeitung eines wichtigen Zitats von Niels Bohr lautet folgendermaßen: „Es ist falsch, zu denken, die Aufgabe der Physik sei es, herauszufinden, wie Natur *ist.* Die Physik beschäftigt sich mit dem, was wir über [unsere Intraaktionen in] Natur sagen können." (zitiert nach Petersen 1963, S. 12). *Wir sind in Realität, wir müssen in unseren Theorien sein.* In anderen Worten, naturwissenschaftliche Theorien beschreiben agentische Realität – die genau das ist, was uns interessiert (wir leben nicht in einer transzendenten Wirklichkeit). Damit naturwissenschaftliche Theorien agentische Realität beschreiben können, muss naturwissenschaftliches Wissen materiell-kulturelle Faktoren erklären, da sie in agentischer Realität sind. Ansonsten würden wir nicht erwarten, dass naturwissenschaftliches Wissen empirisch adäquate Erklärungen unserer Intraaktionen in Natur produziert. Verlässlichkeit setzt nicht Zugang zum Transzendenten voraus, sondern die Fundierung von Praxis innerhalb von Theorie. (Die nicht-klassische Epistemologie und Ontologie haben das Paradox der klassischen Position abgelöst, die die Verlässlichkeit naturwissenschaftlicher Theorien als abhängig von objektiven Entdeckungen einer unabhängigen Realität betrachtet.) Die Betrachtung einander wechselseitig ausschließender Sätze von Konzepten produziert entscheidende Spannungen und Ironien, die betonen, dass *es die Tatsache der sozialen Konstruiertheit naturwissenschaftlichen Wissens ist, die zu verlässlichem Wissen über reproduzierbare Phänomene führt – und genau daran sind wir interessiert.* Somit kann die Einsicht, dass Naturwissenschaft als eine soziale Praxis konzeptuell, methodologisch und epistemologisch an bestimmte Machtachsen geknüpft ist, tatsächlich mit der Tatsache versöhnt werden, dass naturwissenschaftliches Wissen empirisch adäquat ist, dass es effektive Interventionen bietet, die entweder zu regressiven oder befreienden Zwecken nutzbar sind.

Es geht nicht um den Versuch, Natur durch eine kulturelle Linse mit einer Optik variierender Grade von Durchsichtigkeit oder Trübheit anzusehen. Wir versuchen nicht, unsere Theorien der Wirklichkeit anzupassen, in dem wir die starre Grenze zwischen Natur und Kultur erforschen. Phänomene konstituieren unsere Ontologie. Und da naturwissenschaftliche Konzepte zur Beschreibung von Phänomenen genutzt werden können und Phänomene nicht „da draußen" sind, sondern materiell-kulturelle Da-Seins, bietet Agentischer Realismus uns eine Form von Realismus, die mit Sozialkonstruktivismus kompatibel ist. Agentischer Realismus ist eine Form von Sozialkonstruktivismus, die nicht relativistisch ist, die Wissen nicht auf Machtkonstellationen oder Sprache reduziert, und die Objektivität nicht zurückweist.

## 8. Schlüsse

> „Ich glaube also, dass mein und ‚unser' Problem darin besteht, wie wir *zugleich* eine Erklärung der grundlegenden historischen Bedingtheit aller Wissensansprüche und Wissenssubjekte, eine kritische Praxis zur Wahrnehmung unserer eigenen bedeutungserzeugenden ‚semiotischen Technologien' *und* ein nicht-unsinniges Bekenntnis zu glaubhaften Darstellungen einer ‚realen' Welt haben können; einer Welt, die teilweise miteinander geteilt werden kann und die weltweiten Projekten endlicher Freiheit, adäquaten materiellen Überflusses, bescheidener Bedeutung von Leid, und begrenzten Glücks gerecht wird."
>
> (Haraway 1995, S. 78f, Übersetzung geändert)

Agentischer Realismus weist die Unschuld des naiven Realismus zurück; stattdessen bedingt er bewusste, kritische Reflexivität. Dualismen, binäre Oppositionen, Dichotomien und andere Grenzziehungen, die die Grundlage allen Wissens bilden, werden nicht durch ihren natürlichen Status als Cartesianische Schnitte gesichert – nicht einmal in der Physik. Die gezogenen Linien sind machtgeladene, epistemologische Entscheidungen, die aus bestimmten konzeptuellen Modellen hervorgehen. Dies bedeutet nicht, dass wir das Grenzziehen nicht rechtfertigen können, oder dass erzeugte konzeptuelle Modelle unnütz sind. Nur weil Naturwissenschaften als sozial konstruiert aufgedeckt werden, heißt das nicht, dass sie nicht funktionieren. Und empirische Adäquatheit ist kein Argument, das benutzt werden kann, um die Anklagen des Konstruktivismus zum Schweigen zu bringen. Ebenso wenig ist Konstruktivismus ein Beweis für epistemologischen Relativismus. Ich habe argumentiert, dass verlässliche Theorien über unsere Intraaktionen notwendigerweise sozial konstruierte Theorien mit realen, materiellen Konsequenzen sind. Wir brauchen Wissenssysteme, die sowohl verlässliche als auch verantwortliche Handlungsanleitungen sind. Agentischer Realismus schafft eine Alternative zu objektivistischen Ansätzen der Wissensproduktion, die das situierte Wesen von Wissen verleugnen, und zu sozialkonstruktivistischen Ansätzen, die die Wirksamkeit von Wissenssystemen ausblenden.

Agentischer Realismus ist keine Forderung an Feminist_innen und andere, sich einmal mehr vor der Hegemonie der Naturwissenschaften im Finden einer neuen Epistemologie zu beugen. Im Gegenteil, Agentischer Realismus untergräbt die Hegemonie der Naturwissenschaften (jedoch nicht deren Wirksamkeit). Agentischer Realismus beharrt darauf, dass Naturwissenschaften, wie alle anderen menschlichen Unternehmungen, einen reflexiven, kritischen Diskurs enthalten. Bohr hat argumentiert, dass Quantenphysik – von vielen als angesehenster Bereich der Naturwissenschaft betrachtet – einen neuen Rahmen für das Verständnis der Rolle deskriptiver Konzepte in naturwissenschaftlicher Wissensproduktion erfordert. Die Konzepte von Welle und Teilchen dekonstruieren einander, was die Beschränkungen des klassischen Rahmens offen legt. Es liegt Ironie aber vielleicht wenig Überraschung in der Tatsache, dass unsere Interaktionen mit Licht – oh Licht! jener stets unverwüstlichen Metapher für Wissen, das das dunkle Terrain der Ignoranz erleuchtet – eine zentrale Rolle in der Unterminierung der Hegemonie Newton'scher Physik, diesem hellen Stern der Aufklärung, spielt und die objektiv-subjektiv- und Natur-Kultur-Dualismen dekonstruiert, die so viele Versuche plagten, das Wesen naturwissenschaftlichen Wissens zu verstehen.

Was ich vorschlage, ist nicht irgendein ganzheitlicher Ansatz, in dem Subjekt und Objekt sich zu einem apolitischen, relativierten Ganzen wiedervereinigen, sondern eine Theorie, die sowohl auf der Wichtigkeit konstruierter Grenzen als auch auf der Notwendigkeit ihrer Infragestellung und Umgestaltung beharrt. Die Subjekt und Objekt involvierende Intraaktion problematisiert natürliche, pure und unschuldige Trennungen – jedoch nicht auf eine Weise, die nach der raschen Auflösung von Grenzen strebt. Grenzen sind nicht unsere Feinde; sie sind notwendig, um Bedeutung zu schaffen, aber das macht sie nicht unschuldig. Grenzen haben reale materielle Konsequenzen – Schnitte sind agentisch positioniert und Verantwortlichkeit ist obligatorisch. Das Verschieben von Grenzen hilft oft, Machtfragen an die Oberfläche zu bringen, die die Machthabenden zu verschütten versuchen. Agentischer Realismus beharrt auf der Notwendigkeit wechselseitig ausschließender, veränderlicher, multipler Positionierungen, wenn die Komplexität unserer Intraaktionen anerkannt werden soll.[36] Multiple Anfechtungen agentisch positionierter Grenzen erhalten Konzepte lebendig, und schützen sie vor Verdinglichung und Versteinerung. Unser Ziel sollte nicht sein, weniger falsche Grenzen für jede Raumzeit zu finden, sondern verlässliche, verantwortliche, lokalisierte, temporäre Grenzen, die uns – wie wir annehmen sollten – bald einholen werden. Agentischer Realismus wird unausweichlich Opfer seiner eigenen Gestaltung sein, aber ich behaupte, er bietet gegenwärtig Potentiale für einige unserer Zwecke.[37] Agentischer Realismus erfordert lokale oder situierte Wissen (Haraway 1995); Wissen, die transzendentale, universale, vereinheitlichende Mastertheorien zugunsten von verkörperten und kontextuellen Verständnissen ablehnen.

Wer sind die Wirkenden [*agents*] im Agentischen Realismus? Die Geschichte der Naturwissenschaften verläuft parallel zur Geschichte des Wissens in anderen Bereichen: die Machthabenden porträtieren auf effektive Weise ihre Wissenssysteme als universell und verleugnen ihre eigene Wirkmächtigkeit [*agency*]. Innerhalb dieser Tradition, ist Wirkmächtigkeit ein von Autor_innenschaft recht getrenntes Thema gewesen. Rivalitäten über primäre Autor_innenschaft sind in der Geschichte der Naturwissenschaften üblich; aber dabei geht es um Gerissenheit und Scharfsinn. Was „entdeckt" wird, gilt als durch die „Entdecker_in" unmarkiert. Der behauptete Anspruch ist, dass die gut vorbereitete Naturwissenschaftler_in die universellen Gleichungen der Natur lesen kann, die auf G'ttes Tafel geschrieben stehen: die Natur hat gesprochen. Das Paradoxon ist, dass den studierten Objekten die ganze Wirkmächtigkeit zugeschrieben wird, sogar und besonders wenn sie als passiv gesehen werden, als inerte Dinge, die kulturfrei und außerhalb von menschlichem Raum und Zeit existieren, sich ziellos in der Leere bewegen. In Vervollständigung dieses Aufklärungsszenarios sind die passiven, menschlichen Beobachter_innen ohne Wirkmacht. In der Nebeneinanderstellung dieser Mythologie und der liberal-humanistischen Erzählung, die den Menschen mit individuellem Willen und Herrschaft über die Natur ausstattet, offenbart sich die Überdeterminiertheit des Aufklärungsdiskurses.

Die Natur-Kultur- und Objekt-Subjekt-Dualismen sind konstruierte Schnitte, die im Dienste dieses Erbes als inhärent und starr ausgegeben werden. Agentischer Realismus macht andere Bewegungen: Er verschiebt und destabilisiert Grenzen. Hier kommt Wissen aus dem „Zwischen" von Natur-Kultur, Objekt-Subjekt, Materie-Bedeutung. Die Cartesianische Spaltung zwischen den Beobachtungsinstanzen und dem Objekt ist eine klassische Illusion. Man kann Wirkmacht nicht als etwas bezeichnen, dass dem einen oder dem anderen isoliert innewohnt. Die Beobachter_in hat keine totale Wirkmacht über passive Materie – keine Repräsentation von Realität hat das – da nicht jedes denkbare Ergebnis möglich ist: die Welt „mischt mit". Auch hat das Objekt keine totale Wirkmacht und flüstert seine Geheimnisse – meist in der Sprache der Mathematik – in das Ohr der aufmerksamen Wissenschaftler_in. Wissen ist nicht so unschuldig; es kommt nicht ganz von allein „einfach so heraus". Natur ist weder ein leeres Blatt für das freie Spiel sozialer Einschreibungen, noch irgendeine vermittelt vorhandene, transparent gegebene „Dingheit" [*thingness*]. Agentischer Realismus erkennt die Wirkmächtigkeit von beiden an – Subjekten und Objekten –, ohne vorzugeben, dass es einen utopischen, symmetrischen, allumfassenden Dialog außerhalb menschlicher Repräsentationen gäbe. Naturwissenschaften sind nicht das Produkt irgendeiner Interaktion zwischen zwei wohl unterschiedenen Entitäten: Natur und Kultur, da sie jeglicher Dichotomie von Materie und Bedeutung entbehren, wie ein Elektron, das durch die Grenzen hindurch tunnelt, die gesetzt wurden, um seine Bewegung einzuschränken.[38] Bedeutung und Materie sind eher wie interagierende Erregungen nicht-linearer Felder – ein dynamischer, beweglicher Tanz, den wir Naturwissenschaft nennen.

Phänomene sind die Intraaktionen von Wissen und Sein, Wort und Welt, Kultur und Natur. Phänomene sind materiell-kulturelle Da-Seins. Agentischer Realismus beruht auf einer nicht-klassischen Ontologie. Das Materielle ist nicht fixiert und vorgängig zu diskursiver Bedeutungsgebung, sondern in ihr. Jeanette Winterson schreibt in ihrem Roman *Auf den Körper geschrieben*: „Dies ist die Art, auf die ich dich kenne. Du bist, was ich kenne" (Winterson 1993, S. 120). Intraagieren ist eine Aktivität, die die Mechanismen einer verkörperten Objektivität theoretisiert. In unserem Versuch zu verstehen, partizipieren wir aktiv an Realität. *Bei Realismus geht es nicht um die Reprä-*

*sentationen einer unabhängigen Realität, sondern um die realen Konsequenzen, Interventionen, kreativen Möglichkeiten und Verantwortlichkeiten des Intraagierens in der Welt.*

Schließlich ist Materialität von Bedeutung: Es gibt soziale und materielle Grundlagen für Wissensansprüche – die Intraaktionen von Materiellem und Diskursivem sind die Technologien verkörperter Objektivität – und sozial konstruierte Wissen haben reale, materielle Konsequenzen. Diese Konzeptionen von Materialität stehen im Widerspruch zur Unmittelbarkeit von Materie in naiven realistischen Ansätzen und zu deren Vernachlässigung in einigen sozialkonstruktivistischen Ansätzen. Es scheint mir ebenso voreilig, sich vom Realismus abzuwenden wie Objektivität aufzugeben. Feminist_innen haben Objektivität hinterfragt, neu definiert und theoretisiert; Agentischer Realismus ist ein Versuch, ein feministisches Konzept von Realismus zu formulieren. Agentischer Realismus geht über die Anerkennung hinaus, dass es materielle und kulturelle Grundlagen für Wissensansprüche gibt, hinaus über die Neukonzeptualisierung von Beschreibungen in Wissenssystemen, und bietet uns einen positiven Sinn der Ontologie von Welt sowie einige wichtige Anhaltspunkte darüber, wie in ihr verantwortlich und produktiv zu intraagieren ist.

Judy Grahn schlägt vor: „Verstehen zu wollen, zur Basis, zur Wurzel oder zur versteckten Bedeutung vordringen zu wollen, ist das falsche Werkzeug [für unsere Arbeit] [...] Vielleicht ist es vielmehr *inter*stehen [besser noch *intra*-stehen], was wir tun, wenn wir uns auf diese Arbeit einlassen und uns in aktiver Beschäftigung mit ihr vermischen. Statt Bedeutung herauszuziehen, legen wir Bedeutung hinein." (Grahn 1989, S.21)

Wissen sind keine unschuldigen Repräsentationen, sondern Intraaktionen von Naturen-Kulturen: Wissen heißt, dem Universum auf halbem Weg zu begegnen.

*Pomona College*
*Claremont, CA*

Dank an Ruth Wilson Gilmore, Donna Haraway, Sandra Harding, Martin Krieger, Helen Longino, Lynn Hankinson Nelson, Jennifer Rycenga, Sharon Traweek und Roanne Wilson.

## Endnoten

1 Weniger offensichtlich ist, dass der Erfolg naturwissenschaftlicher Theorien auch für Realist_innen nicht automatisch ist, wie Laudan (1981) und Fine (1984) argumentieren.

2 Cushing behauptet, dass „Realismus in doppelter Gefahr ist", dass obwohl Bohms Interpretation eine realistische ist, er Bohrs Interpretation der Quantenphysik als antirealistisch bezeichnet. Darüber hinaus bedeutet die Existenz dieses konkreten Beispiels von Unterdeterminiertheit, dass es sehr schwierig sein würde, Argumente für Realismus zu liefern. Obwohl ich argumentieren werde, dass Bohrs Interpretation eine realistische ist, schwächt diese Divergenz in und von sich selbst nicht den Unterdeterminiertheits-Aspekt von Cushings Argument. (Es gibt dennoch ein paar davon unabhängige Probleme. Eines ist die Tatsache, dass die empirische Äquivalenz dieser Theorien von der Auflösung des Messproblems für die *Kopenhagener Deutung* abhängt (siehe Fn 6), da – rigoros gesprochen – die *Kopenhagener Deutung* ohne eine solche Lösung keine definitiven Vorhersagen liefert (siehe Albert 1992). Und selbstverständlich bleibt offen, ob Bohms Theorie und die Kopenhagener Theorie empirisch in jeder Hinsicht übereinstimmend sind.)

3 Dies ist keine Zirkularität. Wie ich später erklären werde, zeigt sich hierin kritische Reflexivität.

4 Die aus dem Rahmen des agentischen Realismus hervorgehenden Destabilisierungen liberaler humanistischer Identitätskonzeptionen werden hier nicht mein Fokus sein. Dieser wird hier primär auf Naturwissenschaften liegen. Für mehr Details über agentischen Realismus und Identität siehe Barad (2007).

5 Bohrs Schriften wurden dank Rosenfeld in gesammelten Werken zugänglich gemacht (1972-2006).

6 Während Physiker_innen von *der* Kopenhagener Deutung sprechen, gibt es gewissermaßen viele Kopenhagener Deutungen, oder anders ausgedrückt, es gibt keine wohldefinierte, kohärente und vollständige Kopenhagener Interpretation. Dies liegt daran, dass es zwischen den an ihr mitwirkenden Physikern starke philosophische und interpretative Differenzen gab, so dass das, was als Kopenhagener Interpretation angenommen wird, eigentlich eine Überlagerung der Sichtweisen von Bohr (Komplementarität), Heisenberg (Unschärfe), Born (Wahrscheinlichkeit), und Von Neumann (Kollaps) ist, um hier ein paar der Schlüsselfiguren zu nennen.

7 Für mehr Details siehe Cushing (1994). (Obwohl Bohrs Physik-Philosophie kein primärer Fokus für Cushing ist, merke ich an, dass meine Lesart Bohrs wesentlich von der Cushings abweicht. Wie ich später detaillierter ausführen werde, hat meine Lesart sehr viel mehr mit Interpretationen einer Reihe von Bohr-Forscher_innen gemein.)

8 Es gibt eine wachsende Zahl von Fachbüchern zur Quantenphysik, die keinen von Bohrs Beiträgen zum Fach erwähnen (außer sein Prä-Quanten-Atommodell). Das heißt, häufig finden sein Korrespondenzprinzip und dessen Rolle in der Entwicklung der Quantentheorie oder sein Komplementaritätsprinzip und dessen Bedeutung für ein Verständnis der Quantentheorie keine Erwähnung.

9 Für Bohr bedeutet Komplementarität sich gleichzeitig notwendig und wechselseitig ausschließend wie im nächsten Kapitel im Detail erklärt. (Siehe Bohr 1963b für Beispiele dieses Ansatzes.) Ein Versuch Bohrs, die Vitalismus-Mechanismus-Debatte in der Biologie zu lösen, scheiterte, weil er aus seiner eingeschränkten technologischen Perspektive annahm, dass die Bedingungen zur Untersuchung der zugrundeliegenden Mechanismen von Lebensprozessen und die Bedingungen zum Erhalt des Lebens des untersuchten Exemplars sich gegenseitig ausschließen würden.

10 Obwohl es möglich wäre, eine antirealistische Interpretation der Newton'schen Physik zu versuchen, ist die hier artikulierte „klassisch realistische" besonders verführerisch für unsere Aufgeklärten Intuitionen, und ich habe immer wieder Variationen dieser klassisch realistischen Lehre Studierenden der Physik verordnet gehört. (Es ist gewiss ironisch, jemandem eine realistische Haltung zuzuschreiben, der unwillig war, irgendeine Hypothese zu erfinden. Doch die wenigsten Studierenden würden dies aufgreifen, weil es in Physikkursen massiv an offenen Diskussionen über die verschiedenen interpretativen Haltungen in Bezug auf die Naturwissenschaften mangelt. Siehe Barad 1995 über die pädagogischen Implikationen dieser weit verbreiteten Unaufmerksamkeit für metatheoretische Fragen und des Mangels an kritischer Reflexivität.)

11 Beide bedeutenden konzeptuellen Revolutionen der Physik des 20. Jahrhunderts haben das Wesen des Lichts re-vidiert: Spezielle Relativitätstheorie und Quantentheorie. Spezielle Relativität ist nicht Thema dieses Textes, aber ein paar Worte, um einige bekanntere Implikationen dieser Theorie von der Quantenmechanik zu unterscheiden, mögen für einige Leser_innen vielleicht hilfreich sein. Die spezielle Relativitätstheorie basiert auf der empirisch nachgewiesenen Invarianz und Endlichkeit der Lichtgeschwindigkeit (1/Lichtgeschwindigkeit = 1/Konstante = $1/c \neq 0$). Einstein transformierte Gallilei'sche Relativität in eine neue Relativitätstheorie, wobei er einige zuvor als invariant gefasste Quantitäten als relativ neu bestimmte und andersherum. (Einstein hatte darüber nachgedacht, diese Theorie „Theorie der Invarianzen" zu nennen, und angesichts des politischen Klimas in Europa während der ersten Hälfte des 20. Jahrhunderts hätte er dies vielleicht besser getan.) Die Relativitätstheorie gibt dem Messprozess eine gewisse, be-

grenzte Sichtbarkeit: Konzepte wie „Zeit" und „Weg" werden relativ zu einem bestimmten Bezugsrahmen definiert, in dem Messungen durchgeführt werden. (Zeit erscheint nicht als langsamer werdend: Zeit ist, was ich mit der Uhr messe.) Die Relativitätstheorie hat vielleicht die Universalität bestimmter Konzepte unterminiert, aber die Prämisse, dass Messungen kontinuierlich und determinierbar sind, wird nie hinterfragt. D.h., nach der speziellen Relativitätstheorie gibt es noch eine wohldefinierte Trennung von Objekt und Messinstrument, d.h. eine klare Subjekt/Objekt-Unterscheidung wird bewahrt. Die gemessenen Eigenschaften sind, so wie sie im Verhältnis zu einem bestimmten Bezugsrahmen gemessen werden, einem unabhängigen Objekt zuschreibbar. (Der Bezugsrahmen spezifiziert einfach, über welche „Zeit" wir sprechen, das heißt, was wir im jeweiligen Fall mit „Zeit" meinen.)

12 Es ist wichtig zu beachten, dass das „Funktionieren" Newton'scher Physik im makroskopischen Bereich nicht bedeutet, dass die Prämissen der Messtransparenz in diesem Bereich wahr sind. Im Gegenteil erklärt dies schlicht, warum die Vorannahmen über Jahrhunderte versteckt lagen. Das heißt, die Tatsache, dass Newton'sche Physik Vorhersagen macht, die annähernd die gleichen sind wie die der Quantentheorie im makroskopischen Bereich, ist darin begründet, dass in dieser Ordnung die Ratio von Plancks Konstante zur Masse des Teilchens kleiner ist als die Genauigkeit, die die fragliche makroskopische Situation erfordert – aber sie ist *nicht* Null. Deshalb bezieht sich Bohr auf die allgemeinen epistemologischen Lehren der Quantentheorie.

13 Ein grobes intuitives Bild ist folgendes: Denken Sie an das Fangen eines Balls. Das relative Maß, in dem Ihr Arm sich nach hinten bewegt, ist eine Anzeige für den Impuls des Balls.

14 Ich habe aus zwei Gründen entschieden, den Begriff ‚konstruiert' anstelle von Bohrs Begriff ‚willkürlich' zu verwenden. Zuallererst ist ‚willkürlich' irreführend, da der Schnitt nicht völlig willkürlich ist, insofern er auf eine solche Weise gesetzt werden muss, dass das Messgerät immer makroskopisch ist (dies ist notwendig, da die Verwendung klassischer Konzepte auf einer Subjekt/Objekt-Teilung basiert). Zweitens trägt der Begriff ‚willkürlich' irreführende Konnotationen wie die unangemessenen Assoziationen zum Relativismus. Ich glaube, Bohr will mit der Verwendung des Wortes ‚willkürlich' betonen, dass auch ohne eine inhärente / Cartesianische Unterscheidung dennoch eine Unterscheidung vollzogen werden muss. Da die Wahl eines konzeptuellen Apparats zwangsläufig diese Unterscheidung vollzieht, verwende ich den Begriff ‚konstruiert', in der Hoffnung, dass er Handlungsfähigkeit/Wirkmächtigkeit [*agency*] konnotiert. Das volle Gegenteil ist, dass klassische Physik eine inhärente / natürlich vorkommende / starre / universelle / Cartesianische Unterscheidung voraussetzt, während Quantenphysik konstruierter / agentisch positionierter / beweglicher / lokaler / „Bohr'scher" Schnitte bedarf, was Bohr als Gegenpart zu Descartes setzt.

15 Ein anderer Weg, dieses Quantendilemma auszudrücken, liegt in der Feststellung, dass der Akt des Messens nur berücksichtigt werden kann, wenn

das Messgerät selbst als Objekt behandelt wird, was für seinen Zweck als Messinstrument Schwierigkeiten macht.

16 Siehe Barad (1995) für eine detailliertere Erörterung dieses Beispiels.

17 „Bohrs provokative Tendenz, besonders in früheren Schriften, den ‚subjektiven Charakter aller Erfahrungen zu betonen' (Bohr 1963a, S. 1) brachte seine ganze Interpretation der Quantentheorie in Gefahr" (Honner 1987, S. 65), parallel zu terminologischen Entscheidungen durch einige frühe Wissenschaftsforscher_innen, die sich rhetorisch als ebenso unvorteilhaft erwiesen.

18 Bohr wechselt die Wendungen „Sprache der Alltagserfahrung" und „Sprache der klassischen Physik" miteinander ab. Der Zusammenhang liegt für Bohr darin, dass Alltagserfahrungen im makroskopischen Bereich stattfinden, auf die die Sprache der klassischen Physik angewendet wird. Indes suggeriert er, dass die Sprache der Alltagserfahrung „geeignete Verallgemeinerungen" der Sprache der klassischen Physik enthalten kann.

19 Bohr: „Gerade derartige Argumente erinnern an die Unmöglichkeit, Quantenphänomene zu unterteilen, und sie decken die Mehrdeutigkeit auf, die der Ausstattung atomarer Objekte mit gewohnten physikalischen Eigenschaften anhaftet." (Bohr 1964, S. 51)

20 Diese detaillierte Kartierung des Verhältnisses zwischen klassischen Konzepten und Phänomenen soll Bohrs Position bezüglich der Notwendigkeit der Verwendung klassischer Konzepte in der Beschreibung von Quantenphänomenen verdeutlichen. Verwirrung über diese Frage ist in der Literatur weit verbreitet. Viele Physiker_innen, die versuchen Bohrs interpretativen Rahmen zu verstehen, haben Bohr Konservatismus bezüglich der zukünftigen Entwicklung physikalischer Theorien vorgeworfen: Warum, fragten sie, sollten wir unsere deskriptiven Konzepte auf eine solche Weise begrenzen? Auch ist nicht unüblich, Philosoph_innen zu finden, die diesen Aspekt von Bohrs Theorie als kantianisch beschreiben. Ich hoffe, dass ich hier klar kommuniziert habe, warum ich denke, dass Bohr nicht die Möglichkeit für zukünftige kreative Entwicklungen in der Physik leugnete und in seinem Beharren auf der Verwendung *empirisch grundierter* klassischer Konzepte *sogar* innerhalb eines *nicht-klassischen* Rahmens auch keinen transzendentalen Idealismus befürwortete (was ja bereits die Möglichkeit der Evolution von Ideen anerkennt). Eine wichtige hiermit zusammenhängende Tatsache ist Bohrs Beobachtung, dass „Alltags"sprachen auf Subjekt-Prädikat Formen basieren (diese Darstellung schränkt er leider nicht ein); d.h., Alltagssprachen setzen strukturell Subjekt-Objekt Unterscheidungen voraus. Ich glaube, dass dies entscheidend beiträgt zur üblicherweise beschriebenen Obskurität von Bohrs Schriften, da er in seinem Versuch, über Dinge zu sprechen, die nicht inhärent entlang dieser Unterscheidung strukturiert sind, viele Umschreibungen benutzt.

21 Evelyn Fox Kellers „Anomaly of a Woman in Physics" (1977) erzählt von einer Erfahrung im Aufbaustudium in den USA, die in ihrer Entmutigung von Re-

flexion und Nachdenken über interpretative Fragen in der Physik typisch ist, dafür aber spezifisch in ihrer Vergeschlechtlichung.

22 Petersen fährt fort, dass Bohr keinen Nutzen für eine Ontologie hatte. Vielleicht verspürte Bohr nicht das Bedürfnis, eine zu formulieren, doch will ich hiermit nicht sagen, dass er eine gründliche pragmatische oder positivistische Sichtweise einnahm. Tatsächlich werde ich später in diesem Kapitel argumentieren, dass Bohr beispielsweise gegenüber der Welle-Teilchen Dualität eine realistische Haltung hatte, wobei seine Sichtweisen sich grundlegend vom klassischen Realismus unterschieden. Auch Honner (1987) argumentiert für eine realistische Interpretation und gegen pragmatische oder positivistische Perspektiven, obwohl die Version des Realismus, die Honner Bohr zuschreibt, sich nicht mit der Frage der Referenz für unsere Repräsentationen befasst. Folse (1985) befürwortet ebenso eine Interpretation, die Bohr als Realisten sieht, doch Folse scheint Phänomene als Resultat einer zugrundeliegenden Realität zu verstehen.

23 Einstein et al. (1935) und Bohr (1935). In einem Artikel mit dem Titel „Diskussionen mit Einstein über erkenntnistheoretische Probleme in der Atomphysik" (Bohr 1964, S. 32-67) in einem Band zu Ehren der epochalen Beiträge seines langjährigen Freundes Albert Einstein, zitiert Bohr ausführlich aus dieser besonders wichtigen Passage seiner Abhandlung von 1935 (siehe Bohr 1964, S. 61).

24 Ich habe in dieser Passage vorgestellt, was wie eine pedantische Analyse von Bohrs Verwendung des Begriffs ‚Phänomen' scheinen mag. Doch ich tue das, weil seine Verwendung dieses Begriffs im Jahr 1935 noch einigermaßen inkonsistent war, und es somit entscheidend ist, über den Kontext von Bohrs Verwendung des Begriffs zu begründen, dass Bohr den Begriff dennoch konsistent in Bezug auf die spezifischen Bedeutungen verwendet, die er ihm in seinen späteren Schriften zuschreibt. Tatsächlich ist Bohrs Gebrauch von ‚Phänomen' zur Bezeichnung der Ganzheit in der Interaktion zwischen „Objekten der Beobachtung" und „Beobachtungsinstanzen" durch diese Abhandlung von 1935 hindurch konsistent.

25 Diese Tatsache motiviert meine Einführung des Begriffs *Intraaktion* am Ende dieses Kapitels, da Phänomene die Umschreibung [*instantiation*] von Intraaktionen sind.

26 Dieses Kriterium würde auch für alle Andeutungen einer Bohr'schen Vorstellung von Anti-Realismus gelten. Insbesondere Realist_innen können nicht erwarten, sich auf eine unabhängige, externe Realität zu berufen. Doch auch Anti-Realist_innen wären unter Druck, auf der Grundlage einer postulierten, unzugänglichen, unabhängigen Realität gegen Realismus zu argumentieren.

27 Für Bohr hebt dieser wechselseitige Ausschluss die Problematiken einer instrumentalistischen Haltung hervor. Wie erklärt die Instrumentalist_in die Nicht-Willkürlichkeit dieser Eigenschaft? (Welches zusätzliche Kriterium muss angewendet werden?).

28 Nach einigen Wochen intensiver Diskussionen stimmte Heisenberg schließlich Bohrs Standpunkt zu und fügte seiner Abhandlung über das Unschärfeprinzip ein Nachwort bei, in dem er schreibt: „In diesem Zusammenhang hat mich Bohr darauf aufmerksam gemacht, daß ich in einigen Diskussionen dieser Arbeit wesentliche Punkte übersehen hatte. Vor allem beruht die Unsicherheit in der Beobachtung nicht ausschließlich auf dem Vorkommen von Diskontinuitäten, sondern hängt direkt zusammen mit der Forderung, den verschiedenen Erfahrungen gleichzeitig gerecht zu werden, die in der Korpuskulartheorie einerseits, der Wellentheorie andererseits zum Ausdruck kommen" [d.h. Welle-Teilchen-Dualität] (Heisenberg 1927, S. 197-98). Jüngste Abhandlungen in der Quantenoptik (siehe etwa Scully u.a. 1991) geben mehr empirische Belege zugunsten von Bohrs Interpretation des Unschärfe- bzw. Unbestimmtheitsprinzips als von Heisenbergs Interpretation, die mit den Befunden nicht konsistent ist. NB: Es ist Heisenbergs Analyse (ohne Bohrs Korrekturen), die im Physikstudium gelehrt wird. Siehe Barad 1995 für mehr Details. Die Divergenz von Bohrs und Heisenbergs Interpretationen des Unschärfe- bzw. Unbestimmtheitsprinzips hebt deren philosophische Differenzen (zwischen Realist und Instrumentalist) hervor. Die Konstruktion naturwissenschaftlicher Theorien wird durch philosophische Haltungen beeinflusst.

29 Andere wichtige Aspekte für den Rahmen des Agentischen Realismus sind in späteren Texten ausgearbeitet (v.a. Barad 2007). Insbesondere findet sich dort eine tiefergehende Diskussion der Fragen von Handlungsfähigkeit/Wirkmächtigkeit und Identität. Bei der Tatsache, dass Agentischer Realismus genutzt werden kann, um über solch disparate Themen wie Destabilisierung von Identität oder Destabilisierung der Naturwissenschaft nachzudenken, handelt es sich nicht um einen weiteren Parallelismus, sondern um eine Sache verschiedener Instanzen der gleichen epistemologischen und ontologischen Themen.

30 Für eine detaillierte Erörterung siehe Harding (1990) und andere Artikel in *Feminism/Postmodernism*, hg. Nicholson.

31 Die Positionen, die Heisenberg und Dirac hier formulieren, sind mit den instrumentalistischen Neigungen des Ersteren und den traditionellen realistischen Neigungen des Letzteren konsistent.

32 Ähnlich habe ich mich auch von Bohrs Konzept der „Komplementarität" ferngehalten, wegen der assoziierten Konnotationen liberal-humanistischer Konzeptionen der Entscheidung. Ein Beispiel wäre die komplementäre (hier im umgangssprachlichen Sinne des Wortes gemeint) Theorie von Geschlechtern, in der essentialisierte Unterschiede zwischen Männern und Frauen unter gleichen Wettbewerbsbedingungen theoretisiert werden, was die ungleichen Machtverhältnisse verleugnet, die durch ungleiche materielle Bedingungen verkörpert werden. Matritzentheorie (nicht die mathematische, sondern jene aus der Gesellschaftstheorie) und andere nicht-essentialisierende, analytische Ansätze dekonstruieren solche liberalen Konzeptualisierungen völlig.

33 Zu behaupten, dass wir Natur nur durch die verzerrende Linse der Kultur erforschen können, setzt die privilegierte Position des Transzendenten wieder in Kraft, was eine weitere, klassische, epistemologische Hornhautverkrümmung zur Folge hat.

34 Bohr merkt diesen Aspekt selbst direkt an: „Die Beschreibung atomarer Phänomene hat in dieser Beziehung einen vollkommen objektiven Charakter in dem Sinne, daß nicht ausdrücklich auf einen individuellen Beobachter Bezug genommen wird und daß deshalb [...] keinerlei Mehrdeutigkeit in der Mitteilung der Erfahrung enthalten ist." (Bohr 1966, S. 3f)

35 Bemerkenswerterweise werden Experimente in manchen Feldern, wie der Hochenergiephysik, aufgrund von Beschränkungen durch begrenzte Ressourcen oder abweichende Prioritätensetzung des Forschungsbereichs, selten wiederholt. Doch geht es hier nicht darum, ob die Ergebnisse wirklich reproduziert wurden oder nicht. Die Frage ist vielmehr die Möglichkeit der Reproduzierbarkeit aufgrund der buchstäblichen Verkörperung von Objektivität. Auch ist bemerkenswert, dass Reproduzierbarkeit für Naturwissenschaftler_innen, die chaotische Systeme erforschen (die in ihren Ausgangsbedingungen hoch sensibel sind), insofern noch ein Thema ist, als dass sich chaotische Systeme für unterschiedliche Beobachter_innen nicht unterschiedlich verhalten (es ist aber sehr schwierig, ein Experiment mit den exakt gleichen Ausgangsbedingungen zu beginnen; und doch werden Simulationen chaotischer Systeme häufig reproduziert). Andere Kriterien zur Abgrenzung der Naturwissenschaften (man lese „Westliche Naturwissenschaften") von Nicht-Naturwissenschaften wurden angeführt (siehe Harding 1993). Dieses Projekt der Abgrenzung ist selbstverständlich wesentlicher Bestandteil des Schwerpunktes des Westlichen Imperialismus auf das Abgrenzen zwischen „uns" und „denen". Nichtsdestotrotz ist dieselbe Unterscheidung entlang dieser Linien extrem üblich in der Literatur der Wissenschaftsforschung und daher in diesem Kontext gebräuchlich.

36 Kondo (1989) und Sandoval (1991) argumentieren ähnlich. Anzaldúa (1987) theoretisiert das konstruierte Wesen von Grenzen.

37 Feministische Naturwissenschaftler_innen, Ökonom_innen, Politikwissenschaftler_innen, Historiker_innen, Psycholog_innen, Geograph_innen und Literaturkritiker_innen haben Agentischen Realismus als für ihre Projekte nützlich anerkannt.

38 „Tunneln" ist ein Quantenphänomen, bei dem klassischerweise begrenzte Teilchen entfliehen. Dies ist das Ergebnis des Unschärfeprinzips und es erklärt diverse physikalische Phänomene, wie nuklearen Zerfall, Transistoren, etc.

# Quantenverschränkungen und hantologische Erbschaftsbeziehungen: Dis/Kontinuitäten, RaumZeit-Einfaltungen und kommende Gerechtigkeit

*„Wenn ich mich anschicke, des langen und breiten von Gespenstern zu sprechen, von Erbschaft und Generationen, von Generationen von Gespenstern, das heißt von gewissen anderen, die nicht gegenwärtig sind, nicht gegenwärtig lebend, weder für uns noch in uns, noch außer uns, dann geschieht das im Namen der Gerechtigkeit. [...] [V]on da an muß man vom Gespenst sprechen, ja sogar zum Gespenst und mit ihm."*

(Derrida 2004, S. 10f)

*„Wie bei Hamlet, dem Prinzen eines verfaulten Staates, beginnt alles mit dem Erscheinen des Geistes."*

(Derrida 2004, S. 16)

## Akt 1. Szene 1.
## *Heimsuchungen: Helsingør via Kopenhagen*

RaumZeitKoordinaten: Helsingør, via Kopenhagen. 1941 [ein mysteriöser und gefährlicher Besuch des deutschen Physikers Werner Heisenberg (Nobelpreisträger, Erfinder der Quantenunschärfe, Leiter des deutschen Atombombenprojekts unter den Nazis) beim dänischen Physiker Niels Bohr (Nobelpreisträger, Erfinder der Quantenunbestimmtheit, Gründer und Direktor des berühmten Physikinstituts in Kopenhagen, jüdische Vorfahren) im Nazi-besetzten Dänemark am Höhepunkt der Nazi-Herrschaft im Zweiten Weltkrieg] / interferiert mit 1998 [Michael Frayns Theaterstück *Kopenhagen,* dem der Tony Award verliehen wurde; ein geisterhaftes Stück über Naturwissenschaften, Politik, Ethik, Verantwortung und Unschärfe] / interferiert mit 1927 [Schlüsseljahr in der Entwicklung der Quantenphysik] / interferiert mit 1945 [6. August: die USA werfen Atombombe auf Hiroshima; 9. August: die USA werfen Atombombe auf Nagasaki] / die Dunkelheit in der menschlichen Seele...

> „Auf der dunklen Bühne, unter sehr gedämpftem Licht, spielen die geschäftsmäßig grau gekleideten Geister die Ereignisse einer Nacht im Jahr 1941, als Heisenberg, der zu dem Zeitpunkt für sein Heimatland Deutschland arbeitete, Niels Bohr besuchte, der im okkupierten Dänemark lebte. […] Wie der Geist – vorhergesagt in der Eröffnungsfrage in *Hamlet* – [kennzeichnen] [die geisterhaften reiterativen (Wieder)aufführungen von] Heisenbergs Besuch die spektrale Stimme der Gerechtigkeit.“
>
> (Hennessey 2008)

MARGRETHE: Aber warum?
BOHR: Denkst du immer noch darüber nach?
MARGRETHE: Warum ist er nach Kopenhagen gekommen?
BOHR: Macht es denn etwas aus, meine Liebe, jetzt wo wir doch alle drei tot und vergangen sind?

Margrethe: Manche Fragen verbleiben lange über den Tod ihrer Fragenden hinaus. Verweilend wie Geister. Auf der Suche nach den Antworten, die sie im Leben nie gefunden haben.

[...]

Heisenberg: Erinnerst du dich an Helsingør? Die Dunkelheit in der menschlichen Seele...?

Bohr: Und wir gehen hinaus. Unter herbstlichen Bäumen. Durch die verdunkelten Straßen.

Heisenberg: Nun gibt es niemanden in der Welt außer Bohr und dem unsichtbaren Anderen. Wer ist er, diese allumfassende Präsenz in der Dunkelheit?

Margrethe: Das fliegende Teilchen wandert in der Dunkelheit, niemand weiß wo. Es ist hier, es ist dort, es ist überall und nirgends.

Bohr: Mit vorsichtiger Beiläufigkeit, beginnt er die Fragen zu stellen, die er vorbereitet hat.

Heisenberg: Hat man als Physiker das moralische Recht, an der praktischen Nutzung der Atomenergie zu arbeiten?

Margrethe: Die große Kollision.

(Frayn 2002, S. 5 u. 83)

Ein explosives Ende der großen Freundschaft zwei der größten Naturwissenschaftler des 20. Jahrhunderts, Werner Heisenberg und Niels Bohr, Autoren der *Kopenhagener Deutung* der Quantenphysik. Warum fuhr Heisenberg mitten im Krieg nach Kopenhagen, um seinen alten Freund Niels Bohr zu treffen? Hoffte Heisenberg herauszufinden, was Bohr über das Bombenprojekt der Alliierten wusste? Kam er, um Bohr vor dem deutschen Bombenprojekt zu warnen und ihm zu versichern, dass er alles in seiner Macht stehende dafür tat, es zu verhindern? Wollte er Bohr zu überzeugen versuchen, ihren Status als Autoritäten der Atomphysik zu nutzen, um die Achsenmächte und die Alliierten davon zu überzeugen, ihre Bemühungen des Atomwaffenbaus fallen zu lassen? Hoffte er, irgendeine wichtige Einsicht seines Mentors über Physik, Ethik oder die Beziehung zwischen beiden zu erhalten?

Spekulation. Spiegelung. Spektralität.

Naturwissenschaften und Gerechtigkeit, Materie und Bedeutung sind keine getrennten Elemente, die sich ab und zu überkreuzen. Sie sind untrennbar miteinander verschmolzen; und kein Ereignis, egal wie energiegeladen, kann sie auseinanderreißen. Keine chemischen Prozesse, keine Zentrifuge und keine nukleare Explosion kann sie trennen.

„Hat man als Physiker das moralische Recht, an der praktischen Nutzung der Atomenergie zu arbeiten?" Heisenbergs spukende Frage an Bohr hängt in *Kopenhagen* durchweg in der Luft. In die Herstellung der Raumzeit eingefaltet, kehrt ihr Nachhall wieder zurück, zum ersten Mal.

## Akt 1. Szene 1.
### *Interferierende Ereignisse, Verschränkungen, geisterhafte Angelegenheiten und Materie*

RaumZeitKoordinaten: Reiteration / Rekonfiguration / erneut zum ersten Mal zurückkehren / 1941 [Kopenhagen] / interferiert mit 1998 [*Kopenhagen*] / interferiert mit 1927 [Kopenhagen, Niels Bohr Institut: ein monumentales Jahr in der Entwicklung der Quantenphysik; zwischen Bohr und Heisenberg kommen bedeutende Unstimmigkeiten bezüglich der Interpretation der Quantenphysik auf] / interferiert mit den 1990er Jahren [Interferenzexperimente – Gestalt gewordene Gedankenexperimente – Quantenradierer, Quantenverschränkungen und Möglichkeiten, die Vergangenheit zu verändern] / interferiert mit 2007 [*Meeting the Universe Halfway*: Nachdenken über Quantenphysik; Verschränkungen von Materie und Bedeutung; Interferenz als Synekdoche des verschränkten Phänomens, intraaktive Meta/Physik, Différance; Interferenz als Methodologie: Texte intraaktiv durcheinander hindurch lesen, neue Muster der Auseinandersetzung umsetzen, beachten wie Ausschlüsse bedeutend sind und materialisieren] / interferiert mit 1994 [*Marx' Gespenster*] / interferiert mit 1600 [*Hamlet*] / interferiert mit 1848 [*Kommunistisches Manifest*, Materialismus] / interferiert mit 1687 [Newtons *Principia,* klassische Verständnisse von Materie und der Leere, Äther, Geister] / interferiert mit 2060 [Newton's Vorhersage vom Ende aller Zeit, abgeleitet nicht aus seinen deterministischen Gesetzen der Physik, sondern aus biblischer Prophezeiung, Berechnung, anti-spekulativem Spekulieren, eine Spekulation zur Beendigung aller Spekulationen] / interferiert mit 1704 [Newtons *Opticks*, Spektralität] / interferiert mit 1913 [Bohrs Nobelpreis gewinnende Erklärung atomarer Spektren, bearbeitete Ursprünge, queere Kausalität, Spektralität] / interferiert mit 1935 [Schrödingers Katze, eine Katze mit einem radioaktiven Atom verschränkt, ist in einem Zustand der Superposition von lebendig und tot... noch immer?] / interferiert mit 1945 [Atombombenabwurf auf Hiroshima und Nagasaki; mit lebenden Toten bevölkerte Städte; eine geisterhafte/grauenhafte Szene; Spuk] / ... / Kriegszeit / Naturwissenschaftszeit / Raumzeit / Vorstellungszeit / mythische Zeit / Erzählzeit / geerbte Zeit / eine Zeit geboren zu werden / eine Zeit zu sterben / unzeitgemäß / Zeitmangel / experimentelle Zeit / jetzt / zuvor / kommend / ... einander durchwirkend, verknotet, zusammengefügt, gebrochen, jeder Moment ein Hologramm, aber nie ganz... Zeit ist aus den Fugen geraten, aus den Angeln gehoben, verspukt.

Dieser „Anfang" ist, wie alle Anfänge, immer schon durchwirkt mit der Erwartung, wo es hinführt, aber nie einfach ankommen wird, und von einer Vergangenheit, die erst noch kommen muss. Es ist nicht bloß, dass Zukunft und Vergangenheit nicht „da" sind und nie still sitzen, sondern dass die Gegenwart nicht einfach jetzt-hier ist. Alles multipel heterogene Iterationen: Vergangenheit, Gegenwart und Zukunft stehen nicht in einer Beziehung linearer Entfaltung, sondern sind in einer nichtlinearen Einfaltung von Raumzeitmaterialisierung durcheinander hindurch gewirkt; eine Topologie, die sich aller Vorschläge einer glatten, kontinuierlichen Mannigfaltigkeit erwehrt.

Zeit ist aus den Fugen. Zerstreut. Interferiert. Zeit interferiert mit sich selbst.

Es geht nicht bloß um das Wesen der Zeit in ihrer Zusammenhangslosigkeit [*disjointedness*, auch math. Disjunktheit: ohne gemeinsames Element, A.d.Ü.], sondern auch um die *Zusammenhangslosigkeit selbst*. Tatsächlich geht es um das Wesen von „Un" und „Verbundenheit", von Diskontinuität und Kontinuität, von Differenz und Verschränkung sowie ihren un/möglichen Wechselbeziehungen.

Dieser Text handelt von Verbindungen und Trennungen – zusammen-auseinander-schneiden – nicht als separate, konsekutive Aktivitäten, sondern als ein einziges Ereignis, das nicht Eines ist. *Intraaktion*, nicht Interaktion.[1]

Bühnenmitte: die Beziehung zwischen Kontinuität und Diskontinuität – keine der negativen Opposition, sondern eine der Un/Möglichkeiten.

Ein Experiment. Ich habe versucht, diesen Text auf eine Weise zu schreiben, die mit der Konvention historischer Erzählformen bricht, die den Geschichten naturwissenschaftlichen Fortschritts zugrundeliegen: Märchen von kontinuierlichem Zuwachs und der Verfeinerung naturwissenschaftlichen Wissens im Laufe der Geschichte, Sagen vom Fortschritt von einer früheren, zeitlichen Epoche zu einer späteren, durchbrochen von Entdeckungen, die den Weg aus dem Sumpf der Ignoranz und Ungewissheit hinausweisen, hin zu der Basis soliden und sicheren Wissens. In einer Bemühung, diese Art von Narrativ zu stören (und nicht nur dieses), möchte ich der Leser_in eine Möglichkeit bieten, an einer imaginären Reise teilzuhaben, die dem Welterfahren von Elektronen ähnlich ist: das heißt eine des/orientierende Erfahrung der Un/Verbundenheit von Zeit und Raum, Verschränkungen von hier und dort, jetzt und dann, ein geisterhafter Sinn von Dis/Kontinuität, eine *Quanten/dis/kontinuität*, die weder völlig diskontinuierlich mit Kontinuität ist, noch in ihrer Diskontinuität völlig kontinuierlich, und auf jeden

Fall nicht eins mit sich selbst. Es gibt hier keinen übergreifenden Sinn von Zeitlichkeit, von Kontinuität. Ort und Zeit der Leser_in wird nicht als zeitgleich mit hier-jetzt angenommen. Die Szenen sind weder diskontinuierlich noch kontinuierlich miteinander oder mit sich selbst. Sie sind weder ganz getrennt noch Teile eines Ganzen. Es gibt keine glatte zeitliche (oder räumliche) Topologie, die Anfang und Ende verbindet. Jede Szene interferiert mit diversen Zeitlichkeiten, die sie innerhalb und durch das Feld der Raumzeitmaterialisierung iterativ differenzieren und verschränken. Die Szenen ruhen nie, sondern werden innerhalb und durch einander hindurch wieder gestaltet, verstreut und gewirkt. Vielfältige Verschränkungen, Differenzen, die einander durchschneiden und neu zusammenfügen. Gerne kann die Leser_in von jeder Szene zu einer anderen springen (gibt es irgendein anderes Vorgehen?) und trotzdem durch die Spuren der vielfach verschränkten Fäden und der (Um)arbeitungen der wechselseitigen Konstitution und nicht-endenden iterativen Umgestaltungen (von Absätzen, Leser_in, Autorin, Ideen,...) noch die Verbundenheit spüren. Ich hoffe, dass sich durch diese un/zusammenhängende Bewegung ein Gespür für Différance, für *Intraaktivität*, für *agentische Trennbarkeit* herstellt – *für Differenzierungen, die zusammen-auseinander-schneiden – d.h. das hantologische Wesen von Quantenverschränkungen.*[2]

## Akt $E_{nlm}$. Szene $E_{n'l'm'}$. Quantenspektralität: *Anfälle, Ausbrüche und Krämpfe*[3]

RaumZeitKoordinaten: unbestimmt, unzeitgemäß.
Bühnenmitte: Veränderung, Bewegung, kausale Kräfte, Anfälle, Krämpfe und Paradoxien

> „*Enter the Ghost, Exit the Ghost, Re-enter the Ghost.*"
> (*Hamlet* zitiert in Derrida 2004, S. 26)

> „Die Idee, daß ein Elektron, das von einem Lichtstrahl ausgestoßen wird, sich den Augenblick und die Richtung seines Fluges nach eigenem freien Willen wählen kann, ist für mich nicht zu ertragen. Wenn es dahin kommt, dann wäre ich lieber ein Schuster oder ein Angestellter in einem Spielkasino als ein Physiker."
> (Albert Einstein in einem Brief an Max Born 29.04.1924.)

Teilchen neigen zu Anfällen, zu Krämpfen, zu spasmodischen Perioden der Bewegtheit oder Aktivität. Klassischer Physik zufolge bewegen ausschließlich mechanische Kräfte Teilchen, so heißt es.[4] Welch queere Quantenzuschreibung, welch merkwürdige Wirkmächtigkeit liegt hier vor? Was soll dieses Sprechen von Anfällen, Leidenschaften und Krämpfen von unbelebten Entitäten? Und erst von Fernleidenschaft?[5]

Das Quant hatte von Anfang an etwas Queeres an sich. Oder vielmehr, es erwies sich von Anfang an, dass das Quant eben diesem Konzept eines „von Anfang an" Schwierigkeiten machen würde.

1913: Niels Bohr schlägt das erste Quantenmodell von Materie (d.h. vom Atom) vor.

Bohrs Erbe: Das planetarische Atommodell – Elektronen umkreisen den Kern in Umlaufbahnen wie Planeten die Sonne. Dies verdankt er seinem Lehrer Ernest Rutherford. Das planetarische Modell hat Schwächen: Ein in einer Umlaufbahn kreisendes Elektron würde kontinuierlich seine Energie ausstrahlen und verlieren, indem es ein kontinuierliches Lichtspektrum abgibt während es in den Kern stürzt. Atome wären nicht stabil. Keine unbedeutende Angelegenheit.

Weitere Erbschaften: 1900 schlägt Planck die Quantisierung von Energie vor. Energie wird nicht kontinuierlich, sondern in diskreten Paketen ausgetauscht. 1905 legt Einstein nahe, dass Licht selbst quantisiert ist. Er gewinnt den Nobelpreis für seine „verrückte Idee" des Photons (Lichtquant), nicht für seine Relativitätstheorie.

Bohrs Idee: Der Kern bleibt im Zentrum des Atoms, aber Elektronen *umkreisen* nicht den Kern (*bei allem Respekt für* Rutherford). Vielmehr *hält* sich jedes Atom in einem aus einer endlichen Reihe diskreter/quantisierter Energieniveaus *auf* und Atome emittieren nur Photonen, wenn ihre Elektronen von einem Niveau in ein anderes *springen*. Insbesondere wenn ein Elektron von einem höheren Energieniveau in ein niedrigeres springt, emittiert es ein Photon, dessen Farbe/Frequenz durch die Größe des Sprungs bestimmt ist, d.h. durch die Energieveränderung. Auf diese Weise gibt es kein kontinuierliches Schwinden der Energie des Elektrons und kein kontinuierlich emittiertes Lichtspektrum. Somit sind Atome stabil und jede Art von Atom (von den mehr als 100 Elementen der Periodentafel) emittiert ein einzigartiges *Linienspektrum*. Beispielsweise emittiert das Wasserstoffatom nur vier primäre Linien: rot, hellblau, dunkelblau und violett.

Die Vorhersagen des Modells passen zu den experimentellen Ergebnissen für Wasserstoff! Die Berechnung funktioniert. Bohr erhält den Nobelpreis. Atome – die Unteilbaren – haben schließlich doch Teile (*bei allem Respekt für* Demokrit), doch zumindest ist Materie nun wieder stabil.

Ein ordentlicher kleiner Mechanismus? Eine einfache kausale Erklärung für die Existenz von Materie, die ihre spektralen Eigenschaften erklärt. Schön. Aber nicht so schnell ...

Der Gespenster sind viele. Eben jener Prozess, durch den eine einzelne Linie im atomaren Spektrum produziert wird, ist verspukt. Jede Spektrallinie ist das Ergebnis eines *Quanten-*

*sprungs* eines Elektrons von einem höheren Energieniveau in ein niedrigeres Energieniveau. Doch was genau ist das Wesen dieses „Sprungs"?

*Quant* bezeichnet die „kleinstmögliche und damit unteilbare Einheit einer gegebenen Quantität oder eines quantifizierbaren Phänomens" (Cassidy 2002, S. 602). Es ist eine Maßeinheit *der Unbeständigkeit und Eigenständigkeit [discreteness] von Natur.* Anders als jede Alltagserfahrung des Springens oder Hüpfens, macht das Elektron seinen Quantensprung auf diskontinuierliche Weise (entgegen des klassischen oder alltäglichen Konzepts von einem „Sprung"). Insbesondere ist das Elektron anfänglich in einem Energieniveau und dann in einem anderen, *ohne dazwischen irgendwo gewesen zu sein.* Wenn das keine geisterhafte Sache ist! Ein Quantensprung ist eine dis/kontinuierliche Bewegung, und nicht bloß irgendeine diskontinuierliche Bewegung, sondern eine besonders queere Art, die die Dichotomie zwischen Diskontinuität und Kontinuität in Schwierigkeiten bringt. Tatsächlich stört *Quanten/dis/kontinuität* eben das Konzept von *Dicho-tomie* – das Entzwei-Schneiden – selbst (einschließlich des „selbst"!). All diese „Quantenseltsamkeit" (die Offenbarung eines wachsenden Aufgebots unheimlicher Phänomene) ist eigentlich „Quanten-*Queerness*". Und das bedeutet nicht verquer, sondern *queer* steht für das Öffnen und De/Konstruieren [*un/doing*] von Identität. *Quanten/dis/kontinuität* ist die Crux dieser un/möglichen, un/empfindlichen [*im/passible*] Trans/Formation.

Eine genauere Untersuchung bringt die spektrale Qualität dieses Prozesses ans Licht. Anfänglich ist das Elektron in einem höheren Energieniveau $E_2$ und dann in einem niedrigeren Energieniveau $E_1$. An welchem Punkt wird das Photon emittiert? In Rutherfords Erklärung entlang klassischer Physik, kann ein atomares Elektron eine kontinuierliche Reihe von Energieniveaus einnehmen und sein Orbital zeitlich kontinuierlich wechseln: Da das Elektron um den Kern nach innen kreist, verliert es kontinuierlich Energie während es kontinuierlich Licht emittiert. Die Farbe oder Frequenz des Lichts verändert sich mit den Veränderungen der Elektronenenergie. Im Gegensatz dazu kann in Bohrs Quantenansatz ein atomares Elektron nur eine diskrete Reihe von Energieniveaus einnehmen und Licht wird in einem kleinen Paket, d.h. *auf einmal als Photon* der entsprechenden, zur Energieveränderung passenden Farbe/Frequenz emittiert. Das heißt, der Sprung des Elektrons und die korrespondierende Emission des Photons muss *in einem Moment in der Zeit* passieren (damit Energie die ganze Zeit erhalten werden kann). Doch da liegt der Haken! Bei genauerer Untersuchung wird deutlich, dass die Situation ziemlich spektakulär ist. Wenn das Elektron einen gegebenen Energiezustand einnimmt, entweder $E_1$ oder $E_2$, kann es kein Photon emittieren, weil keine Energieveränderung involviert ist und es somit keine Energie gibt, aus der ein Photon entstehen kann. Das Photon ist das Ergebnis des Sprungs selbst. Doch zu welchem Punkt während dieses Sprungs wird das Photon emittiert? Nun kann die Emission des Photons aber nicht geschehen, wenn das Elektron auf seinem Weg von $E_2$ zu $E_1$ ist, weil *es dazwischen nirgendwo ist.* Des Weiteren ist hier etwas am Wesen der Kausalität zutiefst verkehrt, denn wenn das Atom ein Photon einer gegebenen Farbe aussenden würde bevor es $E_2$ verlässt, *müsste es bereits vor dem Verlassen von $E_2$ an seinem Ziel angekommen sein (d.h. $E_1$),* so dass ein Photon mit der richtigen Farbe/Frequenz (nötig für die Energieerhaltung) emittiert würde. In der Tat eine queere Kausalität! Wie wir jetzt sehen können, *leitet sich das paradoxe Wesen der Quantenkausalität aus ebender Existenz einer Quanten/dis/kontinuität im Zusammen-Auseinander-Schneiden ab, die das Wesen aller Intraaktion darstellt.*

Lasst uns innehalten, um Quanten/dis/kontinuität näher zu betrachten. Diese Diskontinuität, die unsere Vorannahmen der Kontinuität unterwandert [*queers*] ist weder das Gegenteil des Kontinuierlichen noch mit diesem kontinuierlich. „Quantensprünge" sind nicht bloße Verschiebungen im Raum durch Zeit hindurch, nicht von hier-jetzt nach dort-dann, nicht wenn es der Bruch selbst ist, der zur Konstitution der Hiers und Jetzte beiträgt, und nicht ein für allemal. Der Punkt ist nicht bloß, dass etwas jetzt-hier und dann-dort ist, ohne dazwischen je irgendwo anders gewesen zu sein, sondern dass jetzt-hier und dann-dort losgemacht sind – es gibt keinen gegebenen Ort oder Zeit für sie. Wo und wann passieren Quantensprünge? Wenn die Natur der Kausalität zu solch einem Maße in Schieflage geraten ist, dass nicht einfach eine Wirkung einer Ursache in einer nicht enden wollenden Entfaltung des Seins in Zeit folgt, wenn es in der Tat kein zuvor oder danach gibt, worin Ursache und Wirkung zu ordnen wären, würde Kausalität dann nicht stillstehen?

Diese merkwürdige Quantenkausalität beinhaltet die Störung von Dis/Kontinuität, eine so destabilisierende Störung, so durchweg verwirrend, dass es schwer zu glauben ist, dass gerade sie die Stabilität des Seins selbst gewährt. Oder vielmehr, um es ein bisschen genauer zu sagen: Wenn sich die unbestimmte Natur des Seins ihrem Wesen nach an der Schwelle zwischen Stabilität und Instabilität bewegt, von Möglichkeit und Unmöglichkeit, dann ist die dynamische Relationalität zwischen Kontinuität und Diskontinuität entscheidend für ein offenes Werden der Welt, das sich Akausalität ebenso widersetzt wie dem Determinismus.

Ich will nicht zu viel aus einer kleinen Sache machen, doch das Quant, dieser winzige Riss, der weder in Raum noch in Zeit existiert, verdreht das Wesen der Beziehung zwischen Kontinuität und Diskontinuität in solchem Maße, dass das Wesen von Veränderung sich in jeder *Intraaktion* verändert. Veränderung, insofern überhaupt eine generelle Charakterisierung möglich ist, ist eine Dynamik, die auf einer völlig anderen Ebene des Seins funktioniert, als auf jener der postuliert rohen Materie, die in Raum und Zeit situiert ist (beispielsweise ist Leben nicht einfach eine Mannigfaltigkeit des Seins, die sich in Raum und Zeit entwickelt); stattdessen beinhaltet das, was wird und sofort umgestaltet wird, ein iteratives, intraaktives Werden von Raumzeitmaterialisierung.

*Quanten/dis/kontinuität* ist ein Öffnen [*un/doing*]. Sie de/konstruiert sich selbst sowie das Konzept eines „sich selbst“. Sogar ihre Anrufung ist redundant und widersprüchlich zugleich: eine kleinste Einheit, *ein diskontinuierliches Stück... von Diskontinuität.* „Quant“, „Diskontinuität“ – jede Benennung kennzeichnet einen Bruch, führt uns nah heran, unterbricht uns, unterbricht sich selbst, hält kurz vor dem Übergang zum Nächsten an. Ein Bruch des Diskontinuierlichen? Ein unterbrochener Bruch? Ein Stottern? Eine Wiederholung nicht dessen, was vorher oder nachher kommt, sondern ein Bruch des Vorher/Nachher. Ein Schnitt, der selbst durchschnitten ist. Ein zu höherer Macht erhobener Schnitt, der sich für immer wiederholt. Eine passierbare Unpassierbarkeit. Ein unlösbarer interner Widerspruch, eine logische Disjunktion, eine Sackgasse (im Sinne der aus dem Griechischen abgeleiteten *Aporie*), aber eine, die nicht das enthalten kann, was sie zurückhalten würde. Porosität ist nicht notwendig für Quantendurchtunnelung – ein spezifisches Quantenereignis, eine Möglichkeit hindurch zu kommen, ohne darüber hinweg zu kommen, ohne hindurch zu graben. Durchtunnelung macht Hackfleisch aus Geschlossenheit, sie braucht weder Ganzheit noch Löcher [*w/holes*]. Eine mögliche Unmöglichkeit, eine unmögliche Möglichkeit. Eine ontologische Un/Wahrscheinlichkeit. Identität geöffnet durch die Diskontinuität im Herzen von Materie selbst. Was für eine spukhafte Angelegenheit ist dies, diese *Quantendiskontinuität*?

## Akt $t_0$. Szene $t_\infty$.
## *Newton'sche Erbschaft*

RaumZeitKoordinaten: Universal Time. Keine Zeit. 1687 [Newtons *Principia*] interferiert mit 1814 [Laplace'scher Dämon – der Held eines Gedankenexperiments, ein kluger Bursche, der die Zeit stoppt, Informationen über die Aufenthaltsorte und augenblicklichen Bewegungen jedes Teilchens sammelt. Der so hergestellte vollständige Datensatz erfüllt, eingestöpselt in Newtons Gleichung, dem Mann seinen höchsten Wunsch nach vollständiger Wissbarkeit]. Alle Zeit ist berechenbar, dargelegt, die Gesamtheit der Vergangenheit, von allem, das hinter uns liegt, und die Gesamtheit der Zukunft, von allem, das vor uns liegt, ausgehend von nur einem Moment, irgendeinem Moment, alle Momente sind gleich gesetzt ... Alle Zeit in gar keiner Zeit.

Wie viel von unserem Verständnis des Wesens von Veränderung war und ist weiterhin im Konzept der Kontinuität verfangen? Für Newton, Meister der Physik, Erfinder der Infinitesimalrechnung [*calculus*, im Folgenden als Analysis übersetzt, A.d.Ü.], Autor biblischer Prophezeiungen, Vereiniger von Himmel und Erde, war Kontinuität alles.

Diese gab ihm die Analysis. Und die Analysis artikulierte seine Vision einer deterministischen Welt: Sie legte dem Mann das Wissen um die Zukunft und die Vergangenheit in ihrer Gänze zu Füßen. Prediktion, Retrodiktion. Zeitaufhebung, Zeituniversalie. Mann braucht nur zu fragen. Der Preis: bloß eine kleine Investition in das Geschehen eines Moments, irgendeines Moments. *Determinism rules*. Natur ist ein Uhrwerk, eine Maschine, ein Aufziehspielzeug, das der Allwissende zum Zeitpunkt t=0 aufgezogen hat und an dem dann sogar Er das Interesse verlor und es liegen ließ, oder dessen Er sich vielleicht ab und zu erinnert und vorbeikommt, um ein bisschen nachzujustieren. Das Universum ist eine ordentliche Sache.

Der angenommene radikale Riss zwischen Kontinuität und Diskontinuität ist das Tor zur Herrschaft des Mannes, der so volle Wissbarkeit und Kontrolle über die Natur erhält. Die Analysis entpuppt sich als Hintertür, durch die er vor seiner eigenen Endlichkeit fliehen kann. Der Mann wird belohnt mit dem Blick aufs Universum wie aus Gottes Auge, dem universellen Blickwinkel, dem Ausweg aus der Einzelperspektive, mit allen Rechten und Privilegien, die darin zuteil werden. Vision, die direkt ins Herz der Materie blickt, unvermittelte Sicht, Wissen ohne Ende, ohne Verantwortung. Individuen mit inhärenten Eigenschaften, vorhanden für sein Wissen, vorhanden um sich ihrer zu bedienen. Materie ist diskret, Zeit ist kontinuierlich. Raum kennt seinen Platz. Auch Zeit hat ihren Platz. Natur und Kultur sind durch diese Kontinuität gespalten und Objektivität als Externalität gesichert. Wir kennen diese Geschichte gut, sie ist in unsere Knochen eingeschrieben. Wir bewohnen sie auf viele Weisen und sie bewohnt uns.

Und doch ist die Newton'sche Erbschaft nicht eine sondern viele. Keine Einigkeit kann halten, nicht von innen oder außen, wenn rastlose Geister durch die Nacht wandern.

### Akt ∫. Szene Ψ.
### *Geister lernen: Unbestimmtheit, Quantensuperpositionen, Quantenverschränkungen*

RaumZeitKoordinaten: unentscheidbare Raumzeiten, die Überlagerung von hier/dort-jetzt/dann, 1935 [Erwin Schrödingers Text über Quantenmessungen, fast niemand erinnert sich an irgendetwas daraus, außer dem einen Absatz über die Katze] interferiert mit, verschränkt mit... vergangenen und kommenden Zeiten.

> „Wenn es das ist, was zu tun bleibt, daß man leben lernt, dann kann es nur zwischen Leben und Tod geschehen. Weder im Leben noch im Tod *allein*. Was zwischen Zweien passiert wie zwischen Leben und Tod und zwischen allen anderen ‚zweien', die man sich vorstellen mag, das kann sich nur *dazwischen halten* und *nähren* dank eines Spuks. Man müsste also die Geister lernen."
>
> (Derrida 2004, S.10)

Eine Katze, gefangen in einer Superposition zwischen lebend und tot. Eine heikle Angelegenheit. Eine geisterhafte/grauenhafte Position. Ihr Schicksal mit einer atomaren Kreatur verschränkt – einem radioaktiven Atom, einem kleinen Stück Materie, das von Wahrscheinlichkeiten beherrscht wird (vergiss die Unmöglichkeit der Metapher). Das berühmte Experiment mit Schrödingers Katze: eine *Rube Goldberg*-artige Maschine, die ein radioaktives Atom an einen Geigerzähler, an einen

Hammer, an eine Flasche mit Gift, an das Schicksal der Katze koppelt.

Was hat Schrödinger zu solch perversen Mühen getrieben? Er versucht, eine Aussage über Messungen zu machen und er versteht, dass wir unser Mitgefühl für Katzen nicht in gleichem Maße auch für Elektronen oder Photonen oder irgendeine der Kreaturen zu hegen scheinen, die die Welt des Nichtlebendigen bevölkern. Eine Welt, die vielleicht dichter bevölkert ist als wir auf den ersten Blick denken mögen, wenn wir Untote, d.h. alle Art von Geistern einbeziehen. Wobei es beachtenswert ist, dass die Grenze zwischen dem Lebenden und dem, das nie lebte, am Ende einer der härtesten und unantastbarsten Risse von allen ist.

Was bedeutet es für das Schicksal der Katze, mit dem eines Atoms verschränkt zu sein? Wenn das Atom zerfällt, stirbt die Katze; wenn das Atom nicht zerfällt, lebt die Katze. Aber das Schicksal des Atoms ist unbestimmt, in einer Superposition des Zerfallen-Seins und des Nicht-Zerfallen-Seins. Aufgrund dieser Verschränkung, ist die Katze in einer Superposition zwischen lebend und tot! Unser Mitgefühl schaltet sich ein! Unfassbar! Was? Wie kann das sein? Es ist eine Sache, wenn ein Atom sich in einer Superposition zwischen Zerfallen-Sein und Nicht-Zerfallen-Sein befindet, aber Katzen sind entweder lebendig oder tot – Punkt. Und Schrödinger wäre der Erste, der hier zustimmen würde, aber erst nachdem der Zustand der Katze beobachtet wurde. Bevor er beobachtet wurde, *gibt es keine determinierte Tatsache* über ihren Zustand.

Nochmal, etwas langsamer. Was ist mit *Superposition* gemeint? Eine *Quantensuperposition* ist eine nichtklassische Beziehung zwischen verschiedenen Möglichkeiten. In diesem Fall, beinhaltet die Superposition zwischen „lebend" und „tot" das Folgende: Die Katze ist nicht entweder lebendig oder tot und wir wissen einfach nicht welches; sie ist auch nicht zugleich sowohl lebendig als auch tot (diese Möglichkeit wird logisch ausgeschlossen, da „lebendig" und „tot" als einander wechselseitig ausschließend verstanden werden); auch ist die

Katze nicht teilweise lebendig und teilweise tot (vorausgesetzt „tot" und „lebendig" werden als Alles-oder-Nichts-Angelegenheiten verstanden); und sie ist auch nicht in einem definitiven Zustand des Nicht-tot- und Nicht-lebend-Seins (in dem Falle würde sie wahrscheinlich nicht mehr als – vormals – lebendes Wesen durchgehen). Quantensuperpositionen dekonstruieren auf radikale Weise klassische Konzepte von Identität und Sein (in denen die gerade betrachteten, verschiedenen, unrichtigen, interpretativen Optionen wurzeln). Quantensuperpositionen (zumindest in Bohrs Erklärung) erzählen uns, dass Sein/Werden eine unbestimmte Angelegenheit ist: Es gibt einfach *keine determinierte Tatsache* bezüglich des Lebend- oder Tot-Zustands der Katze. Es ist eine geisterhafte Angelegenheit! Aber wirklich spukhaft ist, was mit einer Quantensuperposition passiert, wenn eine Messung angestellt wird und wir die Katze entweder definitiv tot oder lebendig vorfinden. Nach welchem Gesetz des Universums geschieht ein solches Ereignis? Wie können wir diesen „Kollaps" – oder eher, diese Auflösung – einer ontologischen/hantologischen Unbestimmtheit in einen determinierten Zustand verstehen? Nicht durch Schrödingers Gleichung. Vielleicht überhaupt nicht durch irgendein berechenbares Mittel.

*Quantenverschränkungen* sind generalisierte Quantensuperpositionen, mehr als eine, nicht mehr als eine, zu zählen unmöglich. Sie sind weit geisterhafter als die gängige Bedeutung von „Verschränkung" suggeriert. *Quantenverschränkungen* sind nicht die Verflechtung zweier (oder mehr) Zustände/Entitäten/Ereignisse, sondern eine Infragestellung eben des Wesens der Zwei-heit, und schließlich auch der Ein-heit. Dualität, Einheit, Multiplizität und Sein sind dekonstruiert [*undone*]. „Zwischen" wird nie wieder das Gleiche sein. Eins ist zu wenig, zwei ist zu viel. Kein Wunder, dass Quantenverschränkungen gängige Konzepte von Kommunikation „zwischen" Entitäten herausfordern, die durch willkürlich große Räume und Zeiten „getrennt" sind. Quantenverschränkungen bedürfen/inspirieren eine neue

Art der Rechen-schafts-fähigkeit, eine neue Arithmetik, eine neue Analysis der Ver-antwort-barkeit.

> „‚Spukhafte Fernwirkung' ist Einsteins berühmte Verhöhnung des Konzepts der Quantenverschränkung – wo Objekte [in solch einem Zustand] einander unabhängig von ihrer Entfernung instantan beeinflussen. Jetzt schlagen Forscher_innen vor, dass diese spukhafte Wirkung vielleicht sogar übers Grab hinaus funktioniert; ihre Effekte werden gespürt, nachdem die Verbindung der Objekte durchbrochen ist [...] Erinnerungen von Verschränkungen können ihre Zerstörung überleben. "
>
> (Choi 2009, S. 24)

Verschränkungen von hier, dort, jetzt, dann. Verschränkungen zwischen einer Seite der Donau und der anderen, und zwischen La Palma und Teneriffa.[6] Zwischen Helsingør und Kopenhagen. Zwischen Newtons Zeit und dem 21. Jahrhundert. Zwischen Leben und Tod.

## Akt p. Szene q.
## *Bohrs Hantologie*

RaumZeitKoordinaten: Kopenhagen, Zwischenkriegszeiten, geisterhafte Zeiten.

> „Spuken heißt nicht gegenwärtig sein, und man muß den Spuk schon in die Konstruktion eines Begriffs aufnehmen. In der Konstruktion jedes Begriffs, angefangen bei den Begriffen Sein und Zeit. Das ist es, was wir hier eine *Hantologie* nennen möchten. Die Ontologie stellt sich ihr nur in einer Bewegung des Exorzismus gegenüber. Die Ontologie ist eine Beschwörung."
>
> (Derrida 2004, S. 219f)

> Die *Bedingung einer Möglichkeit* des Ereignisses ist auch dessen Bedingung der Unmöglichkeit [...] Doch wäre es ebenso leicht zu zeigen, daß man ohne diese Erfahrung des Unmöglichen besser daran täte, sowohl auf die Gerechtigkeit als auch auf das Ereignis zu verzichten."
>
> (Derrida 2004, S. 97)

Es ist ziemlich unheimlich. In den frühen Jahren des 20. Jahrhunderts kamen Belege ans Licht, dass Licht... also, dass es sich wie ein Teilchen verhält (schließlich – die von Newton vertretene Position)... außer wenn es sich wie eine Welle verhält (wie James Clerk Maxwell, Thomas Young, und andere im 19. Jahrhundert überzeugend demonstrierten). Und Materie, sie verhält sich ganz sicher wie ein Teilchen, ... also außer wenn sie sich wie eine Welle verhält. Was ist das für ein Unsinn? Haben die Naturwissenschaften ihren Verstand verloren, sind sie verrückt geworden? Wellen und Teilchen sind ontologisch distinkt: Wellen sind ausgebreitete Störungen, die sich überlagern und durcheinander hindurch bewegen können; Teilchen sind lokalisierte Entitäten, die einzig einen gegebenen Ort zu einem Zeitpunkt einnehmen können. Licht kann nicht einfach eine Welle *und* ein Teilchen *sein*, ausgebreitet *und* lokalisiert.

So viel zum soliden Vertrauen, zur abgesicherten Gewissheit, zur felsenfesten Konsistenz der Naturwissenschaften an der Wende zu einem neuen Jahrhundert. Es war nicht bloß so, dass die neuen empirischen Beweise bezüglich des Wesens von Licht der etablierten Sichtweise zu widersprechen schienen, sondern es wurde während des ersten Viertels des 20. Jahrhunderts immer schwieriger zu verstehen, wie *überhaupt* ein konsistentes Verständnis des Wesens von Licht möglich sein könnte.

Entschlossen, all diesem einen Sinn abzugewinnen, macht Bohr einen der merkwürdigsten Schritte in der Geschichte der Physik: Er richtet seine Aufmerksamkeit auf die Frage der... *Sprache*! (Ein ehrbarer Schritt für Geisteswissenschaftler_innen, doch wozu in aller Welt untersucht ein Physiker die Verwendung von Konzepten und Bedeutungsproduktion?!) Bohr stellt Fragen, die die meisten Physiker_innen nicht einmal als Fragen erachten würden: Was *meinen* wir mit „Teilchen" oder „Welle"? Was sind die Bedingungen der Möglichkeit der bedeutungsvollen Verwendung dieser Begriffe? Was ist das Wesen naturwissenschaftlicher Konzepte? Welche Rolle spielen sie? Wie bedeuten und materialisieren sie?

Bohrs einzigartiger Beitrag ist folgender: Er schlägt vor, dass wir *Konzepte als spezifische materielle Arrangements* experimenteller Apparaturen verstehen. Zum Beispiel bedarf es eines Apparats mit fixierten Teilen, um den Begriff „Ort" intelligibel zu machen; hingegen ist ein Apparat mit beweglichen Teilen nötig, damit „Impuls" intelligibel wird. Außerhalb der entsprechenden materiellen Bedingungen, die nötig sind, um sie intelligibel zu machen, sind Konzepte unbestimmt. Jede spezifische experimentelle Anordnung, die einem spezifischen Konzept (z.B. „Ort") eine bestimmte Bedeutung verleiht, wird notwendigerweise immer ihren konstitutiven Ausschluss produzieren (z.B. „Impuls"), d.h. ein gleichermaßen notwendiges *komplementäres Konzept*, das so außerhalb des Bereichs des Intelligiblen verbleibt. Das heißt, die kontingente Bestimmung der Bedeutung jedes Konzeptes bedingt notwendigerweise konstitutive Ausschlüsse. Jedes Konzept wird von seinem wechselseitig konstitutierten, ausgeschlossenen Anderen heimgesucht. Das meint Bohr mit *Komplementarität*.

In Bohrs Ansatz gibt es also eine intime Beziehung zwischen Diskurs und Materialität, die über das ewig wiederkehrende Lied hinausgeht, dass Schreiben und Sprechen materielle Praktiken sind. Bohr argumentiert, dass dieses materialistische Verständnis von Konzepten in Kombination mit den empirischen Befunden über Quantendiskontinuität die Vorstellung einer in sich starren (apparat-unabhängigen, cartesianischen) Subjekt-Objekt-Unterscheidung unterminiert. Aber das bedeutet nicht, dass es solche Unterscheidungen nicht gibt. Vielmehr realisiert der materiell-diskursive Apparat ebenso einen spezifischen Schnitt zwischen „Beobachtetem" und "Beobachtungsinstanzen“ [*agencies of observation*], und zwar zusätzlich zur Bedeutungsstiftung für spezifische Konzepte unter Ausschluss anderer. Es gibt keine separat determinierten, individuellen Entitäten, die miteinander *interagieren*; vielmehr resultiert die Ko-Konstitution von determiniert gebundenen und mit Eigenschaften versehenen Entitäten aus spezifischen *Intraaktionen*. Das heißt, nicht nur Konzepte, sondern auch Grenzen und Eigenschaften von Objekten sind nicht in alle Ewigkeit bestimmt, sondern als untrennbarer Teil eines, wie Bohr es nennt, *Phänomens – der Untrennbarkeit (unterschiedene Unteilbarkeit) von „Objekt“ und „Beobachtungsinstanzen“*.

Konzepte beziehen sich nicht auf das Objekt der Untersuchung. Vielmehr realisieren Konzepte in ihrer materiellen Intraaktivität die unterschiedene Untrennbarkeit, die ein Phänomen *ist*. Ohne Intraaktion gibt es keine determinierten Tatsachen der Materie und keinen determinierten Weg, sie zu beschreiben. Sein ist nicht einfach anwesend, dort um gefunden zu werden, bereits gegeben. Es gibt keine starre Essenz oder Substanz, die zum Messen da ist. Teilchen sind nicht inhärent gebundene und mit Eigenschaften versehene Entitäten, die sich in der Leere bewegen. Beim Materialisieren [*mattering*] handelt es sich um das (kontingente und temporäre) Bestimmt-Werden (und Unbestimmt-Werden) von *Materie und Bedeutung*, ohne Fixiertheit, ohne Schließung. Die Bedingungen der Möglichkeit des Materialisierens sind also Bedingungen der Unmöglichkeit: Intraaktionen beinhalten und bedingen notwendigerweise konstitutive Ausschlüsse, die eine irreduzible, nicht ableitbare Offenheit konstituieren. Intraaktionen sind eine zutiefst nichtklassische Kausalität, die die Binarität abgenutzter Abwägungen zwischen Determinismus und freiem Willen, Vergangenheit und Zukunft aufbrechen.

## Akt x. Szene λ.
### *Diffraktive Vorstellungen und Doppelspaltexperimente*

RaumZeitKoordinaten: interferierte Räumlichkeiten und interferierte Zeitlichkeiten, verschränkt „durch" Raum und Zeit; Vergangenheit, Gegenwart, Zukunft, ineinander gewirkt.

> „[D]as ‚Zusammenhalten' des *Disparaten* selbst zu denken. Nicht das Disparate zusammenzuhalten, sondern uns dorthin zu begeben, wo das Disparate selbst *zusammenhält*, ohne den Bruch *(la dis-jointure)*, die Streuung oder die Differenz zu verletzen, ohne die Heterogenität des anderen auszulöschen."
>
> (Derrida 2004, S. 49)

> „Interferenzmuster zeichnen die Geschichte der Interaktion, Interferenz, Verstärkung und Differenz auf. Interferenzen handeln von heterogener Geschichte, nicht von Originalen. Anders als Reflexion, verschieben Diffraktionen nicht das Gleiche anderswohin, in mehr oder weniger verzerrter Form, worin metaphysische Industrien wachsen. [...] Diffraktion ist eine narrative, graphische, psychologische, spirituelle und politische Technologie, um folgenreiche Bedeutungen zu schaffen."
>
> (Haraway 1997, S. 273)

Bühne links:
Ein Geist von Thomas Young und seinem berühmten Doppelspaltexperiment. Das Doppelspaltexperiment – der grandiose Identitätsfilter, der perfekte Prüfstein über den Charakter des Seins, die größte ontologische Sortiermaschine aller Zeiten. Thomas Young trägt vor. Schallwellen aus den zwei Lautsprechern vorn im Hörsaal formen ein Schall-Interferenzmuster, so dass abwechselnd platzierte, konische Abschnitte der Zuhörer_innen Youngs Stimme klar hören können, während andere mit rätselndem Ausdruck da sitzen, ohne ein Wort zu verste-

hen, und wieder andere sich die Ohren zuhalten, weil der Ton unerträglich laut ist. Die Worte kommen bei jenen klar an, die gut platziert sind:

Dies kann unter Verwendung eines sehr einfachen Instruments demonstriert werden, das ich Doppelspaltapparat nenne. Es ist wirklich sehr einfach. Es hat nur drei Teile: ein Gerät, das die Quelle der Entität ist, die getestet wird, ein Hindernis mit zwei Löchern darin und einen Schirm weiter hinten. Wenn Sie jetzt wissen wollen, ob eine Entität eine Welle oder ein Teilchen ist, schießen Sie einfach ein paar davon gegen das Hindernis mit den zwei offenen Spalten. Eines von zwei Mustern wird auf dem Schirm erscheinen. Wenn die meisten Entitäten, die den Schirm erreichen, sich direkt gegenüber der Spalte versammeln, handelt es sich um Teilchen. Wenn andererseits ein profiliertes Muster mit abwechselnden Intensitätsstreifen auf dem Schirm erscheint, ist die fragliche Entität eine Welle. Ich weise darauf hin, dass das Muster der abwechselnden Streifen, das Interferenzmuster, dem Wellenmuster ähnelt, das einander überlagernde Störungen im Wasser bilden, wenn zwei Steine gleichzeitig mit einem kleinen Abstand zueinander in einen Teich fallen. Zusammenfassend bietet mein Gerät – der Doppelspaltapparat – eine todsichere Methode, um Wellen von Teilchen zu unterscheiden. Auf diese Weise ist es möglich, die ganze Natur als der einen oder anderen Art zu kategorisieren.

Einige Zuhörer_innen klatschen als Mr. Young fertig ist. Andere haben bereits frustriert den Saal verlassen und um die Erstattung des Eintrittsgelds gebeten. Jemand bemerkt, dass das verbleibende Publikum in einem Muster abwechselnder Streifen sitzt, die von der Bühne auswärts strahlen. An diesem Phänomen interessiert, hebt sie die Hand zur Meldung, doch Mr. Young ist bereits verschwunden.

Bühne rechts:
Das Licht geht an und offenbart die Geister von Einstein und Bohr, die sich vom Würfeltisch erheben, an dem einige Physiker Gott spielen gesehen haben wollen, wie Einstein mit unge-

hemmter Missachtung in der Stimme berichtet. Einstein hatte genug davon. Sie schlendern weiter zu einem anderen Tisch und fallen schnell in den Takt einer alten Unterhaltung.

Der Tisch bietet ihnen ein Doppelspaltexperiment ganz nach ihren Vorstellungen. Sie vollführen Gedankenexperimente mit dem Doppelspaltapparat. Der Einsatz: nicht weniger als das Wesen der Realität. Einstein wird zornig. Bohr beharrt darauf, dass er unter Verwendung des Doppelspaltapparats zeigen kann, dass sich Licht in einer Anordnung wie eine Welle verhält und in einer komplementären Anordnung wie ein Teilchen. Er erklärt, dass Entitäten nicht inhärent „Welle“ oder „Teilchen“ sind, und dass es möglich ist, Wellen- und Teilchenphänomene/-verhalten/-darbietungen zu produzieren, wenn die fragliche Entität mit dem entsprechenden Apparat wechselwirkt bzw. *intraagiert*. Einstein nimmt einen großen Stapel Jetons, ordnet sie feinsäuberlich in seiner Hand und setzt sie voller Überzeugung auf den Tisch. Bohr sagt, er wird gegen Einstein wetten, doch er spricht weiter, ohne eine bestimmte Anzahl von Jetons auf irgendeinen bestimmten Platz zu legen.

Beide, Bohr und Einstein, sind sich einig, dass Entitäten, wie Photonen, Atome und Elektronen, ein wellentypisches Interferenzmuster aufweisen, wenn sie durch einen Doppelspaltapparat geschickt werden. Sie sind sich uneinig darüber was passieren würde, wenn der Apparat auf eine Weise verändert wäre, die es nachzuverfolgen ermöglicht, welchen Spalt eine gegebene Entität auf ihrem Weg zum Schirm durchquert. Einstein, der Quantentheorie ablehnt und vehement an klassischer Ontologie festhalten will, argumentiert, dass dieses Experiment zeigen würde, wie die Entität sich an den Spalten wie ein Teilchen und am Zielschirm wie eine Welle verhält – und so die Schwächen der Quantentheorie aufdecken würde. Bohr widerspricht entschieden. Er argumentiert, dass die Entität sich unter Verwendung eines Welcher-Spalt-Apparats nicht länger wie eine Welle verhalten würde – dass es kein Interferenzmuster auf dem Schirm geben würde. Bohrs Überschwänglichkeit ist schwer standzuhalten, als er erklärt wie Einsteins Doppelspalt-experiment wunderbar sein Komplementaritätsprinzip erklärt, demnach eine Entität sich *entweder* wie eine Welle *oder* wie ein Teilchen verhält *abhängig davon, wie sie gemessen wird.* Einstein verliert die Geduld.

Heisenberg, der wie aus dem Nichts kommt, schlüpft zwischen die beiden und merkt an, dass er Bohr zustimmt, dass der Moment, indem man den Apparat umzugestalten versucht, um herauszufinden, welcher Spalt durchquert wird, die Entität stören wird, deren Eigenschaften man messen will. Das Ergebnis wäre, dass Licht sich nicht länger wie eine Welle, sondern wie ein Teilchen verhält. Nachdem er fertig ist, verlässt Heisenberg die Szene in eine andere Richtung. Als er geht, schüttelt Bohr den Kopf und insistiert, dass er und Heisenberg eigentlich überhaupt nicht übereinstimmen. Bohr murmelt etwas davon, dass Heisenberg glaubt, dass das Muster sich verändert, weil im Akt des Bestimmens, welcher Spalt durchquert wird, der Welcher-Spalt-Apparat das *stört*, was in Abwesenheit einer solchen Messung geschehen wäre. Einstein hat schon lange aufgehört zuzuhören, aber Bohr schmiedet weiter. Er argumentiert, dass es nicht darum geht, dass Messungen das Gemessene stören, sondern eben um das Wesen des Apparats, der einen Schnitt zwischen „Objekt" und „Beobachtungsinstanzen" umsetzt, der vor deren Intraaktion nicht existiert – keine solch determinierten Eigenschaften oder Grenzen sind einfach gegeben. Was sich ergibt, ist eine Verschränkung – ein *Phänomen*. Die Durchführung der Messung mit einem unveränderten Doppelspalt-Apparat resultiert in einem *Wellenphänomen*, während die Messung mit einem modifizierten Doppelspaltapparat (mit Welcher-Spalt-Detektor) ein *Teilchen-Phänomen* ergibt. Es gibt keinen Widerspruch, insistiert Bohr. Klassische Metaphysik hat uns getäuscht. Entitäten haben kein inhärent starres Wesen.

Einsteins Träumerei wird von diesem letzten Kommentar unterbrochen. Er fragt verärgert: „Du sagst also, dass das Wesen der Entität – ihre Ontologie – sich mit dem experimentellen Apparat verändert, der verwendet wird, um ihr Wesen zu bestimmen? Oder noch schlimmer, dass nichts da ist, bevor es gemessen wird, als ob Messungen Dinge in die Existenz heraufbeschwören?"

## Akt A. Szene Ω.
### *Die Zukunft erben: Newtons Ende der Zeit*

RaumZeitKoordinaten: Die Apokalypse ≥ 2060 n.Chr. [Newtons Vorhersage für das Ende der Zeit] / interferiert mit 2003 [Entdeckung von Newtons Vorhersage aus dem 17. Jahrhundert] / interferiert mit dem 17. Jahrhundert [Newton – der Prophet, der Seher der Zukunft, der Erfinder der Analysis, der große Rechner, der Seher der Naturgesetze, die jedes Ereignis aller Zeiten determinieren – tötet die Zeit ein zweites Mal].

> „Was heißt das: einem Gespenst folgen? Und wenn es darauf hinausliefe, von ihm verfolgt zu werden, für immer, verfolgt vielleicht von der Jagd selbst, die wir nach ihm anstellen? Noch einmal kehrt hier das, was vor uns zu liegen scheint, die Zukunft, im vorhinein wieder"
>
> (Derrida 2004, S. 24)

> „*Mehr als eins*, das kann eine Menge bedeuten, wenn nicht gar Massen [...] aber auch das *weniger als eins* der reinen und einfachen Zerstreuung."
>
> (Derrida 2004, S. 16)

Das Ende der Zeit. Wir haben das schon einmal gehört, wir hören es die ganze Zeit. Wir erben die Zukunft, nicht nur die Vergangenheit.

Schon Newton, der Naturphilosoph, war fertig mit der Zeit. Seine Gesetze der Physik machen immer schon diese Verkündigung: In einem deterministischen Universum gibt es keine Zeit – alle Ereignisse sind bereits geschehen, Zeit existiert nicht. Die Zukunft ist bereits geschehen. Und doch macht der Große Rechner eine Vorhersage, die alle Vorhersagen beendet. Newton, der Theologe, der Gelehrte biblischer Prophezeiung, berechnet das Ende der Zeit. Seine Vorhersage, versteckt für eine andere Zeit als die seinige.

Sowohl Biblische Prophezeiung als auch Naturphilosophie treffen Vorhersagen. Eine Vorhersage für das Ende der Zeit ist ungewiss (vielleicht endet sie irgendwann), die andere lässt absolut keinen Raum für Ungewissheit, keine Haaresbreite.

Biblische Prophezeiung war sicherlich mehr als eine Nebenbeschäftigung für Newton; sie war eine mit seiner Naturphilosophie dis/kontinuierliche Beschwörung von Geistern. Geister nahmen eine zentrale Rolle in seiner Naturphilosophie ein, nicht aber seine Theologie. Für Newton waren sie alles und nichts. Sie füllten allen Raum, und wurden dann verbannt. Sie erscheinen und verschwinden. Durch sein Werk hindurch haben sie eine bezeichnende Anwesenheit/Abwesenheit. Eine entschwindende Präsenz. Eine wieder erscheinende Abwesenheit. Für immer in Wiederkehr. Ebenso aus der Zukunft kommend wie aus der Vergangenheit.

Newton, der große Naturphilosoph, der erste moderne Naturwissenschaftler, der größte Naturwissenschaftler aller Zeiten, der Erfinder der Analysis. Newton, der Theologe, der ergebene Student biblischer Prophezeiung, ein frommer nichttrinitarischer Christ. Newton, der Auserwählte, der Leser des Großen Uhrwerks, der eine, der mit seiner Infinitesimalrechnung aus einem Moment in Zeit, aus jedem Moment heraus, der Welt die gesamte Zukunft und Vergangenheit ausbreiten konnte. Der Prophet, der das Ende der Zeiten sehen konnte. Newton, der große Empirist, der große Positivist, der große Determinist, der große Mechaniker. All diese Ehrentitel bleiben als Fragen hängen. Sie koexistieren alle mit anderen Geistern Newtons, die von den Dekonstruktionen von Mechanismus, Determinismus, Positivismus, Naturwissenschaften sprechen.

Superpositionen, nicht Oppositionen. Physik war schon immer verspukt.

## Akt ~~tr(A)~~. Szene tr(A).
## *Quantenradierer: Gestalt gewordene, aber noch immer spukhafte Gedankenexperimente*

RaumZeitKoordinaten: zur Unzeit, kein gegebener Raum, keine gegebene Zeit.

> Das Anliegen ist „nicht mit Horizonten von modifizierten – vergangenen oder ankommenden – Gegenwarten, sondern mit einer ‚Vergangenheit', die nie anweste und nie anwesen wird, deren ‚An-kunft' nie die Produktion oder Reproduktion in der Form der Anwesenheit sein wird."
>
> (Derrida 1999, S. 50)

> „*Phänomene* sind nie eins, nie bloß in der Gegenwart situiert, hier und jetzt. Phänomene sind Quantenverschränkungen intraagierender Wirkmächtigkeiten. Auf entscheidende Weise schneiden Intraaktionen Dinge zusammen und auseinander."
>
> (Barad 2007)

Physiker_innen behaupten nun, empirisch belegen zu können, dass sie nicht nur die Vergangenheit verändern können, sondern eben das Wesen des Seins selbst... in der Vergangenheit.

Aus dem Bereich der Vorstellung in die empirische Welt durchtunnelnd, vom Laboratorium des Geistes ins Labor harter Fakten, aus den 1930er Jahren in die 1990er, ist der Doppelspaltapparat im Zentrum der Bohr-Einstein-Debatte Gestalt geworden. Neue technologische Fortschritte machen es möglich, dieses große *Gedanken*experiment tatsächlich *im Labor* durchzuführen. Aber es geht um vielmehr als um technologische Innovation. Ebenso bemerkenswert ist der Einfallsreichtum in der Gestaltung dieses Experiments, das einen Unterschied in den *metaphysischen* Ansichten von Bohr und Heisenberg empirisch testen soll. Experimentelle Meta/Physik! Empirische Spuren aus der jenseitigen Welt. Eine geisterhafte

Angelegenheit. Die Grenze zwischen Physik und Metaphysik ist unentscheidbar/unbestimmt.

Heisenberg versteht Messungen als Störungen, die Wissbarkeit begrenzen – d.h. Messungen bedingen epistemische Unschärfen. Wohingegen es für Bohr bei Messungen um die Bedingungen semantischer und ontischer Bestimmung geht – d.h. um Unbestimmtheit. Also hat die Uneinigkeit zwischen Bohr und Heisenberg damit zu tun, was in der *Abwesenheit* einer Messung existiert. Aber wie überhaupt ein Experiment zu erwägen beginnen, das untersucht, was existiert, *bevor* eine Messung stattfindet, wenn die Handlung des Experimentierens immer schon Messung beinhaltet?

Es stellt sich heraus, dass es einen Weg *gibt,* um *empirisch* zu bestimmen, ob und welche der „metaphysischen" Ansichten von Bohr und Heisenberg empirisch gestützt wird. Die Grund-idee hinter diesem raffiniert gestalteten Experiment ist Folgende[7]: Zentral ist die Nutzung der inneren Funktionsweisen des Atoms (d.h., seiner „internen Freiheitsgrade"), um ein verräterisches Zeichen davon zu hinterlassen, welchen Spalt das Atom durchquerte, und zwar auf eine Weise, die nicht dessen Vorwärts-Impuls stört (d.h., seine „externen Freiheitsgrade"). Das Experiment ist so gestaltet, dass ein atomares *Elektron* dazu gebracht wird, genau im richtigen Moment von einem höheren Energieniveau in ein niedrigeres Energieniveau zu springen (es wird also nur mit den internen Freiheitsgraden des Atoms gebastelt), so dass es ein verräterisches Photon in einem der zwei je an den zwei Spalten platzierten Behälter hinterlässt, während das Atom von diesem Ereignis unberührt seinen Weg fortsetzt.

Das Ergebnis? Eine eindeutige Bestätigung von Bohrs Auffassung: Wenn ein Welcher-Spalt-Detektor eingesetzt wird, verändert sich das Muster tatsächlich von einem Interferenzmuster zu einem Streumuster, von Wellenverhalten zu Teilchenverhalten; und diese Veränderung ist im Aufbau des Apparats *angelegt* und *nicht* das Ergebnis einer Störung. Dieser Befund geht sowohl gegen Heisenbergs als auch gegen Einsteins Verständnis und bestätigt deutlich Bohrs Sichtweise, da gezeigt werden kann, dass die Veränderung des Musters das Ergebnis der *Verschränkung* des „Objekts“ und der „Beobachtungsinstanzen“ ist. Das heißt, es gibt empirische Belege für Bohrs performatives Verständnis von Identität: Identität ist nicht inhärent (z.B. sind Entitäten nicht auf inhärente Weise entweder eine Welle oder ein Teilchen), sondern vielmehr wird sie in unterschiedlichen gegebenen Bedingungen unterschiedlich performiert.

Angesichts der performativen Natur von Identität, werden die Dinge noch interessanter. Denn wenn Bohrs Hypothese stimmt, dass Phänomene Quantenverschränkungen (von „Objekten“ und „Beobachtungsinstanzen“) sind, dann werden einige (weitere) klar unmögliche Dinge möglich. Nehmen wir an, dass der Welcher-Spalt-Detektor auf eine Weise modifiziert wird, dass der Beleg darüber, welchen Spalt das Atom durchquert hat (die Existenz des verräterischen Photons im einen oder anderen Behälter), gelöscht werden kann, *nachdem* das Atom bereits einen der Spalte durchquert hat. Es stellt sich heraus, dass sich wieder ein für Wellen charakteristisches Interferenzmuster zeigt (wie es ohne Welcher-Spalt-Detektor der Fall ist), wenn die Welcher-Spalt-Information „gelöscht“ wird (d.h., wenn jede Spur der Welcher-Spalt-Information zerstört wird und die Welcher-Spalt-Frage wieder unentscheidbar ist)! Dieses Ergebnis ist bemerkenswert, aber es kommt mehr. Es stellt sich zudem heraus, dass es egal ist, an welchem Punkt die Information „gelöscht“ wird – insbesondere kann sie gelöscht werden, *nachdem* jedes gegebene Atom bereits den gesamten Apparat durchquert hat und seine Spur auf dem Zielschirm hinterlassen und so zu der Entstehung des Gesamtmusters beigetragen hat!

Dieses Ergebnis ist ausgesprochen erstaunlich. Was dieses Experiment uns erzählt, ist, dass bestimmt werden kann, ob eine Entität als Welle oder als Teilchen durch den Apparat geht oder nicht, *nachdem* sie bereits den Apparat durchquert hat, d.h., *nachdem sie bereits als Welle (beide Spalte zugleich) oder als Teilchen (den einen oder den anderen Spalt) durchquert hat*! In anderen Worten ist es nicht bloß so, dass sozusagen das vergangene Verhalten einer gegebenen Entität geändert wurde, sondern dass eben die Identität der Entität geändert wurde! *Ihre vergangene Identität, ihre Ontologie, ist nie fixiert, sie ist immer für zukünftige Umarbeitungen offen!*

Die Physiker_innen des Quantenradierer-Experiments interpretieren diese Ergebnisse als die Möglichkeit, die „Vergangenheit zu verändern"; sie sprechen von dem Interferenzmuster als „wiedererlangt" (als ob das ursprüngliche Muster zurückgekehrt wäre) und von der Welcher-Spalt-Information als „ausradiert". Aber diese Interpretation basiert auf Annahmen, die durch eben dieses Experiment infrage gestellt werden, Annahmen über das Wesen von Sein und Zeit.

Wird in einer Metaphysik der Präsenz vorausgesetzt, dass das erlangte Muster Ergebnis des Verhaltens einer Gruppe individuell determinierter Objekte ist, dann scheint es unerklärlich, dass die Löschung der Information, welchen Spalt jede individuelle Entität durchquerte, *nachdem* die Individuen die Spalte durchquerten, irgendeinen Effekt haben könnte. Welches Konzept von Kausalität könnte andernfalls solch ein merkwürdiges Geschehen erklären? Was könnte die Quelle solch instantaner Kommunikation sein, eine Art globale Verschwörung gemeinsam agierender, individueller Akteur_innen? Was für eine spukhafte Fernwirkungskausalität ist das?! Die Schwierigkeit sind hier die irrigen Annahmen klassischer Ontologie, die auf dem Glauben basieren, dass individuell determiniert gebundene und mit Eigenschaften versehene Objekte die Akteur_innen auf dieser Bühne sind und die Bühne selbst das Gegebensein eines Behälters namens Raum und einer linearen Sequenz von Momenten namens Zeit ist. Aber die Ergebnisse deuten an, dass die Welt nicht entsprechend irgendeiner solch klassischen Ontologie funktioniert, einer Ontologie, der die Geister ausgetrieben wurden. Im Gegenteil *ist dies empirischer Beleg für eine Hantologie*!

Es ist nicht so, dass (durch das Löschen der Information nach der Tatsache) die Experimentator_in eine Vergangenheit verändert, die bereits gegenwärtig gewesen ist. Vielmehr ist der Punkt, dass die Vergangenheit zuallererst nie einfach da war und die Zukunft nicht einfach ist, was sich entfalten wird; die *Vergangenheit* und die *Zukunft* werden iterativ überarbeitet und eingefaltet durch die iterativen Praktiken der Raumzeitmaterialisierung – einschließlich der Welcher-Spalt-Messung und der nachfolgenden Löschung der Welcher-Spalt-Information – sie sind alle zusammen ein Phänomen. Es gibt hier keine Verschwörung unter individuellen, räumlich getrennten Teilchen oder individuellen, zeitlich getrennten Ereignissen. Raum und Zeit sind phänomenal, d.h., sie werden intraaktiv in der Herstellung von Phänomenen produziert; weder Raum noch Zeit existieren als determiniert Gegebenes, als Universalien, außerhalb von Phänomenen.

Des Weiteren sprechen die Ergebnisse gegen die Behauptung einiger Physiker_innen, dass alle Spuren des Ereignisses „gelöscht" werden, wenn die Welcher-Spalt-Information zerstört wird, und dass das vorherige Interferenzmuster „wiedererlangt" wird. Im Gegenteil ist das produzierte Interferenzmuster nicht dasselbe (wie das Original). Anders als das „Original", ist das neue Interferenzmuster ohne ein explizites Nachspüren der (verbliebenen) Verschränkungen nicht deutlich evident. Das heißt, die Spur aller Messungen verbleibt, auch wenn die Information gelöscht wird; die Sichtbarmachung der geisterhaften Verschränkungen bedarf der Arbeit. Die Vergangenheit ist nicht abgeschlossen (sie war es nie), aber eine Löschung (aller Spuren) steht nicht zur Debatte. Die Vergangenheit ist nicht gegenwärtig. *Vergangenheit* und *Zukunft* werden durch die fortlaufende Intraaktivität der Welt iterativ umgestaltet und eingefaltet. Es gibt keine inhärent determinierte Beziehung zwischen Vergangenheit und Zukunft. Phänomene sind nicht in Raum und Zeit lokalisiert; vielmehr *sind Phänomene durch die Raumzeitmaterialisierung des Universums eingefaltete und durchwirkte materielle Verschränkungen.* Sogar die Rückkehr eines Interferenzmusters signalisiert kein Zurückgehen, Löschen von Erinnerung oder gegenwärtige Vergangenheit.

*Erinnerung – das Muster sedimentierter Einfaltungen iterativer Intraaktivität – ist in die Struktur der Welt eingeschrieben.* Die Welt „trägt" die Erinnerung aller Spuren; oder eher, die Welt *ist* ihre Erinnerung (eingefaltete Materialisierung).

### ~~Akt Ψ~~. ~~Szene ℵ~~.
### *Naturwissenschaften & Gerechtigkeit*

RaumZeitKoordinaten: interferierte Raumzeiten; Zeit der Erbschaft, kommende Zeit; wohin?

> „Keine Erbschaft ohne Appell an die Verantwortlichkeit."
> (Derrida 2004, S. 129)

> „[K]eine Gerechtigkeit scheint möglich oder denkbar ohne das Prinzip einer *Verantwortlichkeit*, jenseits jeder *lebendigen Gegenwart*, in dem, was die lebendige Gegenwart zerteilt, vor den Gespenstern jener, die noch nicht geboren oder schon gestorben sind [...]. Ohne *diese Ungleichzeitigkeit der lebendigen Gegenwart mit sich selbst*, ohne [...] diese Verantwortung und diesen Respekt vor der Gerechtigkeit in bezug auf jene, die *nicht da sind*, die nicht mehr oder noch nicht *gegenwärtig und lebendig* sind, welchen Sinn hätte es, die Frage ‚Wohin?' zu stellen, ‚Wohin morgen?' *(‚Whither?')*"
> (Derrida 2004, S. 11)

Kopenhagen ist mit Geistern dicht besiedelt. Jedes Wesen, das durch Technologien des 20. Jahrhunderts massenweise tötbar gemacht wurde, seien es die Opfer von Auschwitz, oder die Hibakusha der Atombombenabwürfe auf Hiroshima und Nagasaki, oder die Opfer der Luftangriffe auf Dresden, oder die vielen anderen Opfer (von denen einige schon vor ihrem Tod als Geister lebten), auch nicht nur jene im Zusammenhang mit dem Zweiten Weltkrieg, sondern auch andere verschränkte Hightech-Massaker von tötbar oder entbehrlich gemachten

Bevölkerungen, sei es in Bhopal, Tschernobyl, dem Bikini Atoll oder anderswo. Und nicht nur menschliche Geister, sondern alle Arten geisterhafter Wesen (einschließlich der Millionen jährlich Geopferten in den Tötungsmaschinen der industriellen Fleischproduktion). Atomare Geister. Kopenhagen lebt im Schatten von Bomben, abgeworfenen und nicht abgeworfenen. (Da ist sie wieder, Schrödingers Katze. Geisterhafte Verschränkungen.)

Und doch, wenn Helsingør die Dunkelheit in der menschlichen Seele ist, ist Kopenhagen kein Ort, inner- oder außerhalb des ewigen Referenten von allem – des Mannes als Maß aller Dinge – sondern vielmehr ein Nichtort, eine Nichtzeit, eine Versetzung der Referenz, ein Bruch, ein Bersten, ein Riss, eine Öffnung. Die ethischen Fragen bezüglich der Herstellung der Atombombe handeln nicht von Rechten oder Berechnungen oder Schuld, und sicher nicht von Unschuld – jenen Themen, die in Frayns *Kopenhagen* um die Geister von Bohr und Heisenberg wirbeln.

*Kopenhagen* wird von Rissen durchspukt. Es ist ein Stück, das mehr weiß als sein Autor (wie all unsere Werke). Spuren der Unentscheidbarkeit/Unbestimmtheit von Wissen-Nichtwissen, Sein-Nichtsein. Dispersionen. Aspersionen. Frayn wird durch das zu Fall gebracht, was er als Ungerechtigkeit gegen Heisenberg erachtet; den nämlich die Geschichte ungerecht verurteilt und seinen Ruf beschmutzt habe, der aber auf jeden Fall sein Bestes tat, was er unter einem totalitären Regime konnte. In bezeichnendem Gegensatz macht Frayn deutlich, dass Bohr und die Naturwissenschaftler, die in Los Alamos am Bau der Atombombe arbeiteten, (aufgrund des ‚Erfolgs' des US-Bemühens) weit schuldhafter sind als ihre deutschen Kollegen und dennoch nicht zur Rechenschaft gezogen werden (durch wen auch?). In Frayns ErZählen ist es tatsächlich unsere fortwährende Unkenntnis von Heisenbergs Intentionen – die Existenz dieses „letzten Kerns der Ungewissheit im Herzen der Dinge" (Frayn 2002, S. 94) –, die die Menschheit nicht nur davor bewahrt, einander unangemessen zu verurteilen, sondern schließlich davor, sich selbst zu zerstören. Wieder eine Apokalypse, sogar in ihrer Abwesenheit. Noch einmal, der Mann ist das Maß aller Dinge, der Anfang und das Ende, Alpha und Omega. Erwiesenermaßen ist Unschärfe keine ausreichend starke Schneide, um die üblichen Geschichten von Gewissheit und vom Ende der Zeit zu durchschneiden oder zu stören. Und kein Wunder, das Schicksal der Unschärfe ist jedenfalls nicht besser als jenes der Menschheit, da Unschärfe innerhalb des menschlichen Geistes lebt: „Wenn keine Entscheidungen, große oder kleine, je wieder getroffen werden müssen. Wenn es keine Ungewissheit mehr gibt, weil es kein Wissen mehr gibt“ (ebd.).

Heisenberg ist sich keineswegs sicher über seine Abhandlung zur Unschärfe (1927). Durch seinen (eigenen) Text hindurch, der sein Argument für die Unvermeidbarkeit von Unschärfe in Messinteraktionen darlegt, hält eine gewisse Überzeugung an. Doch dann, nach der Formulierung von These und Argument, folgt ein Nachgedanke – ein Gedanke, der beinahe zu spät auftritt (auf jeden Fall, nachdem die Teilchen die Spalte durchquert und den Zielschirm getroffen haben) – eine gemäßigte Zustimmung zu seinem Mentor, die den Text in seinen analytischen Grundlagen erschüttert. In einem wenig bekannten Postskriptum zu seiner berühmten Abhandlung zur Unschärferelation schwankt Heisenbergs Gewissheit/Unschärfe. Ein Geständnis am Ende versetzt die ganze Analyse in Krise: Heisenberg gesteht ein, dass Bohr tatsächlich recht hat („In diesem Zusammenhang hat mich Bohr darauf aufmerksam gemacht, dass ich in einigen Diskussionen dieser Arbeit wesentliche Punkte übersehen hatte“), dass Bohrs Argument über Komplementarität – d.h., das Spiel von Unbestimmtheit/Bestimmtheit – für die Analyse von Messinteraktionen unbedingt notwendig ist (Heisenberg 1927, S. 197f).

Eine faszinierende Ironie verfolgt *Kopenhagen.* Frayn greift dieses wenig bekannte Postskriptum auf – Heisenbergs unabsichtliche Ode an Bohr – und platziert es im Zentrum der Schlüsselszene des Stücks. Dennoch entgeht ihm dessen

Bedeutung: die profunde meta/physische Uneinigkeit zwischen den zwei Hauptbegründern der *Kopenhagener Deutung* der Quantenphysik, und welche Rolle sie spielt. Die Koexistenz dieser beiden unvereinbaren Sichtweisen bricht die angenommene Einigkeit der sogenannten *Kopenhagener Deutung* der Quantenmechanik (vermeintlich eine nahtlose Verknüpfung der Sichtweisen Bohrs, Heisenbergs und anderer wichtiger Beitragender). Trotz seiner überraschenden Anerkennung von Heisenbergs Zustimmung zu Bohrs Sichtweise, die Unbestimmtheit als primären philosophischen Punkt auszeichnet, platziert Frayn also ironischerweise Unschärfe (à la Heisenberg) im Zentrum seines Stücks.

*Kopenhagen/*Kopenhagen wird von seinen eigenen internen Brüchen/Rissen durchspukt, die die angenommene Einheit von Orten, Räumen, Zeiten und anderen Wesen Lügen strafen. Ein Geist, eben das Gespenst der Multiplizität, durchspukt das Stück ebenso wie die gleichnamige Kopenhagener Interpretation der Quantenphysik. Was wäre, wenn dieser Geist ernst genommen würde? Das heißt, was wäre, wenn wir verstünden, dass es schließlich nicht um Unschärfe geht – nicht um das männliche Wissen gemessen an einer gegenwärtigen Präsenz, die ist, oder eine vergangene Präsenz, die war – sondern vielmehr um *Unbestimmtheit – hantologische Multiplizität* – die sich, entscheidenderweise, nicht wieder um den Mann dreht, am Ende nicht um Ursprünge, und auch nicht um das Ende der Zeit?

Was wäre, wenn wir Frayns geschickte Verwendung des Motivs der Unschärfe, des Ausspielens der diversen möglichen Szenarien dessen, was während Heisenbergs Besuch bei Bohr 1941 geschehen ist, verdrehten und stattdessen die Geister beim Wort nähmen?[8] Was wäre, wenn die Wiederbesuche (die Wiederaufführungen des schicksalhaften Besuchs) nicht als epistemologische Möglichkeiten, sondern als hantologische Un/Möglichkeiten gelesen würden? Das heißt, was wäre, wenn sie als Angelegenheiten der Unbestimmtheit im Wesen des Seins/Werdens erachtet würden, statt als Unschärfen im menschlichen Verständnis? Was würde es bedeuten, sie zu uns sprechen zu lassen als *koexistierende Multiplizitäten verschränkter Beziehungen von Vergangenheit-Gegenwart-Zukunft-Hier-Dort*, die die weltlichen Phänomene konstituieren, die wir oft als im Hier-Jetzt existierende Dinge missverstehen? Was wäre, wenn uns die Geister leibhaftig begegneten, als iterative Materialisierungen, bedingte und spezifische (agentische) Umgestaltungen von Raumzeitmaterialisierungen, gespenstige (Um)arbeitungen ohne die Voraussetzung der Löschung? Wenn die „Vergangenheit" wiederholt umgestaltet würde, nicht um die Dinge ein für allemal richtig zu stellen (welche mögliche Berechnung könnte uns das schon geben?), sondern im *fortwährend wieder zu öffnen und zu beunruhigen, was vielleicht schon ist, was war und was sein wird*?[9]

Mit Derrida könnten wir fragen, ob die Gerechtigkeit nur kommt, um die Ungerechtigkeit zu beseitigen oder, anders ausgedrückt, um den Riss der gegenwärtigen Zeit nach Bedarf wieder zusammenzufügen: „[S]etzt die Gerechtigkeit als Beziehung zum anderen da nicht im Gegenteil den irreduziblen Exzeß eines Bruchs *(disjointure)* oder einer Anachronie voraus, [...] eine Dislokation *out of joint* im Sein und in der Zeit selbst [...]?" (Derrida 2004, S. 43ff). Nur wenn wir uns den Geistern in ihrer Materialität stellen und Ungerechtigkeit ohne das leere Versprechen vollständiger Reparation (der schlussendlichen Wiedergutmachung) anerkennen, können wir dahin kommen, sie beim Wort zu nehmen. Die Vergangenheit ist nie verschlossen, nie ein für allemal abgeschlossen. Aber sie kann nicht zurückgenommen werden, Zeit nicht berichtigt, die Welt wieder gerade gerückt werden. Es gibt schließlich keine Löschung, keinen Radierer. Die Spuren aller Rekonfigurierungen sind in die eingefalteten Materialisierungen dessen eingeschrieben, was war / ist / sein wird. Zeit kann nicht repariert werden. Die Vergangenheit (und Zukunft) anzusprechen, mit Geistern zu sprechen, bedeutet nicht die Unterhaltung oder Rekonstruktion irgendeines Narrativs dessen, wie es war. Es bedeutet vielmehr ein Antworten, verantwortlich sein, Verantwortung annehmen für das, was wir (von der Vergangenheit und Zukunft) erben, für die verschränkten Relationalitäten von Erbschaft, die „wir“ *sind,* die Nicht-Zeitgenossenschaft des Gegenwärtigen anerkennen und auf sie eingehen, sich in Risiko begeben, sich selbst riskieren (sich, das nie eins oder selbst ist), sich der Unbestimmtheit zu öffnen durch das Bewegen hin zum Kommenden. Verantwortlichkeit ist notwendigerweise eine asymmetrische Beziehung/Tun, eine Verfügung, eine Sache der Différance, der *Intraaktion*, in der niemand und nichts im Vorhinein gegeben ist oder je gleich bleibt. Nur in dieser fortwährenden Verantwortlichkeit gegenüber dem verschränkten Anderen, ohne Abweisung (ohne „Es reicht!“), gibt es die Möglichkeit kommender Gerechtigkeit.

Verschränkungen sind keine Verflechtungen separater Entitäten, sondern vielmehr irreduzible Beziehungen der Verantwortlichkeit. Es gibt keine fixierte Trennlinie zwischen „Selbst“ und „Andere“, „Vergangenheit“ und „Gegenwart“ und „Zukunft“, „Hier“ und „Dort“, „Ursache“ und „Wirkung“. Quantendiskontinuität ist keine ordinäre Disjunktion. Cartesianische Schnitte werden dekonstruiert. Ganz im Gegenteil markieren *agentische Schnitte* keine absolute Trennung, sondern ein Zusammen-Auseinander-Schneiden – ein „‚Zusammenhalten‘ des *Disparaten* selbst [...] ohne den Bruch *(la dis-jointure)*, die Streuung oder die Differenz zu verletzen, ohne die Heterogenität des anderen auszulöschen [...], ohne die synthetische Zusammenfügung der Konjunktion oder der Disjunktion oder vor dieser.“ (Derrida 2004, S. 49). *Agentische Schnitte – Intraaktionen* – produzieren keine (absolute) Trennung, sie betreiben *agentische Trennbarkeit* – differenzieren und verschränken (das ist eine Bewegung, nicht aufeinanderfolgende Prozesse). *Agentische Schnitte arbeiten Beziehungen des Verbindens und Trennens radikal um.*[10] Trennbarkeit in diesem Sinne, *agentische Trennbarkeit*, ist eine Sache irreduzibler Heterogenität, die nicht durch die Beziehungen der Erbschaft unterminiert wird, die das Disparate zusammenhalten, ohne Differenz auf Gleichheit zu reduzieren. Verschränkungen sind kein Name für die Verbundenheit aller Dinge als Eins, sondern vielmehr spezifische, materielle Beziehungen der fortlaufenden Differenzierung der Welt. Verschränkungen sind Beziehungen der Verbindlichkeit – dem anderen verpflichtet sein – eingefaltete Spuren des Otherings. Othering, die Konstitution einer_s „Anderen", bedingt eine Verpflichtung gegenüber der_dem „Anderen", die irreduzibel und materiell ans „Selbst" gebunden ist, es durchwirkt – eine Diffraktion/Dispersion von Identität. „Andersheit" ist eine verschränkte Beziehung der Differenz (*Différance*). Ethik bedingt Nichtübereinstimmung mit sich selbst.

Vor allem ist es in dieser Erklärung von Materialisierung unmöglich, Ethik zu entrinnen. Ethik ist ein integraler Bestandteil der Interferenzmuster (also fortwährender Differenzierungsmuster) des Weltmachens, nicht eine Überlagerung menschlicher Werte auf die Ontologie der Welt (als ob „Tatsache" und „Wert" radikal verschieden wären).[11] Eben das Wesen von Materie bedingt es, dem Anderen ausgesetzt zu sein.[12] Verantwortlichkeit ist keine Verpflichtung, die das Subjekt wählt, sondern eine verkörperte Beziehung, die der Intentionalität von Bewusstsein vorausgeht. Verantwortlichkeit ist keine anzustellende Berechnung. Sie ist eine Beziehung und immer schon im fortwährenden intraaktiven Werden und Nichtwerden von Welt enthalten. Verantwortlichkeit bedeutet das iterative (Wieder)Öffnen von Möglichkeiten zugunsten der Verantwortbarkeit. Nicht durch die Realisierung einer existierenden Möglichkeit, sondern durch die iterative Umarbeitung von Un/Möglichkeit, ein fortwährendes Bersten, ein Durchschneiden topologischer Rekonfigurierung des Raumes der Ver-antwort-lichkeit.[13] „Das Erbe ist niemals ein *Gegebenes*," erinnert uns Derrida „es ist immer eine *Aufgabe*. […] *Sein* […] heißt […] *erben.* Alle Fragen, die das Sein betreffen oder das, was es zu sein gibt (oder nicht zu sein: *or not to be*), sind Fragen des Erbes." (Derrida 2004, S. 81).

Eine Ethik der Verschränkung bedingt Möglichkeiten und Verpflichtungen zur Umarbeitung der materiellen Effekte der Vergangenheit und der Zukunft. Wie das Quantenradierer-Experiment zeigt, kann weder *die* Vergangenheit (eine gegebene Vergangenheit) verändert (gegensätzlich zur Aussage der Physiker_innen) noch die Effekte vergangener Handlungen völlig repariert werden, sondern vielmehr ist die „Vergangenheit“ immer schon offen für Veränderung. Es kann nie eine vollständige Erlösung geben, aber Raumzeitmaterie kann produktiv umgestaltet werden, während Un/Möglichkeiten umgearbeitet werden. Rekonfigurierungen löschen keine Markierungen auf Körpern – die sedimentierenden materiellen Effekte ebendieser Umgestaltungen – Er-inner-ungen/Zusammenfügungen – sind eingeschrieben ins Fleisch der Welt. Unsere Verpflichtung gegenüber jenen, die schon tot sind und jenen, die noch nicht geboren sind, kann nicht davon entschränkt werden, wer wir sind. Was wäre, wenn wir anerkennen, dass Differenzieren bzw. Unterscheiden eine materielle Handlung ist, bei der es nicht um radikale Trennung geht, sondern stattdessen darum, Verbindungen und Verpflichtungen einzugehen?

Ich bin vielen zu Dank verpflichtet. Um nur einige zu nennen: Fern Feldman für ihr geduldiges Lesen der vielen Versionen dieses Textes und für ihre hilfreichen Vorschläge und Kommentare. Dank an Irene Reti für Vorschläge zu einem früheren Entwurf. Ich bin Vicki Kirby und Astrid Schrader zu Dank verpflichtet für ihre inspirierten, materialistischen Lesarten von Derrida, die diese Auseinandersetzung möglich machen. Vielen Dank an Nicole Anderson für ihren Rat als Lektorin, der mir half, eine viel längere Version dieses Textes zu zähmen. Danke auch an Mike Fortun, der mir während der Fertigstellung dieses Textes seinen Artikel „Entangled States“ zukommen ließ, als ich mich plötzlich an seine Beschäftigung darin mit Naturwissenschaften, Verantwortlichkeit und Quantengulasch erinnerte. Ich hatte die Kapitel bereits mit RaumZeitKoordinaten versehen, bevor ich in seinen Text (zurück)blickte. In der Tat: Verschränkte Zustände!

## Endnoten

1 *Intraaktion* ist ein Schlüsselkonzept des *Agentischen Realismus* (Barad 2007). Im Gegensatz zum gängigeren Begriff *Interaktion* [in dt. Üb. von Bohr *Wechselwirkung,* AdÜ], erkennt der Begriff der *Intraaktion* an, dass distinkte Entitäten, Wirkmächtigkeiten, Ereignisse ihrer Intraaktion nicht vorausgehen, sondern aus ihr hervorgehen bzw. durch sie hindurchgehen. „Distinkte" Wirkmächtigkeiten sind nur in einem relationalen, nicht in einem absoluten Sinne distinkt, das heißt Wirkmächtigkeiten sind nur in Beziehung ihrer wechselseitigen Verschränkung distinkt; sie existieren nicht als individuelle Elemente. Wichtig ist, dass Intraaktion eine radikale Umarbeitung des traditionellen Konzepts von Kausalität bedeutet.

2 Dieser Text interferiert mit *Meeting the Universe Halfway* (Barad 2007). Die Leser_in sollte im Kopf behalten, dass es mehrere Interpretationen der Quantenphysik gibt. Dieser Text verwendet meine eigene Interpretation der Quantenphysik, die ich in diesem Buch vorstelle. Für andere Lesarten von Quantenphysik und Dekonstruktion siehe unter anderem die Arbeiten von Arkady Plotnitsky, Christopher Norris, und John Protevi.

3 Alan E. Shapiro, *Fits, Passions and Paroxysms.* Cambridge 1993.

4 „‚Anfälle', ‚Ausbrüche' und ‚Krämpfe' sind alle legitime Newton'sche Begriffe für einfache Reflexion und Übertragung von Licht" (Shapiro 1993, xii). Newton argumentierte, dass Licht ein Teilchen ist.

5 David Mermin (1985) schlägt vor, dass spukhafte Fernwirkung als Fernleidenschaft verstanden werden kann.

6 Quantenverschränkungen zwischen La Palma und Teneriffa in den Kanarischen Inseln (mit einer Entfernung von 144 Kilometern) sind experimentell bestätigt worden. Siehe Choi für Referenzen.

7 Für mehr Details siehe Barad 2007, Kap. 7.

8 „Hamlet: Sprich, ich bin zu hören verpflichtet." Jemanden/etwas beim Wort nehmen beinhaltet materielle Verbindlichkeit, bzw. in Verantwortung verpflichtet zu sein. Sinn machen ist schlussendlich eine materielle Angelegenheit, besonders wenn Materialität nicht der geschlossene und begrenzte Satz ist, den Newton, oder sogar Marx, sich vorstellten. Und Bedeutung wird nicht als bloße Angelegenheit von Sprache verstanden, sondern vielmehr als Angelegenheit einer durchgängigen Textualität (siehe besonders Kirby 2011). Für performative (intraaktive) Umarbeitungen von *Materialität* und *Diskursivität* siehe Barad 2007. Der vorliegende Text basiert auf diesen Neuformulierungen.

9 Insbesondere geht es, wider Frayn, nicht darum, eine Vergangenheit zu entdecken, die bereits geschehen ist, sondern vielmehr um die Verschränkung von Vergangenheit-Gegenwart-Zukunft-Hier-Dort, d.h. um Verantwortlichkeit und kommende Gerechtigkeit. Beispielsweise waren Heisenbergs Motive ihm nicht bloß unbekannt, sondern sie sind vielfältig, unbestimmt, verspukt, nicht allein seine.

10 Agentische Schnitte sitzen nie still; sie sind iterativ in Umarbeitung. Innen/außen sind lose. Konstitutive Ausschlüsse sind sowohl Bedingungen der Möglichkeit von Offenheit für die Umarbeitung von Un/Möglichkeiten und immer schon als Teil dieser reiterativen Dynamik selbst in Umarbeitung. Eine unheimliche Topologie: keine glatten Oberflächen, überall schaudernde Zustände. Differenzen durchsickern jedes „Ding". Sie werden umgearbeitet und arbeiten sich durch die reiterativen Umgestaltungen der Raumzeitmaterialisierung – die fortlaufenden Rematerialisierungen von Relationalitäten, nicht zwischen schon bestehenden Stücken der Materie in schon bestehendem Raum und Zeit, sondern in fortlaufender Umarbeitung von „Momenten", „Orten" und „Dingen" – die sich (wieder) durch einander hindurch winden. Differenzen verschieben sich darin immer. Intraaktionen geschehen nicht zwischen Anwesendem. Intraaktionen sind eine geisterhafte Kausalität der anderen Art.

11 Levinas' Punkt ist an dieser Stelle bedeutend, dass in einem Verständnis von „Verantwortung als der wesentlichen, primären und grundlegenden Struktur der Subjektivität" Ethik „nicht als Supplement zu einer vorgegebenen existenziellen Basis [scheint]; innerhalb der als Verantwortlichkeit verstandenen Ethik wird der eigentliche Knoten des Subjektiven geknüpft" (Levinas 1996, S. 72). Für eine Ausführung dieser Levinas'schen Intervention ohne die humanistischen Grundlagen, die integraler Bestandteil von Levinas' Philosophie waren, siehe Barad 2007.

12 Eben die Dynamik von Materie (sozusagen zu sich „selbst", ohne die Notwendigkeit einer Ergänzung wie Kultur oder Geschichte als Motor), ihre agentische und affirmative Kapazität für Veränderung mit jedem Tun, ist ihr regeneratives Un/Geschehen-Machen [*un/doing*]. Materie ist immer schon offen, heterogen, nicht-zeitgenössisch mit sich selbst. Materie verschiebt, rekonfiguriert, re-differenziert sich selbst immer. Dekonstruktion ist nicht, was Mann tut (sie ist keine Methode), sie ist, was der Text tut, was Materie tut, wie Materialisierung sich selbst performiert. Materie ist nie festgesetzt, sondern agentisch und öffnet sich kontinuierlich für eine Reihe möglicher und unmöglicher Umgestaltungen. Materie ist eine fortlaufende hantologische Transformation. Natur ist nicht stumm, und Kultur die Wohl-Artikulierte. Natur schreibt, kritzelt, experimentiert, berechnet, denkt, atmet, und lacht (siehe besonders Kirby 2011 u. 2010).

13 Möglichkeiten sind in der Realisierung von Möglichkeit als Aktualität nicht auf eine verengt. Vielmehr werden Un/Möglichkeiten mit jeder Intraaktion umgestaltet und gestalten sie gleichzeitig mit.

# Die queere Performativität der Natur

„Ein milliardenstarkes Team von Amöben sickert durch texanischen Boden“ (Yoon 2009) lautet der Titel einer Berichterstattung, die von mächtigen Vorstellungswelten nur so wimmelt, die gemeinsam einen angstvollen oder zumindest moralistischen Geruch verströmen, der den Artikel durchdringt. Der Bericht ist voller Hinweise auf Phänomene, um die es im vorliegenden Text gehen wird: Grundlagen, Stabilität und Instabilität, Umgestaltungen und Formverschiebungen, nichtmenschliche Wirkmächtigkeit, queere Verhaltensweisen von Kreaturen, Angst und Moralismus, sowie Überschreitungen zwischen Natur/Kultur, Mikro/Makro, zeitliche und räumlichen Grenzüberschreitungen.

„Wissenschaftler_innen haben bei Houston das gut 12m umfassende, riesige, klebrige Reich aus Milliarden von genetisch identischen Einzellern gefunden, das in der Jauche einer Kuhweide voransickert“.[1]

Die Mischung aus Moral, Politik und Körpersäften – das Zusammenkommen von nächtlichem Terror einer Untergrundbewegung und fleischlichem Ekel – bietet einen aufregenden Cocktail. Die anschauliche Sprache ist ergreifend und sinnträchtig – „riesiges und klebriges Reich [...] das in der Jauche voransickert“ – und aus den an der schleimigen Oberfläche gehaltenen Bildern trieft der muffige Geruch der Furcht. Es ist nicht notwendig, sehr tief unter der Oberfläche zu lesen, um die Verschmelzung politischer Ängste und naturwissenschaftlicher Neugier an einem komplexeren, multizellularen Organismus zu bezeugen:

> „Obwohl es eher unwahrscheinlich scheinen mag, dass Amöben Interaktionen über größere als mikroskopische Distanzen miteinander koordinieren, lässt laut Kevin Foster, einem Evolutionsbiologen aus Harvard, die Entdeckung solch einer massiven Klonkolonie vermuten, dass Zellen die Fähigkeit entwickeln können, sich in sehr viel größeren räumlichen Maßen zu organisieren‘. [...] Tatsächlich könnten die riesigen Amöben, so wie die Kolonie sozialer Amöben, überall unter

> unseren Füßen sein, ohne dass es jemand merkt. […] ‚Ich machte früher den Witz', sagte Dr. Schliwa, ‚dass es vielleicht einen riesigen Organismus im Boden gibt, der den ganzen Kontinent umspannt, und immer wenn du eine Schaufel voll rausschippst, bekommst du ein Stück davon'. Also, wo wird die nächste Riesen-Amöbe in ihrem Versteck gefunden? Dr. Schliwa weist darauf hin, dass die ursprüngliche Entdeckung der Amöbe aller Amöben in den 1940er Jahren durch eine Wissenschaftlerin namens Ruth N. Nauss gemacht wurde. Sie entdeckte die Spezies in einem Park New York Citys."

Indem sie den Vorhang der Wirkungsweise ihrer eigenen dramatischen Inszenierung lüftet, bringt die Autorin des *New York Times* Artikels eine der unterirdischen Vorstellungen an die Oberfläche und outet so den leicht verschleierten Geist des 1958er Horror-Klassikers *The Blob*, einem Film des Kalten Krieges über die schleichende Bedrohung des Kommunismus. Das Motiv des Antikommunismus durchdringt den Artikel und schleicht sich in die (Präsentation der) wissenschaftlichen Details: „Nur scheinbar ein Oxymoron, sind soziale Amöben fähig, sich in organisierten Gruppen zusammenzufinden und kooperativ zu verhalten, wobei einige sogar Suizid begehen, um Amöben-Genossen bei der Reproduktion zu unterstützen." Das Opfer des individuellen Selbst zum Wohle des Ganzen passt wie angegossen zum Motiv der *Roten Gefahr*; und „Suizid" – ein interessanter Begriff mit all seinen Implikationen der Intentionalität und Metaphysik des Individualismus – ist eine übliche Ausdrucksweise, wenn Naturwissenschaftler_innen und Journalist_innen vom Schicksal „individueller" Amöben im Prozess der Aggregation sprechen. Aber ist dies nicht eine merkwürdige Interpretation des Verhaltens eines Organismus (ursprünglich benannt nach dem formwandelnden Gott Proteus *Proteus animalcule*), „eines Blobs ohne definierte Form, von dem Teile abbrechen und ein eigenes Leben anfangen können"; eines Organismus, der sich aus einer scheinbar unkoordinierten Gruppe genetisch identischer Einzeller zu einem Aggregat formt, mit einem Immunsystem und anderen organismischen Funktionalitäten, wie sie für Mehrzeller charakteristisch sind, mit identischen Zelleinheiten, die verschiedene Rollen einnehmen?[2] In den Worten von Professor John Tyler Bonner, der sein Leben lang Schleimpilze studiert hat, sind Schleimpilze, als deren Unterart soziale Amöben oder zellulare Schleimpilze (Dictyosteliida) klassifiziert werden, „nicht mehr als ein Beutel von Amöben, eingefasst in einen dünnen Schleimmantel, und doch gelingen ihnen diverse Verhaltensweisen, die jenen von Tieren im Besitz von Muskeln und Nerven mit Ganglien – das heißt, einfachen Gehirnen – gleichen".[3] Was ein „Individuum" ist oder nicht, ist keine klare und eindeutige Sache, und genau das scheint der naturwissenschaftliche Stolperstein zu sein: Es geht hier um die Frage des Wesens von Identität – sie ist es, was hier aus naturwissenschaftlicher Sicht so spektakulär aufregend ist. Kein Wunder, dass soziale Amöben in Molekularbiologie und Genetik als Modellorganismus herangezogen werden, um Kommunikation und Zelldifferenzierung zu studieren. Soziale Amöben unterwandern [*queer*] die Natur von Identität, indem sie die Binarität von Individuum/Gruppe infrage stellen. Die soziale Amöbe genießt bezüglich des Unterlaufens von Identität sogar mehrere Unbestimmtheiten und hintergeht erfolgreich die andauernden, naturwissenschaftlichen Versuche der Feststellung ihrer Taxonomie, da ihre Art sich sowohl der Klassifizierung nach Phylum/Stamm aber auch jener nach Reich entzieht.[4] Nichtsdestotrotz bevorzugt die rhetorische Voreingenommenheit den Erzählstrang des individuellen Opfers für das Wohl des Ganzen. Kein Wunder, dass die Leser_innen mühelos die politischen und moralistischen Untertöne erkennen können.

Während die Journalistin der *New York Times* offenbar viel Spaß mit ihrem Thema hatte, ist die stimulierte affektive Reaktion auf die spielerische Heraufbeschwörung dieses Gespenstes keine rein nostalgische. Denn *The Blob* – eine klebrige, sickernde unbegrenzbare, proteisch-vielgestaltige Kreatur, die alles in ihrem Weg aufzehrt, und eine besonders lebendige Auslegung der Angst vor dem Verzehrtwerden durch das Andere in einer xenophoben Panik über die Verbreitung von Fremdelementen – starb nicht mit dem McCarthyismus aus, sondern blühte durch die Jahre des Vietnamkrieges und in den Jahren unter Reagan weiter. Fanatischer Antikommunismus ist nicht die einzige Form, die diese Angst annimmt. Im Laufe der Geschichte hat sie verschiedene und vielfältige Formen und damit den Rang anderer gesellschaftlicher Ängste eingenommen, und so Bedingungen für eine panische Reaktivität und die Verbreitung von Abscheu und Verachtung gegen das Andere gebildet. So ist *The Blob* in den letzten Jahren etwa in der Produktion einer Kombination aus Panik und Vernachlässigung anstelle von Mitgefühl und vernünftiger Reaktion auf die epidemischen Gesundheitskrisen wie AIDS, Rinderwahn und Vogelgrippe, viral geworden – was die gewollte Opferung von Menschen (insbesondere schwule Männer, intravenös Drogen-Nutzende und in Subsahara-Afrika lebende Kinder) sowie von nichtmenschlichen Säugetieren (insbesondere Kühe) und Vögeln (insbesondere Hühner) zur Folge hatte. Das systematische Erregen von Furcht und Hass ist auch in der Verbreitung von rassistischem und kulturalistischem Un/Behagen [*dis-ease*] offenkundig: wie in der bösartigen Ausbreitung von Islamophobie in den USA und Europa, dem gewaltigen Wiedererwachen virulenter Formen von Antisemitismus in Europa nur 50 Jahre nach dem Holocaust sowie der letzten Runde unverfroren rassistischer Anti-Immigrationsgesetzgebung in Arizona – um bloß einige zu nennen. Welche spezifische Form er auch einnimmt, die Furcht vor *The Blob* ist auf der gegenwärtigen politischen Bühne überaus lebendig.

Wenn wir durch die schleimige Schmiere aus Moralität, Politik und Körpersäften waten, liegt nichts Unschuldiges in der spielerischen Stimulation der Angstreaktion. Ein Aggregat aus Angst und Schrecken arbeitet unter der Oberfläche und sickert bei günstigen Bedingungen ans Licht. Furcht und Moralismus ergeben ein ätzendes Gebräu.

Wenn es also um soziale Amöben geht, muss man nicht lange suchen, um alle möglichen moralisierenden Rhetoriken zu finden. Ein Artikel, dessen Titel *Amöbische Moralität* jegliche Subtilität vermissen lässt, tanzt kein bisschen aus der Reihe der naturwissenschaftlichen Berichterstattung in ihrer Verwendung moralischer Deskriptoren zur Beschreibung amöbischen Verhaltens, wie „nobel“, „Betrug“, „blutsaugende Klette“, „Kooperieren mit Fremden“, „Selbstaufopferung“.[5] Des Weiteren erklärt der Artikel, dass Amöben in experimentellen Studien über Altruismus verwendet werden, als ob dies die selbstverständlichste Folgeuntersuchung wäre, ohne jegliche Anerkennung des vorgenommenen Zirkelschlusses. All dies wirft die Frage auf, ob die Natur eine vorbildliche moralische Akteurin oder eine Rote Aktivistin ist (oder gar, Himmel bewahre, beides)! Dies gesagt, wäre es ein ernsthafter Fehler, anzunehmen, dass es mir darum ginge, die Sünden des Vermenschlichens aufzuzählen. Ganz im Gegenteil bin ich sehr am „Vermenschlichen“ als Intervention interessiert, um die krustigen, giftigen Schuppen des Anthropozentrismus abzuschütteln, bei dem das Menschliche in seiner einzigartigen Seinsweise all die „Leckerchen“ bekommt bzw. innehaben darf wie: Wirkmächtigkeit, Intentionalität, Rationalität, Empfinden, Schmerz, Empathie, Sprache, Bewusstsein, Vorstellungskraft und vieles mehr. Das heißt, ich möchte die Grundannahmen anfechten, die den *anthropos* in seiner Vorrangstellung stützen, einschließlich der angenommenen Trennung zwischen „dem Menschlichen“ und seinen Anderen. Ich schlage nicht per se einen strategischen Anthropomorphismus vor, sondern will das vermenschlichende Moment für eine Infragestellung nutzen; nicht um die gewohnten Projektionen zu wiederholen, sondern um die Voranahmen des „anthropos“ des „Antropozentrismus“ aufzubrechen, und um dadurch einen Raum für Reaktionen zu eröffnen. Das heißt, das Andere einzuladen, zu antworten, indem man sich selbst aufs Spiel setzt und somit den Schritt geht, der notwendig ist, um wirklich eine Antwort auszuarbeiten. Dabei geht es auch darum, (ein bisschen) vom Gewicht der eingekrusteten

Schichten nichtmenschlicher Unmöglichkeiten zu entfernen (oder zumindest ein Loch hineinzubohren und ein wenig Luft zirkulieren zu lassen).[6]

Von daher schlage ich vor, dass die bestehende Schwierigkeit nicht per se in der Zuschreibung moralischer Tugenden zum Nichtmenschlichen liegt, sondern eher im zwanghaften und stechenden Charakter des Moralismus, besonders wenn er darauf gerichtet ist, die Natur/Kultur-Trennung abzusichern.[7] Da Moralismus Menschen als die einzigen moralischen Akteur_innen auftreten lässt, ist die Natur/Kultur-Trennung nicht irgendeine alte Grenzziehung, sondern eben die Atemluft des Moralismus. So ist es kein Wunder, dass diesem so viel daran liegt, diese geheiligte Grenzziehung mit aller Grausamkeit zu schützen. Es liegt dennoch eine gewisse süße Gerechtigkeit in der Ironie, dass in gleichem Maße wie Furcht und Moralismus in einen fiebrigen Zustand der Absicherung der Natur/Kultur-Trennung aufgerührt werden, sich eine zwanghafte Missachtung eben dieser Teilung Bahn bricht wie ein unkontrollierbarer Tick.

Betrachten wir folgendes Beispiel: die (Un)Logiken des Konzepts der „Verbrechen gegen die Natur“[8], einem rechtlichen Begriff mit Bezug auf „sexuellen Verkehr in Widerspruch zur natürlichen Ordnung“, einschließlich aller „Akte bestialischen Charakters, durch die degradierte und perverse sexuelle Begehren befriedigt werden sollen“.[9] Zuallermeist bezieht er sich auf „Sodomie“, und insbesondere auf sexuelle Handlungen zwischen Menschen des gleichen Geschlechts. Heute können aufgrund der Verübung „widernatürlicher“ sexueller Handlungen so schwerwiegende strafrechtliche Sanktionen wie lebenslange Haft (siehe etwa die Statuten des US-Bundesstaates Idaho) oder sogar der Tod verhängt werden. Die perverse Kopplung von Natur, Sexualität und Moralität wird in folgender Behauptung lebendig illustriert: „Sodomie muss verurteilt werden, weil die rationale [...] Grundlage aller Moralität die Natur ist, und Sodomie ist gegen die Natur“. Diese Aussage von Harry V. Jaffa, dem Henry Salvatori Research Professor für Politische Philosophie am *Claremont McKenna College* und der *Claremont Graduiertenschule*, entstammt dem Opposite Editorial der *Los Angeles Times* vom 28. Januar 1989. Ein Positionspapier mit dem Titel *Homosexuality and Natural Law*, auf der Webseite des ultrarechten *Claremont Instituts* in Südkalifornien, zitiert die Zeile des Opposite Editorials und vervollständigt den Gedanken: „,Die geschlechtliche Unterscheidung zwischen Mann und Frau' als willkürlich zu betrachten, fuhr [Jaffa] fort, ‚bedeutet, alle Unterscheidungen, auf denen Moralität beruht – z.B. jene, die Sklaverei und Genozid verurteilen – als willkürlich zu betrachten. Dies impliziert, dass wir frei wählen können, ob es objektive Begrenzungen menschlichen Handelns, objektive Standards von richtig und falsch, gibt.'"[10] Für Jaffa fällt also der Boden der Moralität weg, wenn Homosexualität nicht kriminalisiert wird: Die Illegalität von Homosexualität ist die Grundlage von Moralität. Diese (Un)Logik hängt geschickt mit der perversen Tatsache zusammen, dass das schändlichste Verbrechen gegen die Natur, zumindest in den Augen vieler verschiedener Kulturen, nicht etwa die Massenermordung von nichtmenschlichen oder jenen als „weniger-menschlich" erachteten menschlichen Anderen ist, sondern „unnatürliche sexuelle Handlungen", wie nichtreproduktive sexuelle Handlungen, insbesondere Sodomie, also „homosexuelle Handlungen".

Moralismus, der sich aus menschlichem Exzeptionalismus und besonders aus menschlicher Überlegenheit nährt (und moralisches Handeln ist eine der Weisen, die Menschen vermeintlich zu etwas Besserem macht als die Viecher), stützt eine spezifisch moralische Verfügung gegen „unnatürliches" menschliches Verhalten. Gegen die „Wege der Natur" und ihre Gesetze zu verstoßen, hat einen Preis. Doch wenn das Verbrechen sich gegen die Natur selbst richtet – gegen das Ganze der Natur, d.h. wenn die Tat so ungeheuerlich ist, dass sie „gegen alles, das natürlich ist" verstößt –, dann muss eine Handlungsinstanz sie begangen haben, die außerhalb der Natur ist; wahrscheinlich ein_e menschliche_r Handlungstragende_r, die_der sich seiner_ihrer Sünden bewusst ist. Nun, wenn der Akt gegen die Natur ist und die Akteur_in nicht aus der Natur ist, sondern außerhalb von ihr steht, dann müssen *alle* von dieser Akteur_in begangenen Handlungen „nicht im Einvernehmen oder bestimmt durch Natur; konträr zu Natur" sein – d.h. per Definition „unnatürlich".[11] Und zugleich: Wenn die moralische Unterlassungsaufforderung sich gegen „unnatürliches" menschliches Verhalten richtet, einschließlich des Verhaltens wie ein Tier, dann gerade weil Menschen sich wie Natur verhalten – „natürliche" Akte ausüben. So stolpert die hier wirkende (Un)Logik über eben jene Teilung – die Natur/Kultur-Trennung –, die sie abzusichern sucht. Tatsächlich ist es das Gesetz selbst, das die heilige Teilung verletzt, indem es einige menschliche Akte als in ihrem Wesen bestialisch konzipiert, und so die Möglichkeit eröffnet, dass Menschen nichtmenschliche Akte vollziehen.[12] Somit ist es das Gesetz, dass seine eigene Verfügung verletzt, zwangsweise die Natur/Kultur-Trennung penetriert, und so den ultimativen Verstoß begeht.

Des Weiteren erlaubt sich der Diskurs über „Verbrechen gegen die Natur" immer schon die Freiheit, zu glauben, dass die Natur selbst eine gute Christin ist oder zumindest eine Art von Reinheit verhandelt, von der der Mensch seit dem paradiesischen Sündenfall des Mannes ausgeschlossen ist. Aber was wenn die Natur selbst eine Rote ist oder pervers oder queer? Nach einem Einstieg über das bekannte Zitat des Evolutionsbiologen J.B.S. Haldane, „Das Universum ist nicht nur seltsamer [*queerer*] als wir annehmen, es ist seltsamer als wir annehmen können", schreibt Bruce Bagemihl, dass die Welt „von homosexuellen, bisexuellen und transgeschlechtlichen Wesen jeglicher Streifen und Federn nur so wimmelt". Mit Referenz auf die naturwissenschaftliche Literatur über Säugetiere, Vögel, Reptilien, Amphibien, Fische, Insekten und andere Wirbellose schreibt er: „homosexuelles Verhalten kommt weltweit bei mehr als 450 verschiedenen Tierarten vor und ist in jeder großen geographischen Region und jeder großen Tiergruppe nachgewiesen" (Bagemihl 2000, S. 9 u. 12). Doch auch dieser außergewöhnliche zoologische Katalog queerer Tiere deckt nur einen kleinen Bruchteil des Universums ab – sogar wenn wir bei der Erde bleiben, gibt es aller Art Kreaturen, die nicht auf die Liste kommen; wie alle möglichen nichttierischen Lebensformen (Amöben, Pflanzen, Viren) und die unüberschaubaren Existenzformen, die wir als *unbelebt* erachten.

Ich behaupte, dass die Welt in ihrer Üppigkeit weit queerer ist, als all die zahlreichen Referenzen auf Haldanes Zitat zu meinen scheinen. Ich werde sogar die Möglichkeit der Queerness einer der am weitesten verbreiteten Kreaturen in Erwägung ziehen – die von Atomen. Diese „ultraqueeren" Kreaturen mit ihren alltäglichen Quanteneigenschaften queeren in ihren radikal dekonstruktiven Seinsweisen Queerness selbst.[13] Angesichts der radikalen „queeren" Infragestellung von Identität und Binaritäten, einschließlich des Natur/Kultur-Dualismus, soll dieser Beitrag zeigen, dass alle möglichen scheinbaren Unmöglichkeiten tatsächlich möglich sind, einschließlich der Queerness von Kausalität, Materie, Raum und Zeit. Queer ist kein fest bestimmter Begriff; es hat keinen stabilen Bezugskontext, womit ich nicht sage, dass es alles bedeutet, was auch immer irgendwer will. *Queer* selbst ist ein lebendig mutierender Organismus, eine begehrende radikale Offenheit, eine kantige, proteische, differenzielle Vielheit, eine agentische Dis/Kontinuität, eine eingefaltete, reiterativ materialisierende, promiskuitiv einfallsreiche Raumzeitlichkeit. Was wenn wir Queerness nicht im Bruch von Natur/Kultur per se verorten, sondern in eben dem Wesen von Raumzeitmaterialisierung?

Um dieses Vorwort abzuschließen, möchte ich der Amöbe, einer bemerkenswerten Genossin mit der Fähigkeit, über weite Distanzen und historische Spannen hinweg zu kooperieren, für ihre Hilfestellung dabei danken, die unterirdische Ausbreitung moralisierender Kulturen herauszustellen, die die Krankheit genozidalen Hasses verbreiten und die Ökologien der Vielfalt unterminieren, die zum Gedeihen notwendig sind. Wenn moralische Empörung durch die Grundfesten der Gesellschaft sickert, dann ist dieses Problem hier sicher gegeben.

## Von der queeren Performativität der Natur

Eine bunt zusammengewürfelte Crew queerer Kolleg_innen – unter ihnen soziale Amöben, neuronale Rezeptorzellen in Stechrochen, Blitze, eine Phantomspezies der Dinoflagellaten, Akademiker_innen (eine merkwürdige Gefährten-Spezies), und Atome – assistiert dieser Diskussion der queeren Performativität von Natur. Ich verfolge hier nicht den Ansatz, nichtmenschliche Andere in den Schoß der Queerness einzuladen, sondern will die Binaritäten untersuchen, die die auf dem Spiel stehenden Teilungen unterstützen. Daher bedarf es vorab einiger vorbereitender Maßnahmen, einschließlich einer tiefergehenden Diskussion darüber, wie die Natur/Kultur-Trennung – insbesondere in der spezifischen Gestalt des menschlichen Exzeptionalismus – Versuche untergräbt, Ökologien der Differenz zu denken und anzubauen, die eine Chance zum Gedeihen haben. Da es eben genau um die Beschaffenheit von Raumzeitmaterialisierung geht, lasst uns – wie in allen Anfängen – mit einer Reiteration beginnen. So wiederholt sich dieser Anfang wieder zum ersten Mal...

„Widernatürliche Akte" – welch bestialische Bilder werden durch diesen Satz heraufbeschworen? Wenn „widernatürliche Akte" begangen werden, sind die Straftaten nicht von kleinem Maße. Moralische Empörung sickert, wie Amöben durch texanischen Boden, und Leben stehen (vielleicht buchstäblich) auf dem Spiel.[14] Welche widernatürlichen Handlungen sorgen für moralische Empörung? Queere Vergnügen natürlich, und sogar manche Formen heterosexuellen Sexes sowie eine ganze Palette anderer menschlicher Praktiken. Die Natur/Kultur-Trennung steht hier deutlich in Frage und auf dem Spiel, aber die Logik, durch die sie erhalten wird, ist selbst ziemlich pervers. Einerseits ist es klar, dass Menschen als die Akteure, als die Durchführenden, dieser „widernatürlichen Akte" verstanden werden. Der Eindruck der Exteriorität ist absolut: Das Verbrechen richtet sich gegen die Natur selbst, gegen alles, was natürlich ist. Die Natur ist das Opfer, die Schikanierte, die

Geschädigte. Zugleich wird jenen Menschen, die „widernatürliche Unzucht" betreiben, nachgesagt, sie handelten wie Tiere. Also wird die „Täter_in" von außen als der Natur schadend betrachtet, aber zugleich dafür beschimpft, ein Teil von Natur zu werden. Bestialität ist hier sicher ein ausgesprochener und unausgesprochener Verstoß, doch das „wahre Verbrechen", wie die Anklagenden sagen würden, ist der Bruch der Natur/Kultur-Trennung. Mit ihr wird nicht bloß gebrochen, sondern sie erfährt Unrecht, wird geschädigt. Mit anderen Worten jene, die die „Täter_innen widernatürlicher Akte" verfolgen würden, stolpern über genau die Trennung, die sie abzusichern versuchen. Schlimmer ist noch, dass jene „widernatürlichen Akte", die wahrlich eine wütende Reaktion für ihre gravierende Ungerechtigkeit verdienen würden, traditionell davon ausgeschlossen werden, als Bruch innerhalb der (Un)Logik dieser moralisierenden Praxis gewertet zu werden. Ein Paradebeispiel: Angesichts der gängigen Assoziationen von Menschen mit Kultur bzw. Tieren mit Natur, könnte man denken, dass die Gewaltausübung gegen Tiere durch die industrielle Fleischproduktion – d.h., die Massenvernichtung von tötbar gemachten ‚Anderen' – in dieser Logik als „widernatürlicher Akt" zählen würde, der der Provokation unserer moralischen Empörung wert ist.[15] Und doch sind es bestimmte sexuelle Akte, die kriminalisiert und als unmoralisch bezeichnet werden, während die Massenvernichtung von Tieren unbemerkt und unbestraft bleibt und als Teil der Lebensmittelproduktionskosten normalisiert, naturalisiert und neutralisiert wird. An der Schnittstelle von Queer-Theorie und Ecocriticism zaudert diese Logik und es offenbart sich die Schwierigkeit der Natur/Kultur-Trennung.

Performativität war grundlegend für Queer-Theorie.[16] Und doch wurde Performativität als (beinahe ausschließlich) menschliche Angelegenheit gedacht; Menschen sind ihr Gegenstand, ihr einziges Anliegen.[17] Doch menschlicher Exzeptionalismus ist ein unpassendes Grundgerüst für den Aufbau einer Theorie, die das spezifische Ziel hat, Erniedrigungen und menschliche Differenzkonstruktionen zu erklären, insbesondere wenn die Abstufungen von Menschlichkeit, einschließlich Unmenschlichkeit, oft in Beziehung zu Nichtmenschen konstituiert werden.

Typisches Beispiel ist die herangezogene Taktik der Entmenschlichung – durch die Identifizierung einer unterdrückten Gruppe mit verachteten, nichtmenschlichen Anderen, „wobei es möglich [wird], eine Gruppe nicht nur als Feind abzugrenzen, sondern sie auch leichten Gewissens zu vernichten".[18] (Mamdani 2001; zitiert in Raffles 2013, S. 140). Heinrich Himmler, Leiter der SS, war diese Taktik nicht fremd. Er war unmissverständlich explizit über die Art der Konsequenzen, die solche Äquivalenzen bewirken sollen:

> „Mit dem Antisemitismus ist es *genauso* wie mit der Entlausung. Es ist keine Weltanschauungsfrage, daß man die Läuse entfernt. Das ist eine Reinlichkeitsangelegenheit. Genauso ist der Antisemitismus für uns keine Weltanschauungsfrage gewesen, sondern eine Reinlichkeitsangelegenheit, die ja jetzt bald ausgestanden ist. Wir sind bald entlaust. Wir haben nur noch 20.000 Läuse, dann ist es vorbei damit in ganz Deutschland."[19]

Solche erzwungenen Äquivalenzen bzw. Gleichsetzungen zwischen Menschen und Nichtmenschen hatten und haben weiterhin zerstörerische Auswirkungen auf menschliches Leben. Zugleich wären wir nachlässig, wenn die Anerkennung der unterschiedlichen Konstitution des Menschlichen in Beziehung zum Nichtmenschlichen allein dazu dienen würde, unsere Aufmerksamkeit erneut ausschließlich auf das Menschliche zu richten.

Eine Reaktion auf die von Himmler verwendete Art der genozidalen Arithmetik war es, solche Vergleiche unter Berufung auf die einzigartige Überlegenheit des Menschen zurückzuweisen. Doch durchkreuzt diese Reaktion nicht nur die Äquivalenzbeziehung durch das weitere Abwerten einer Seite der Gleichung – das Nichtmenschliche auf Kosten des Menschlichen –, sondern tut dies auch durch ein Wiederholen eben jenes überhaupt angewandten Kalküls der Rassifizierung. Diese Art der Antwort wiederholt das Problem, dass sie angehen will, indem sie eine ethische und moralische Position der Auslöschung übernimmt – es fehlt eine Verantwortlichkeit für die (unvermeidlichen) konstitutiven Ausschlüsse, die sie vornimmt. Das heißt, die Äquivalenzbeziehung zwischen Mensch und Nichtmensch wird in dieser Darstellung aufgehoben, aber nur durch die Auslassung der materiellen Bedingungen und Auswirkungen verschiedener Differenzen. Eine Dimension, die so getilgt wird, ist die unhinterfragte Tötbarkeit von Nichtmenschen. Nichtmenschen spielen in dieser Art moralischer Rechnung keine Rolle.[20] Doch die konträren Positionen – die Wiederbehauptung einer Äquivalenz zwischen Menschen und Nichtmenschen im Namen von Tierrechten oder der Privilegierung von Tierrechten über Menschenrechte (in einer Umkehr der gängigen Ungleichheit, die menschliche Überlegenheit selbstverständlich findet) – beruhen auf der gleichen Art von Schwierigkeiten und fördern Verantwortlichkeit ebensowenig.[21]

Wir brauchen einen Ausgangspunkt für Analysen, der die Terme auf beiden Seiten von Äquivalenzbeziehungen nicht als vorgegeben annimmt, sondern der sich direkt mit den Schnitten befasst, die die Unterscheidungen zwischen „Menschen" und „Nichtmenschen" herstellen – wobei die differentielle Konstitution beider Konzepte ebenso wichtig ist wie ihre jeweiligen konstitutiven Ausschlüsse –, bevor irgendwelche Vergleiche angestellt werden. Wir brauchen also Verantwortlichkeit für die gesetzten Schnitte und für die so bewirkten konstitutiven Verschränkungen. Der „posthumanistische" Punkt ist also nicht, die Grenzen zwischen Mensch und Nichtmensch zu verwischen, alle Unterscheidungen und Unterschiede durchzustreichen und Humanismus einfach umzukehren, sondern vielmehr ein Verstehen der materialisierenden Effekte bestimmter Grenzziehungen zwischen „Menschen" und „Nichtmenschen".[22] Entscheidend ist dann, dass solch eine Analyse die Schnitte nicht als reine Angelegenheit menschlicher Praktiken des Differenzierens, also als kulturelle Unterscheidungen, betrachten kann. Was auch immer ein „Schnitt“ ist, darf nicht ein vorgängiges Konzept des „Menschlichen“ voraussetzen.

Alternativ könnten wir fragen: Was ist mit dem Nichtmenschlichen wenn es um performative Ansätze zu Verwerfung, Unterwerfung, Wirkmächtigkeit und Materialisierung geht? Sicher müssen hier Nichtmenschen ebenso wie Menschen in Betracht gezogen werden, doch in einer Erweiterung der Anwendbarkeit von Performativität geht es nicht bloß um eine Inklusion von Nichtmenschen. Vielmehr ist mein Punkt, dass eben die Praktiken der Unterscheidung des „Menschen“ vom „Nichtmenschen“, des „Belebten“ vom „Unbelebten“ und des „Kulturellen“ vom „Natürlichen“ ausschlaggebende, materialisierende Effekte produzieren, die nicht durch eine Analyse erfasst werden können, nachdem diese Grenzziehungen vorgenommen worden sind. In anderen Worten, wir brauchen ein Konzept nicht bloß der Materialisierung und Bedeutung „menschlicher“ Körper, sondern aller Materie, einschließlich der materialisierenden Effekte von Praktiken der Grenzziehung, durch die das „Menschliche“ und das „Nichtmenschliche“ als voneinander verschieden konstituiert werden. Dies muss nicht bloß natürliche und gesellschaftliche Kräfte einbeziehen, sondern die jeweils unterscheidende Konstitution von Kräften als „natürlich“ bzw. „gesellschaftlich“.[23]

Folglich geht es mir hier nicht um nichtmenschliche Performativität an sich, sondern um die materialisierenden Praktiken des Unterscheidens, in denen nicht alle Akteur_innen, Handlungen und Wirkungen als menschlich vorausgesetzt werden können. Somit sind nicht nur solche Praktiken von Interesse, durch die Menschen Unterscheidungen treffen, sondern auch Praktiken des Differenzierens, die Nichtmenschen tätigen, durch die sich Nichtmenschen von ihren Umwelten, von anderen Nichtmenschen und von Menschen sowie anderen Anderen differenzieren. Es geht genaugenommen also nicht bloß darum, Nichtmenschen ebenso wie Menschen als Akteur_innen oder Wirkungsinstanzen von Veränderung einzubeziehen, sondern vielmehr, Wege zu finden, über das Wesen von Kausalität, Wirkmächtigkeit, Relationalität und Veränderung nachzudenken, ohne diese Unterscheidungen als Fundament zu erachten oder sie als solches zu erhalten. Wir brauchen also eine Art, über das Wesen des Unterscheidens nachzudenken, die nicht von einem starren Konzept der Identität oder gar von einer starren Aufteilung abgeleitet ist. Was ist tatsächlich das Wesen von Differenz, wenn Differenzieren nicht in Raum und Zeit geschieht, sondern in der Herstellung von Raumzeitmaterialisierung?[24] Welche merkwürdige Kausalität ist in performativen Konstruktionen wirksam? Welche Zeitlichkeit konstituiert (oder ist konstituiert durch) ihr Wirken? Was bedeutet es für konstitutive Ausschlüsse, Teil eben des Gewebes von Raumzeitmaterialisierung zu sein?

An anderer Stelle habe ich einen posthumanistischen, performativen Ansatz der Materialisierung herausgestellt, der seine Anliegen und seine Analyse nicht auf den Bereich des Menschlichen begrenzt.[25] In diesem agentisch realistischen Ansatz, werden alle Körper, nicht bloß menschliche Körper, durch die Performativität der Welt – ihre iterative Intraaktivität – materialisiert und bedeutend.[26] Materie wird nicht als schlichter Effekt oder Produkt diskursiver Praktiken verstanden, sondern vielmehr als wirkender, d.h. agentischer, Faktor in ihren iterativen Materialisierungen; so werden Identität und Differenz radikal überarbeitet. Insbesondere habe ich argumentiert, dass das, was wir üblicherweise als individuelle Entitäten begreifen, keine getrennten, determiniert gebundenen und mit Eigenschaften versehenen Objekte sind, sondern (verschränkte „Teile von") Phänomene(n) (materiell-diskursiver Intraaktionen), die über (das, was wir üblicherweise als getrennte Orte und Momente annehmen) Raum und Zeit hinausgehen. Wobei die Konzepte von „materiell" und „diskursiv" und die Beziehung zwischen ihnen von ihren anti/humanistischen Grundlagen losgelöst und überarbeitet sind. Phänomene sind Verschränkungen der Raumzeitmaterialisierung; nicht im umgangssprachlichen Sinne einer Verbindung oder Verwicklung individueller

Entitäten, sondern eher im technischen Sinne von „Quantenverschränkungen", die die (ontologische) Untrennbarkeit von agentisch intraagierenden „Komponenten" sind.[27] Der Begriff der *Intraaktion* (im Gegensatz zum gängigen „Interaktion", das eine vorgängige Existenz unabhängiger Entitäten/Relata voraussetzt) markiert eine wichtige Verschiebung, indem er grundlegende Konzepte klassischer Ontologie wie Kausalität, Wirkmächtigkeit, Raum, Zeit, Materie, Diskurs, Verantwortung, und Verantwortlichkeit wieder öffnet und neu gestaltet. Eine spezifische Intraaktion verfügt einen *agentischen Schnitt (im Gegensatz zum Cartesianischen Schnitt – einer inhärenten Unterscheidung – zwischen Subjekt und Objekt), der eine Trennung zwischen „Subjekt" und „Objekt" bewirkt. Das heißt, der agentische Schnitt verfügt einen „lokalen" Beschluss [resolution] innerhalb des Phänomens der inhärenten, ontologischen Unbestimmtheit. Entscheidend ist dann, dass Intraaktionen agentische Trennbarkeit umsetzen – die lokale Bedingung einer Äußerlichkeit-innerhalb-von-Phänomenen. Somit ist Unterscheiden keine Beziehung radikaler Äußerlichkeit, sondern agentischer Trennbarkeit, von Äußerlichkeit-innerhalb. Intraaktionen schneiden Dinge zusammen-auseinander (als eine Bewegung). Identität ist eine Sache der Phänomene, keine individuelle Angelegenheit. Identität ist in sich multipel; oder vielmehr, Identität ist durch sich selbst diffraktiert – Identität ist Diffraktion/Différance/differieren/verschieben/differenzieren.*[28]

Diese Fragen möchte ich hier weiter erkunden, indem ich mich mit Akten *der* Natur befasse – d.h. mit der Intraaktivität von Natur, ihrer queeren Performativität. „Wir" sind immer schon ein Teil von Natur. So gehe ich eine Allianz mit allen Wesen des Seins ein, die von der Kategorie „Akte gegen die Natur" angeblich verteidigt, tatsächlich aber ausgelöscht und dämonisiert werden. Im nächsten Abschnitt stelle ich ein paar ziemlich „queere Kreaturen" vor. Mit der Bezugnahme auf sie als „queer" geht es mir nicht darum, einen plakativen Begriff zu verwenden, wo es auch „merkwürdig" oder „komisch" getan hätten; noch will ich dafür plädieren, dass diese Kreaturen queere sexuelle Praktiken betreiben (obwohl dies manche, einigen ErZählungen zufolge, durchaus tun). Vielmehr will ich deutlich machen, dass ihre Art – ihr eigentliches „Sein als Spezies" – ein Queeren von „Identität" und Relationalität zum Ausdruck bringt.[29] (Es ist nicht genug, einfach zu behaupten, dass Identität eine Beziehung ist, wenn die fragliche Beziehung zwischen oder unter Entitäten besteht, die als ihren Beziehungen vorausgehend verstanden werden).

Von „queeren" Kreaturen zu sprechen bedeutet, durch die Schnitte hindurchzuschneiden, die diese Begriffe definieren. So können wir etwa „queeren" als Verb verstehen, das sich zum Nomen „Kreatur" verhält. Das Queeren von Kreatur ist wichtig, weil der Begriff „Kreatur" bereits jene Ausschlüsse umsetzt, die hier gestört werden sollen. Zum einen bedeutet das Wort Kreatur ein belebtes Wesen, wobei die Trennlinie zwischen „belebt" und „unbelebt" als gegeben angenommen wird, statt als Effekt bestimmter grenzziehender Praktiken. Andererseits ist „Kreatur" schon in sich queer, da mit dem Begriff konträre Assoziationen verbunden werden: Er wird sowohl in Kontrast bzw. Unterscheidung zum Menschen (in seinem Bezug auf belebte Nichtmenschen) als auch in Beziehung zum Menschen definiert.[30] Somit sind Kreaturen per Definition inhärent destabilisierend und ohne determinierte Identitäten.

## Queere Kreaturen, Quantenkausalität und die Performativität der Natur

In diesem Abschnitt kommen wir auf unsere queeren Kreaturen zurück (Blitze, Rezeptorzellen, Dinoflagellaten, Akademiker_innen und Atome). Ein Auge (oder wenn du ein Schlangenstern bist, dein ganzes Sein[31]) auf ihre verblüffenden Kommunikationsfähigkeiten zu richten, oder genauer, auf die bizarren kausalen Bezüge, die sie aufgrund der phänomenalen/verschränkten Natur „ihres" Seins aufweisen, wird dabei helfen, das agentisch intraaktive, d.h. queere performative Wesen von (ihrem) Sein/Werden zu offenbaren.

In diesem Anheuern unserer queeren Kolleg_innen müssen wir beachten, dass es hier nicht bloß darum gehen soll, Nicht/Menschen als Denkwerkzeuge zu benutzen, sondern in diesem Denken mit ihnen uns unseren ethischen Verpflichtungen ihnen gegenüber zu stellen, da sie nicht bloß Werkzeuge zu unserem Gebrauch sind, sondern reale, lebende Wesen (und ich schließe in dieser Kategorie „unbelebte" ebenso wie „belebte" Wesen mit ein).[32] Entsprechend gilt es, die Klippe zu umschiffen, alles in Beziehung zum Menschen zu setzen, und sich stattdessen zu bemühen, für die Aktivität jeder Kreatur in ihrer intraaktiven Beschäftigung mit und als Teil der Welt, an deren Materialisierung sie teilhat, aufmerksam zu sein.

### *Das stotternde Geplapper des Blitzes*

Blitze rufen Schrecken und Ehrfurcht hervor. Sie durchzukken unsere Erinnerungen, aufleuchtende Bilder der elektrifizierenden Ursprünge von Leben vor unserem inneren Auge: Bilder von der energetischen Starthilfe durch den Blitz, seine Schockbelebung des Urschleims in eine Suppe organischen Materials zum Brauen der ersten Organismen der Erde; aber auch Bilder von schiefgegangener Natur weil der Mensch sich anmaßt, Leben zu schenken – berühmt verkörpert durch Dr. Frankensteins Monster. Blitze geben Leben und sie nehmen es. Das Blitzen ist eine Alltagserscheinung und ein komplexes eigenständiges Phänomen zugleich, dessen Physik naturwissenschaftliches Verstehen an jeder Ecke herausfordert. Eine meiner Kolleg_innen, die poststrukturalistische Theoretikerin Vicky Kirby, veranschaulicht auf lebendige Weise die queere Natur des Schauspiels der Blitze:

> „Da ich in so etwas wie einem Horst lebe, dessen Panorama sich über einen großen Teil von Sydneys Hafen und Skyline

erstreckt, kann ich oft elektrische Stürme mit ihren Lichtbogen über der Stadt sehen. Als ich auf den nächsten Blitz wartete und vorauszuahnen versuchte, wo er wohl einschlagen würde, fragte ich mich nach der erratischen Logik dieser feurigen Ladung, deren Intention ebenso launenhaft erscheint wie sie determiniert ist. Die Annahme, dass Blitze eine gewisse Logik aufweisen, zeigt sich in der Alltagsweisheit, dass sie in dieselbe Stelle nie doppelt einschlagen. Aber wie Martin Uman, einer der herausragenden Experten zu Blitzen, uns erzählt, ist die Situation eher umgekehrt: ‚Vieles von dem, was wir heute über Blitze wissen, wurde eben entdeckt, weil Blitze wieder und wieder in die selben Strukturen einschlagen [...] Das Empire State Building in New York City wird durchschnittlich 23 Mal im Jahr vom Blitz getroffen.' (Uman 1971, S. 47). Beim Lesen über die Vorliebe von Elektrizität für hohe Gebäude, einzelne Bäume auf Golfplätzen, Traktoren und Körpern auf offenen Gewässern, lernte ich auch, dass diesen elektrischen Begegnungen ziemlich kuriose Initiationsriten vorausgehen. Eine verblüffende Kommunikation, eine Art stotterndes Geplapper [*chatter*] zwischen dem Boden und dem Himmel, scheint dem tatsächlichen Einschlag vorauszugehen. [...] Wenn wir zum Beispiel mit der Betrachtung eines Blitzschlags beginnen, dem Lichtblitz, den wir in einem elektrischen Sturm beobachten, gehen wir wahrscheinlich davon aus, dass er aus einer Wolke kommt und sich dann in Richtung des Bodens entlädt. Wenn diese direktionale Kausalität richtig wäre, wäre es jedoch vernünftig zu fragen, wie Blitze von ihrer günstigsten Route zur Erde in Kenntnis sein können, bevor diese erprobt wurde. Expert_innen zufolge ist der Weg des Blitzes ein bogenspannender Riss, der sowohl aufwärts als auch abwärts verläuft (Uman 1971, S. 73). Gebäude und andere Objekte am Boden können Einschläge initiieren, indem sie sich aufwärts bewegende sogenannte ‚Fangentladungen' zur Einladung an einen nicht sichtbaren abwärts reisenden Funken namens Leitblitz oder Blitzkanal schicken – oder andersherum. Uman erklärt dieses Initiationsmoment anhand von Sprechhandlungen. ‚Eine wichtige Bemerkung [...] ist, dass der übliche Leitblitz von der Wolke aus ohne jegliche *Kenntnis* der Gebäude oder Geographie darunter startet. In der Tat wird es so verstanden [...], dass der Leitblitz sich über Objekte unter ihm *unbewusst* ist, bis er einige zehn Meter von der endgültigen Einschlagstelle entfernt ist. Wenn das *Bewusstsein* eintritt, initiiert der zu treffende Punkt einen reisenden Funken, der sich nach oben ausbreitet, um den sich abwärts bewegenden Leitblitz zu treffen und so den Weg zum Boden zu komplettieren‘ (1971, S. 49f). Wir könnten danach fragen, welche Sprache die elektrische Konversation antreibt, die im letzten Moment (oder war es der erste Moment?) göttlichen Verstehens sich selbst vorauszugehen scheint – ‚wenn Bewusstsein eintritt‘?“ (Kirby 2011, S. 10f).

Was für eine bizarre Konversation findet hier statt? Was für eine merkwürdige Kausalität ist am Werk? Ein Blitzschlag ist keine gradlinige Auflösung der Ladung zwischen der Erde und einer Gewitterwolke: ein Blitzschlag verläuft nicht einfach von einer Gewitterwolke zur Erde entlang eines unidirektionalen (wenn auch erratischen) Weges. Der Weg, den Blitze nehmen, ist weder vorhersehbar, noch nehmen sie einfach auf irgendeine kontinuierliche Weise ihren Lauf zwischen Himmel und Erde. Es gibt sozusagen eine Art nichtlokaler Kommunikation, die zwischen den beiden zum Wirken kommt. Durch einen Mechanismus, den Naturwissenschaftler_innen noch erklären müssen, wird eine Gewitterwolke extrem elektrisch polarisiert – Elektronen werden von den zuvor mit ihnen verbundenen Atomen getrennt und versammeln sich im unteren Teil der Wolke, der der Erde am nächsten ist. In Reaktion darauf wird die Erdoberfläche mit diesen erdgebundenen Elektronen polarisiert. Ein starkes elektrisches Feld zwischen Erde und Wolke ist das Ergebnis, und alles, was jetzt noch fehlt, ist ein leitender Kanal, der die beiden verbindet. Die ersten Andeutungen eines Kanals haben einen bescheidenen Anfang, der keinen Hinweis auf dessen explosiven Ausgang bietet. „Es beginnt als kleiner Funke in der Wolke in etwa acht Kilometern Höhe. Ein Elektronenstrahl saust hinaus, bewegt sich etwa hundert Meter, hält dann an und bündelt sich für einige Millionstel einer Sekunde. Dann schlingert der Strahl in eine andere Richtung davon, bündelt sich wieder und wieder. Häufig verästelt sich der Strahl und teilt sich. Dies ist noch nicht der Blitzschlag".[33] Diese nur lichtschwachen ersten Gesten werden Leitblitz oder Blitzkanal genannt. Doch der Aufbau negativer Ladung (Elektronen) im unteren Teil der Wolke entlädt sich nicht selbst durch einen direkten Kanal von Elektronen, die auf diese Weise ihren Weg zur Erde nehmen. Stattdessen antwortet als nächstes *der Boden* mit einem eigenen Aufwärtssignal. „Wenn der Leitblitz in zehn oder hundert Metern Nähe zum Boden ist, erkennt der Boden, dass es dort einen großen Überschuss" an Ladung gibt und „bestimmte Objekte auf der Erde antworten, indem sie kleine Streamer zum Leitblitz hoch schicken, lichtschwache Plasmafäden, die versuchen, sich mit dem zu verbinden, was von oben kommt." Es ist, als würden Objekte am Boden von der interpellativen Anrede der Wolken angerufen. Wenn eine der Aufwärts-Antworten von der Abwärts-Anrede getroffen wird, schließt sich der elektrische Kreis und bewirkt eine mächtige Entladung in Form eines Blitzschlags. Doch sogar nachdem der Weg sozusagen gebahnt ist, verläuft die Entladung nicht in einer stetigen Weise: „Der Teil des Kanals, der dem Boden am nächsten ist, wird als erstes ziehen, dann sukzessive höhere Teile und schließlich die Ladung aus der Wolke selbst. So bewegt sich der sichtbare Blitzschlag vom Boden hoch zur Wolke während die massiven elektrischen Ströme hinunterfließen."

Eine belebende und tatsächlich *lebendige* Reaktion auf Differenz, wie man sie sich nur vorstellen kann. Welcher Mechanismus ist bei diesem kommunikativen Austausch zwischen Himmel und Boden am Werk, wo Bewusstsein in der Crux dieser merkwürdig belebten, unbelebten Beziehung liegt? Wie geht dieser Austausch gewissermaßen sich selbst voraus? Was animiert den Boden zu einem Bewusstsein über seinen möglichen Gesprächspartner? Und was bedeutet es für die Sender_in, einer Empfänger_in eine Nachricht zu schicken, die zugleich in ihrer genauestens lokalisierten Verbindung für die gegebene Empfänger_in bestimmt und dennoch im Moment ihrer Übermittlung unspezifiziert ist?

Was machen wir aus einer Kommunikation, die weder Sender_in noch Empfänger_in hat, bis die Übermittlung bereits stattgefunden hat? Das heißt, was machen wir aus der Tatsache, dass die Existenz von Sender_in und Empfänger_in aus dieser nicht lokalen Beziehung folgt und ihr nicht vorausgeht? Wenn Blitze die Grenze zwischen Leben und Tod beleben, wenn sie auf des Messers Schneide zwischen belebt und unbelebt existieren, scheint es nicht so, als schlügen sie manchmal hier und manchmal dort auf beiden Seiten der Trennung ein?[34]

### *Hellsehende neuronale Rezeptorzellen bei Stechrochen*

Die neuronalen Rezeptorzellen von Stechrochen scheinen „eine mysteriöse Hellsichtigkeit" zu besitzen:

> „Sie können voraussehen, wenn eine Nachricht an sie gerichtet werden wird, die erst noch ankommen muss, und öffnen sich empfangsbereit. Es ist, als ob Identität und Verhalten einer jeden beobachtbaren Rezeptorzelle gewissermaßen in einer Raum-Zeit-Einfaltung ausgestreckt oder verbreitet sind; als ob sie hier und dennoch zugleich auch dort lokalisiert sind. Wenn die Trennung zwischen Sender_in und Empfänger_in in diesem biologischen Beispiel auf merkwürdige Weise kompromittiert ist, so ist dies auch der Status der Nachricht. Eine sorgfältigere Betrachtung: Wenn zwischen den beiden keine Distanz ist, was für einen Unterschied könnte eine Nachricht dann bewirken und was für eine Nachricht wäre das? *Komische Sache, dieses Handeln in der Distanz, das die Logik der Kausalität durcheinanderbringt*"
>
> (Kirby 2001, S. 59, Kursivsetzung KB).[35]

Damit wir nicht schlussfolgern, dass diese beiden Beispiele paradoxer Kommunikation (wie sie Blitze und die neuronalen Rezeptorzellen der Stechrochen aufweisen) – Paradoxe, die letztendlich Strukturen von Zeitlichkeit und Kausalität implizieren – nur für eine kleine Auswahl von Phänomenen gelten, lasst uns den Rahmen erweitern und mehr von der Geschichte aufnehmen, wie Kirby sie erzählt. Kirby beginnt diese Geschichte vom neuronalen Geplapper in Stechrochen mit einer Beschreibung der Situation, in der sie sich selbst wiederfindet, als sie von diesem außergewöhnlichen naturwissenschaftlichen Ergebnis erfährt.

> „Ich wartete gemeinsam mit einer kleinen Gruppe von Stipendiat_innen, jede_r von uns mit der Aufgabe betraut, unsere verschiedenen intellektuellen Projekte einem versammelten Gremium aus Geldgeber_innen zu erklären. Ich war aufgerufen, meinen Enthusiasmus für dekonstruktive Kritik vor einem nichtakademischen Publikum zu rechtfertigen, das ordnungsgemäß zu hören erwartete, dass es einen Wert für seine Investitionen erhielt. Selbstverständlich war ich ziemlich bange ob meiner Fähigkeit, sie zu überzeugen. Doch kam es, dass die junge Biologin, die vor mir sprach, ohne jeglichen Aufhebens oder Trara auf eloquente Weise den eigentümlichen Inhalt meiner Fragestellung vortrug. Das Objekt ihrer speziellen Leidenschaft war der Stechrochen und, wie ich erinnere, war ihr Interesse daran, wie Zellen mit ihren Nachbarszellen reden, durch die Einfachheit der Beobachtung gefördert, die die neuronalen Strukturen dieser bestimmten Kreaturen ermöglichten. [...] Ihre faszinierten Zuhörer_innen wurden informiert, dass Rezeptorzellen, die wie Schlösser funktionieren und nur mit richtigem Schlüssel oder der richtigen Nachricht geöffnet werden können, eine mysteriöse Hellsichtigkeit zu besitzen scheinen.“
>
> (Kirby 2001, S. 58f)

Nach einer Anmerkung zur merkwürdigen Kausalität, die in diesem Ergebnis nachgewiesen wird, fährt Kirby fort:

> „Ich hatte all dies selbstverständlich schon gehört. Tatsächlich konnte ich mit einigem Vergnügen erkennen, dass die verschränkte Identität *einer* Zelle innerhalb einer anderen mit Blick auf Individuation sogar menschliche Proportionen angenommen hatte. War diese Biologin bereits Empfängerin meiner intellektuellen Arbeit bevor wir uns trafen, auch wenn ich versuchte, die – selbstverständlich von ihr entdeckten – Ergebnisse zu artikulieren? Was für ein infektiöser Algorithmus hatte uns schon vor unserer eigentlichen Begegnung zusammengebracht?"
>
> (Kirby 2001, S. 59)

Kirbys Darstellung dieser zwei nichtlokalen kommunikativen Geschehnisse – in einem scheinbar unsauberen (nein, skandalösen) Vermischen von Phänomenen offenbar verschiedener Größenmaße und Anwendbarkeitsbereiche (scheinbar natürliche und kulturelle Kräfte verschmelzend, als ob Kräfte in solch dezidiert verschiedenen Weisen vorkämen) – huldigt nicht dem gemeinsamen humanistischen und antihumanistischen Frönen in menschlichem Exzeptionalismus. In ihrem Buch *Quantum Anthropologies*, in dem Kirby für eine materialistische Lektüre von Derridas *Grammatologie* argumentiert, merkt sie an, dass den Quantenparadoxien, wie sie Blitze, Stechrochen und Menschen aufweisen, beharrlich jeglicher empirischer Halt abgesprochen wird, als wäre der Gedanke, der Natur solch ein radikales Maß an ontologischer Komplexität zuzugestehen, zu überwältigend, und als müssten solche verwirrenden Angelegenheiten schlussendlich Resultat der kulturellen perversen Rahmung von etwas wesentlich Zahmerem sein. In ihrer Argumentation, dass Dekonstruktion als Positive Wissenschaft verstanden werden sollte, entfesselt Kirby die Lebendigkeit der Welt auf eine Weise, die mit meinem agentisch realistischen Ansatz des Weltmachens gut zusammengeht. Das heißt, die verschränkten Bezüge von Naturkultur hören nicht mit der Intraaktion zwischen Kirby und der Biologin auf, deren Darstellung der Kirbys in einer radikalen Annullierung von „Vorausgehen" vorausgeht.[36] Immer bereits in Kenntnis der jeweiligen materialistischen Interventionen, waren Kirbys materialistische Lektüren von Derridas *Grammatologie* und mein quantenphysikalisches Neudenken von Materie/Bedeutung (welches der Physik die eigene Dekonstruktion ihrer klassischen Fundamente nachweist) schon miteinander in Konversation, bevor wir uns trafen. Diese verfrühte Kollaboration ist eine von vielen verschränkten Darbietungen des Weltmachens der Welt selbst.

### *Phantomverhalten der Pfiesteria*

Im Sommer 1997 brachte die *Washington Post* einen Titel, der auch zum *National Inquirer* gepasst hätte: „Der Fressrausch einer morphenden ‚Zelle aus der Hölle'". Der Artikel beschreibt diese teuflischen Mikroorganismen folgendermaßen:

> „Die Kreatur ist für Naturwissenschaftler_innen und Fische unsichtbar, ein bizarres einzelliges Raubtier, dass sich scheinbar von Tier zu Pflanze und zurück transformieren kann. Diese mörderische Dinoflagellate namens *Pfiesteria piscicida* erregte weltweite naturwissenschaftliche Aufmerksamkeit als sie 1991 in den trüben Wassern der Küstenmündungen in North Carolina auftauchte. Das Phantom ist einer Reihe von Massenmorden verdächtig, in der mehr als eine Milliarde Fische vernichtet wurden"
>
> (Joby Warrick, in Schrader 2010, S. 175f).

Dinoflagellaten sind mikroskopische, üblicherweise einzellige, oft photosynthetische Protisten mit peitschenähnlichen Anhängseln. „Dinos" werden für die Ursache Roter Tiden gehalten und sind vermutlich für bestimmte Fische giftig. Sie sind weder Pflanze noch Tier, sondern können als beide agieren:

> „Während zuvor geglaubt wurde, dass etwa die Hälfte der beschriebenen Dino[flagellaten]-Arten sich als Photosynthese betreibende Pflanzen verhält und die andere Hälfte heterotrophisch ist (Energiegewinn durch das Essen anderer Organismen), gibt es ein wachsendes Bewusstsein, dass viele Arten eigentlich mixotrophisch sind, also ihre Ernährungsgewohnheiten mit variierenden Umweltbedingungen zwischen pflanzen- und tierhaft wechseln (Coats 2002, S.417; Hackett, et al. 2004, S. 1523). Ebenso von Umweltbedingungen abhängig, können Dinos ihre Reproduktionsweise verändern, die meist, aber nicht immer, asexuell ist. ‚Auch eine sexuelle Phase ist für viele Dinoflagellaten dokumentiert worden und beinhaltet die Fusion asexuell generierter Gameten zur Herstellung einer frei beweglichen Zygote, der Planozygote'."
>
> (Coats 2002, S. 418, zitiert aus einer früheren unveröffentlichten Version von Schrader 2010)

Eine giftige Spezies von Dinos – *Pfiesteria piscicida* („Fischtötende") – hat die Aufmerksamkeit der Wissenschaftsforscherin Astrid Schrader auf sich gezogen.[37] Schrader erklärt, dass eine gewisse „*Pfiesteria* Hysterie" die naturwissenschaftliche Gemeinschaft ergriffen hat, die nach mehr als zwei Dekaden der Forschung die basalsten Eigenschaften der *Pfiesteria* nicht erkennen kann. Es gibt weder Übereinkunft über den Lebenszyklus der *Pfiesteria* noch darüber, ob sie die verantwortliche Ursache für den Tod von Millionen Fischen sowie großer Schäden und Zerstörung in Mündungsgebieten sind. Es handelt sich hier bei Weitem nicht bloß um einen Gegenstand naturwissenschaftlicher Neugierde, haben die realweltlichen Angelegenheiten, um die es in der Beantwortung dieser Fragen geht, doch ökonomische und ökologische Implikationen globaler Reichweite.[38]

Der Mangel naturwissenschaftlichen Einvernehmens bezüglich der inhärenten Eigenschaften der *Pfiesteria* hat politische Entscheidungstragende zu einer abwartenden Haltung veranlasst. Doch Schrader warnt, dass diese (vermeintliche Nicht-)Position ebenso gefährlich wie falsch informiert ist, da sie auf einem groben Fehler bezüglich des Wesens von Naturwissenschaften basiert: Politiker_innen (und die meisten Naturwissenschaftler_innen) glauben, dass der Mangel definitiver Beweise notwendigerweise eine Ungewissheit markiert, eine Lücke im aktuellen Wissensstand, die schließlich gefüllt werden wird. Hingegen argumentiert Schrader in ihrer Untersuchung verschiedener Laborpraktiken, dass die naturwissenschaftliche Unfähigkeit, die Natur der *Pfiesteria* festzumachen, eben genau mit der Natur der Kreatur selbst zu tun hat – nämlich, dass eben ihre Art unbestimmt ist. Mit anderen Worten geht es Schrader darum, dass das, was Naturwissenschaften und Politik als *epistemologische Ungewissheit* erachten, in Wirklichkeit eine *ontologische Unbestimmtheit* ist. „Die Wesen der Gattung *Pfiesteria* sind nicht einfach multipel oder fluide, reduzierbar auf Variationen entlang irgendeines vorgegebenen Zeitflusses, sondern inhärent unbestimmt. Es gibt keinen zeitlichen Moment, in dem *Pfiesterien* eineindeutig von ihrer Umgebung abgegrenzt werden könnten." (Schrader 2008b). Schrader konkretisiert diesen Punkt folgendermaßen:

> „Zusätzlich zu einer Untrennbarkeit von ‚Organismus' und ‚Umwelt', sind räumliche (synchrone) und zeitliche (diachrone) Veränderungen in den Lebensgeschichten der *Pfiesterien* gründlich verstrickt. Es gibt keinen Moment, in dem *Pfiesterien* in ihrer Gänze erfasst werden können. Meines Erachtens gehört somit zu dem Rätsel, das die Kontroverse antreibt, dass die Fragen ‚wer *Pfiesteria piscicida* sind' und ‚was *giftige Pfiesterien* tun' untrennbar miteinander verschränkt sind. [...]
> *Pfiesteria*, die ausschließlich auf Algenbeute kultiviert werden, können nicht dazu gebracht werden, Fische zu töten. Ironischerweise brauchen sie Fische in ihrer Umgebung, um deren Mörder zu werden. *Pfiesteria* „sind" nur in Beziehung zu Fischen und bestimmten Umweltbedingungen giftig. In

> einfacheren Worten: Ohne Fische gibt es keine Fischmordenden. Um zu erfahren, was *Pfiesteria* an sich sind – wenn das überhaupt möglich wäre – werden unvermeidbar nichtgiftige *Pfiesteria* produziert, aber nicht *Pfiesteria pisicida*, die Fischmordenden.“
>
> (Schrader 2010, S. 283 und 285)

Wie unsere anderen queeren Kolleg_innen, ist die weltliche Performance der *Pfiesteria* nicht in Raum und Zeit lokalisierbar. In ihrer Untersuchung von Laborforschungen über die Giftigkeit und Art der *Pfiesteria* argumentiert Schrader, dass Ansätze, die auf einem „simplizistischen Sender-Transmitter-Empfänger-Modell“ beharren, die Giftigkeit der *Pfiesteria* nicht nachweisen können. Ihre methodischen Vorgehensweisen beruhen auf bestimmten Definitionen von Giftigkeit und haben ein rudimentäres Verständnis von Kausalität und Zeitlichkeit und schließen daher genau diese Art toxischen, agentischen Verhaltens der *Pfiesteria* aus.
Hingegen hat die in einem Labor (Burkholder u.a.) ausgeführte Vorgehensweise die materielle Wirkmächtigkeit der *Pfiesteria* nicht unterdrückt, indem sie ein deterministisches Ursachen-Modell als Mechanismus des Fischtötens aufzuerlegen versuchte. Stattdessen erlaubt deren Ansatz den *Pfiesteria*, heterogene zeitliche und nichtdeterministische kausale Bezüge umzusetzen:

> „[Die in Burkholders Labor verwendeten] agentischen Definitionen setzen Giftigkeit nicht als inhärente Eigenschaft einer bestimmten Lebensstufe voraus. Stattdessen verweisen die diversen giftigen *Pfiesteria*-Formen auf Verhalten eines Gefüges von Morphen, beschrieben als zeitweilige Manifestationen eines variablen Lebenszyklus, der nicht von den Intraaktionen isoliert werden kann, die sie hervorbringen. Da die Formen keine festen Kategorien sind, sondern ineinander transformieren können, kann ihre Art der Giftigkeit nicht allein durch gegenwärtige Umweltparameter kontrol-

liert sein, sondern hängt von der Geschichte der *Pfiesteria* ab; das heißt, von den Effekten unbestimmbarer Intraaktion, die zum aktuellen, materiellen Modus der *Pfiesteria* geführt haben. Die Dinos verhalten sich Fischen gegenüber unterschiedlich, abhängig davon, wie kürzlich sie mit Fischen in Kontakt waren. In Burkholders Worten, *Pfiesterien* haben ein biochemisches Gedächtnis für kürzlich stattgefundene Stimulationen durch lebende Fische, was eine variable zeitliche Dimension in die Beziehung zwischen Organismen und deren Umwelt einführt."

(aus einer früheren unveröffentlichten Version von Schrader 2010)

Schrader konnte hier also zeigen, dass verantwortungsvolle experimentelle Praktiken die agentischen Verhalten des Organismus im Nachweisen der spezifischen Beschaffenheit kausaler Beziehungen beachten müssen. *Verantwortlichkeit beinhaltet, dem Organismus Gelegenheiten zum Antworten zu bieten.* Dinos antworten nicht auf deterministische Kausalitätsmodelle. Sie beharren darauf, dass ihr agentisches Verhalten in Betracht gezogen wird. Doch reicht hier nicht jeder performative Ansatz naturwissenschaftlicher Praktiken. Zu verstehen, dass die Untersuchungsobjekte Effekte statt Ursachen sind, erledigt nicht ein für allemal die Angelegenheit der Verursachung; Verursachung ohne Kausalität oder kausale Beziehung in dem vom Determinismus hinterlassenen Raum. Das heißt, es stehen nicht einfach deterministische Kausalität, Akausalität, oder keine Kausalität zur Wahl. Was *Pfiesterien* ersichtlich machen, ist ein Modus der *Kausalität als iterative Intraaktivität* (Barad 2007). Und tatsächlich ist es genau die Tatsache, dass „Kausalität als iterierbare Intraaktivität somit eine Hinterlassenschaft wird, die das Phänomen verzeitlicht, indem sie die tödlichen Spuren und Enden über die Einbeziehung bestimmter Anliegen als Teil der experimentellen Referenz ‚zusammenschneidet', was die Experimente wiederholbar macht" und die Untrennbarkeit von Epistemologie und Ethik belegt (Schrader 2010,

S.297). Die verantwortliche Praxis von Naturwissenschaften ist eine Frage von zugleich guter naturwissenschaftlicher Praxis (epistemologisch robuster Naturwissenschaft) und kommender Gerechtigkeit.

### *Die Queere Performativität des Atoms*

„Niemand versteht diese seltsamen [*queer*] Quantendinge", schreibt Alan Grometstein in *The Root of Things* (1999, S. 4). Was könnte queerer sein als ein Atom? Und ich meine damit nicht bloß seltsam. Die eigentliche Natur des Seins eines Atoms, eben seine Identität, ist Unbestimmtheit selbst.[39]

Das Quant schien von Anfang an etwas Queeres an sich zu haben.[40] Oder vielmehr wurde offenbar, dass das Quant eben das Konzept eines „Von-Anfang-an" durcheinanderbrachte. Mehr als ein Jahrzehnt vor dem Aufkommen der Quantentheorie, machte der Physiker Niels Bohr den einfallsreichen theoretischen Schritt, Max Plancks Idee der Energiequantisierung auf Materie selbst und insbesondere auf jedes Stückchen Materie, d.h. jedes Atom, anzuwenden. Bohrs Modell des Atoms ist eine Quantenvariante des von Ernest Rutherford vorgeschlagenen Atommodells ähnlich dem Modell des Sonnensystems. Im Bohr'schen Modell hat jedes Atom einen Kern (der aus Protonen und Neutronen besteht) und die Elektronen befinden sich in diskreten (d.h. quantisierten) „Orbitalen" um den Kern herum. Jedes Elektron in einem Atom besetzt eines aus einer endlichen Anzahl diskreter Energieniveaus. Wenn ein Elektron von einem höheren Energieniveau in ein niedrigeres Energieniveau „springt", wird ein Photon (ein Lichtquant) mit einer Frequenz (Farbe) freigesetzt, das mit der Energiedifferenz zwischen den beiden Bahnen korrespondiert.[41] Da jede Art von Atom in der Periodentabelle eine einzigartige Zusammensetzung diskreter Orbitale hat, identifiziert das atomare Spektrum einzig das Atom, das es produziert, etwa wie ein atomarer Fingerabdruck.[42]

Bohrs Modell konnte die Stabilität von Materie erklären, und es sagte akkurat das Emissionsspektrum von Wasserstoff voraus. Die beeindruckenden Erfolge dieses Modells brachten Bohr den Physik-Nobelpreis ein. Doch nach sorgfältiger Untersuchung wird deutlich, dass es mit der Natur der Materie etwas inhärent Queeres auf sich hat.

Betrachten wir den Prozess, in dem eine einzige Emissionslinie im atomaren Spektrum produziert wird. Jede Spektrallinie (einer gegebenen Farbe oder Frequenz) ist das Resultat eines Elektrons, das von einem höheren in ein niedrigeres Energieniveau „springt". Was genau ist das Wesen dieses „Sprungs"? Der Ausdruck „Quantensprung" ist in die Alltagssprache eingegangen, wo er die Bedeutung einer großen Veränderung angenommen hat, wobei eigentlich die Zustandsänderung, über die wir hier sprechen, nicht *kleiner* sein könnte. „Quant", so wie es in der Physik verwendet wird, bezeichnet die „minimale Größe einer physikalischen Quantität, die existieren kann, und in deren Vielfachen sie variieren kann."[43]

Ein Quantensprung ist also sehr klein, doch das ist nicht sein Markenzeichen. Das Einzigartige an ihm ist, dass – anders als bei jeder gängigen Erfahrung des Springens – ein Elektron seinen „Quantensprung" auf eine diskontinuierliche Weise macht (was den Begriff des „Sprungs" verleumdet): Insbesondere nimmt das Elektron anfangs ein Energieniveau an und dann ein anderes, *ohne dazwischen irgendwo gewesen zu sein! Ein Quantensprung ist eine diskontinuierliche Bewegung.* Quantenphänomene sind für ihre Unheimlichkeit berühmt. Doch trotz all des Tamtams und des Aufgebots einer wachsenden Reihe verblüffend seltsamer Phänomene und all der komplizierten mathematischen Maschinerie zu ihrer Erklärung, liegt die Crux dieser Paradoxien genau hier in dieser Quantendiskontinuität.

Lasst uns die Situation genau betrachten. Anfangs ist das Elektron in einem höheren Energiezustand $E_2$; am Ende ist es in einem niedrigeren Energiezustand $E_1$. An welchem Punkt wird das Photon freigesetzt? Dem von Rutherford vorgeschlagenen

Modell der klassischen Physik zufolge, verliert ein atomares Elektron beim Umkreisen des Kerns kontinuierlich Energie, ein kontinuierliches Lichtspektrum wird emittiert und das Atom zerfällt schnell in einem Lichtblitz (d.h. Atome sind in diesem Modell instabil, was eine der Schwächen des Modells darstellt). Im Gegensatz hierzu hat Bohrs Quantenmodell zwei wichtige Eigenschaften, die vom klassischen Modell abweichen: (1) Atomare Elektronen kreisen nicht um den Kern wie Planeten um die Sonne, stattdessen muss jedes eine Reihe diskreter Energieniveaus jeweils einnehmen; und da jedes „Orbital" mit einer feststehenden Energie korrespondiert und Elektronen, die sich in einem gegebenen Orbital befinden, keine Energie (Licht) ausstrahlen, wird (2) die Überschussenergie, wenn Elektronen einen Übergang von einem höheren zu einem niedrigeren Energieniveau machen, in einem diskreten Paket namens „Photon" emittiert. Von daher ist ein kontinuierlicher Übergang zwischen Energieniveaus nicht möglich. Doch nun ergibt sich ein Problem. Wenn ein Photon üblicherweise nur aus dem Sprung selbst resultieren kann, an welchem Punkt während des Sprungs wird das Photon freigesetzt (bedenke, dass ein Photon ein Lichtquant ist, und das Licht somit nicht kontinuierlich emittiert wird, sondern vielmehr in einer diskreten Menge von Lichtteilchen)? Die Emission des Photons kann nicht stattfinden, wenn das Elektron auf seinem Weg von $E_2$ zu $E_1$ ist, weil es niemals irgendwo zwischen den beiden Energieniveaus ist; auch kann das Photon nicht emittiert werden, wenn das Elektron sich in $E_1$ oder $E_2$ befindet, weil (noch) keine Energieänderung stattgefunden hat. Des Weiteren ist hier etwas am Wesen der Kausalität zutiefst verkehrt, denn wenn das Atom beim Verlassen von $E_2$ (auf dem Weg zu $E_1$) ein Photon einer gegebenen Farbe aussenden würde, *müsste es bereits vor dem Verlassen an seinem Ziel geendet sein (d.h. $E_1$)*. So würde die zugehörige Frequenz des Photons emittiert, um Energie zu erhalten – tatsächlich eine komische Kausalität! Die paradoxe Natur der Quantenkausalität rührt also aus der Quantendiskontinuität – eben der Tatsache, dass eine inhärente Diskontinuität besteht (die für alle Intraaktionen konstitutiv ist).

Was konstituiert eine Quantendiskontinuität? Diese Diskontinuität, die unsere Vorannahmen von Kontinuität unterläuft [*queers*] ist weder das Gegenteil des Kontinuierlichen noch mit diesem kontinuierlich. Quanten„sprünge" sind nicht bloße Verschiebungen im Raum durch Zeit hindurch, nicht von hier-jetzt nach dort-dann, nicht wenn es der Bruch selbst ist, der zur Konstitution der Hiers und Jetzte beiträgt, und nicht ein für allemal. Entscheidend ist nicht bloß, dass etwas jetzt-hier und dann-dort ist, ohne dazwischen je irgendwo anders gewesen zu sein – das ist krass genug – sondern dass jetzt-hier und dann-dort losgelöst sind: Es gibt keinen gegebenen Ort oder gegebene Zeit für sie. Wo und wann passieren Quantensprünge? Wenn die Natur der Kausalität zu solch einem Maße in Schieflage geraten ist, dass nicht einfach eine Wirkung einer Ursache in einer nicht enden wollenden Entfaltung des Seins in Zeit folgt, wie ist es möglich, sich in Raum und Zeit zu orientieren? Können wir überhaupt fortfahren, anzunehmen, dass Raum und Zeit noch „da" sind?

Diese queere Kausalität beinhaltet die Störung von Dis/Kontinuität, eine so destabilisierende Störung, so durchweg verwirrend, dass es schwierig zu glauben ist, dass gerade dies die Stabilität des Seins selbst gewährt. Oder vielmehr, um ein bisschen genauer zu sein: Wenn sich die Unbestimmtheit des Seins ihrem Wesen nach an der Schwelle zwischen Stabilität und Instabilität bewegt, von Möglichkeit und Unmöglichkeit, dann ist die dynamische Relationalität zwischen Kontinuität und Diskontinuität entscheidend für ein offenes Werden der Welt, das Akausalität ebenso widersteht wie Determinismus.

Ich will nicht zu viel aus einer kleinen Sache machen, doch das Quant, dieser winzige Riss, der weder im Raum noch in der Zeit existiert, verdreht das Wesen der Beziehung zwischen Kontinuität und Diskontinuität in solchem Maße, dass das Wesen von Veränderung sich in jeder Intraaktion verändert. Veränderung, insofern überhaupt eine generelle Charakterisierung möglich ist, ist eine völlig andere Dynamik, die auf ganz andere Weise funktioniert, als für das Wirken auf – *in* Raum und *in* Zeit situierte – Materie angenommen wird. Beispielsweise ist ein wichtiger Unterschied, dass Leben nicht einfach eine Vielfalt des Seins ist, die sich in Raum und Zeit *entwickelt* [*evolves*]; stattdessen beinhaltet das, was entsteht und sofort umgestaltet wird, iterative, intraaktive Werden [*becomings*] von *Raumzeitmaterialisierung*.[44] Iterative Intraaktivität konfiguriert und rekonfiguriert Verschränkungen. Verschränkungen sind nicht die Verbundenheiten von in Raum und Zeit getrennten Dingen oder Ereignissen. *Verschränkungen sind Einfaltungen von Raumzeitmaterialisierungen*.

## *Queere Identitäten, Quantenradierung und Un/Möglichkeiten, die „Vergangenheit" zu verändern*

> „Quantenverschränkung ist das charakteristische Merkmal der Quantenmechanik, jenes, das deren gesamte Abkehr von klassischen Gedankengängen erzwingt."
>
> (Erwin Schrödinger, „Discussion of Probability Relations Between Separated Systems", 1935, S.555)

> Wir haben „es nicht mit Horizonten von modifizierten – vergangenen oder ankommenden – Gegenwarten zu tun, sondern mit einer ‚Vergangenheit', die nie anweste und anwesen wird, deren ‚An-kunft' nie die *Produktion* oder Reproduktion in der Form der Anwesenheit sein wird."
>
> (Jacques Derrida, *Randgänge der Philosophie,* 1999, S.50)

> „Wir haben uns für ein Phänomen entschieden, das auf klassische Weise zu erklären unmöglich, absolut unmöglich ist und das eigentliche Wesen der gesamten Quantenmechanik ausmacht. In Wirklichkeit birgt es das einzige Geheimnis in sich."
>
> (Richard P. Feynman, *Sechs physikalische Fingerübungen,* 2003, S. 177)

Physiker_innen behaupten heute, empirisch die Möglichkeit nachweisen zu können, nicht nur die Vergangenheit zu verändern, sondern gar die Natur des Seins selbst in der Vergangenheit zu verändern. Das fragliche Experiment ist der sogenannte Quantenradierer.[45]

Niels Bohr zufolge beweist Quantenphysik die Tatsache, dass Entitäten (Atome, Photone, Elektronen, etc.) keine inhärente, ontologische Identität (als entweder Teilchen oder Wellen, das heißt als lokalisierte Objekte oder als ausgebreitete Störungen in einem Feld) innehaben.[46] In Bohrs Ansatz ist Identität nicht gegeben, sondern performiert. Dies kann mithilfe eines einfachen Geräts, der Doppelspalt-Apparatur, demonstriert werden, die im Grunde genommen aus einem Schirm mit zwei Spalten besteht. Klassischer Physik zufolge lässt sich herausfinden, ob eine Entität eine Welle oder ein Teilchen ist, indem sie einfach wieder und wieder (oder aber viele identische Entitäten nacheinander) durch die Spalte geschickt wird bzw. werden und mit der Zeit auf einem Zielschirm ein Muster ergeben. Wenn ein Streumuster mit den meisten Landungen direkt gegenüber des einen oder des anderen Spaltes erscheint, handelt es sich um Teilchen. Wenn ein Interferenzmuster erscheint – das Resultat einer Störung (wie bei einer Wasserwelle), die ihren Weg durch beide Spalte zugleich nimmt – handelt es sich um eine Welle.[47] Diese unterscheidende Eigenschaft ist wichtig: Ein Interferenzmuster ist das Resultat einer Interferenz dessen, was durch mehrere Spalte zugleich hervortritt (statt durch einen Spalt oder den anderen wie beim Teilchen). Wellen und Teilchen produzieren distinkt verschiedene Doppelspalt-Muster, so dass es sich hierbei aus Sicht der klassischen Physik um einen definitiven Test der Beschaffenheit einer Entität handelt.

Quantenphysik hinterfragt die klassische ontologische Klassifikation von Entitäten in zwei distinkte Arten: Wellen und Teilchen. Experimente zu Beginn des 20. Jahrhunderts produzierten Ergebnisse, die anhand klassischer Konzepte von Identität unerklärbar waren. Und das Doppelspalt-Experiment reicht aus, um dieses nicht-klassische Verhalten aufzudecken.

Schicke ein Elektron hunderte Male durch einen Doppelspalt (oder hunderte Elektronen eins nach dem anderen), und das erscheinende Muster wird ein Interferenzmuster sein, wie es für Wellen charakteristisch ist. Das gleiche Experiment ist durchführbar mit Atomen, Neutronen oder Photonen, und in jedem Fall wird ein Interferenzmuster produziert. Doch anders als Wasserwellen, „interferieren" Teilchen nicht miteinander (sie können nicht zur gleichen Zeit den gleichen Ort einnehmen), und da sie einzeln durch den Spalt geschickt werden, bekommen sie auf keinen Fall eine Chance, sich irgendwie zu begegnen. Wie kommt es also zum Wellenverhalten? Jedes Teilchen sollte (per Definition) jeweils einen Spalt durchqueren, doch resultiert ein Interferenzmuster daraus, dass eine Entität (wie eine Wasserwelle) beide Spalte zugleich durchquert.

Um das Paradox zu lösen, wird der Einsatz eines Gerätes vorgeschlagen, das „nachschaut" was an den Spalten passiert – um „zuzuschauen", wie jedes Elektron auf dem Weg zum Zielschirm die Spalte durchquert. Tatsächlich schlug Einstein, der die Quantentheorie ablehnte und sich einer klassischen Ontologie verschrieb, einen solchen „Welcher-Spalt"-Detektor vor, um zu zeigen, dass Quantenphysik konzeptuell selbstwidersprüchlich sei, und dass letztendlich die Entität an den Spalten Teilchen (den einen oder den anderen durchquerend) und am Zielschirm Welle ist, dass also Entitäten nicht Welle und Teilchen zugleich sein können. Bohr widersprach Einstein hartnäckig und argumentierte, dass Einsteins Welcher-Spalt-Experiment wunderbar seine Idee der Komplementarität demonstrieren würde, demzufolge sich eine Entität *entweder* wie eine Welle *oder* ein Teilchen verhält, abhängig davon, wie es gemessen wird (d.h. abhängig von der Beschaffenheit der Messapparatur, mit der es sich verschränkt). Im Falle des Doppelspalt-Experiments mit einem Welcher-Spalt-Detektor argumentierte Bohr, dass das auftretende Muster ein Streumuster sein würde, wie es für Teilchen charakteristisch ist. Das heißt, dass eine Entität sich in einer modifizierten Doppelspalt-Apparatur mit Welcher-Spalt-Detektor wie ein Teilchen verhält, obwohl sie sich in einem einfachen Doppelspalt-Experiment (ohne Welcher-Spalt-Detektor) wie eine Welle verhält. *Abhängig von der experimentellen Apparatur zur Bestimmung ihres Wesens, verändert sich somit eben die Natur der Entität – ihre Ontologie – (oder vielmehr wird sie unterschiedlich bestimmt).* Für Bohr bewahrte Komplementarität die Theorie vor Widersprüchen und ermöglichte das Erlangen objektiver Ergebnisse. Seine Erklärung ist, dass die objektive Referenz für Konzepte, etwa „Welle" oder „Teilchen", kein determiniert umgrenztes Objekt mit inhärenten Eigenschaften ist (wie die Ontologie klassischer Physik es versteht), sondern stattdessen das, was er *Phänomen* nannte – die Verschränkung/Untrennbarkeit von „Objekt" und „Apparatur" (die so nicht vor dem Experiment existieren, sondern aus ihm hervorgehen). Bohr kam zu diesem Verständnis durch ein für einen Physiker überaus unorthodoxes Herangehen – er konzentrierte seine Aufmerksamkeit darauf, wie *Konzepte* wirken (ein radikal ungewöhnlicher Schritt für einen Naturwissenschaftler!), darauf, wie sie tun was sie tun und wie sie zu ihren Bedeutungen kommen.[48]

Das Doppelspalt-Experiment war also Fokus hitziger Debatten und endloser Diskussionen zwischen den Begründern der Quantenphysik zu Beginn der 1920er Jahre, und es bleibt bis heute von großem Interesse. Es war *das* Gedankenexperiment seiner Zeit. Heute kann das Experiment, das nie sein sollte (es konnte nur in dem anspruchsvollen Bereich reinen Denkens existieren), tatsächlich im Labor umgesetzt werden: Willkommen in der Welt experimenteller Meta/Physik.

Ohne das Experiment zu sehr zu detaillieren, soll hier die Aussage reichen, dass wir ein sehr kluges Doppelspalt-Experiment mit einem Welcher-Spalt-Detektor (aus einem Laser und zwei Aushöhlungen) aufbauen können. Dieses Gerät leistet die Welcher-Spalt-Messung ohne Störung der „externen Vorwärtsbewegung" des Atoms, indem es nur die „internen Teile" des Atoms manipuliert. Auf dem Weg zum Doppelspalt passiert das Atom einen Laserstrahl und erregt so eines seiner atomaren Elektronen zu einem höheren Energieniveau. Zwei „Mikromaser-Aushöhlungen“ sind dergestalt an jedem Spalt angebracht, um dieses Elektron bei seinem Durchqueren der Aushöhlungen wieder zum „Sprung“ in ein niedrigeres Energieniveau zu zwingen, so dass es ein „verräterisches“ Photon emittiert, das in der Aushöhlung verbleibt – und so markiert, welchen Spalt das Atom durchquerte.

Die Durchführung dieses Experiments ohne den Welcher-Spalt-Detektor ergibt ein Interferenzmuster – d.h., die Atome verhalten sich wie Wellen. Wenn das Experiment mit dem Welcher-Spalt-Detektor wieder durchgeführt wird, ist das Muster jenes von Teilchen, genau wie Bohr vorhergesagt hat. Dies ist ein direkter empirischer Nachweis, dass Identität nicht fixiert und inhärent ist, sondern performativ.

Bohr erklärte die performative Natur der Dinge anhand von Quantenverschränkungen der Messapparatur und des Objekts der Messung: Bohr zufolge verhalten sich Dinge nicht einfach unterschiedlich, wenn sie unterschiedlich gemessen werden; vielmehr geht es darum, dass es nur das Phänomen gibt – die Intraaktion von „Apparatur“ und „Objekt“ in ihrer Untrennbarkeit. Wenn Bohrs Hypothese gilt, dass Phänomene Quantenverschränkungen sind, dann werden manche bewiesenermaßen unmöglichen Dinge möglich. Nehmen wir an, dass der Welcher-Spalt-Detektor so gemacht ist, dass der Nachweis darüber, welchen Spalt die fragliche Entität (in diesem Fall ein Atom) durchquert hat, wieder gelöscht werden kann, *nachdem* sie die Spalte durchquert hat.[49] Es stellt sich heraus, dass das Interferenzmuster in Erscheinung tritt (so wie es ohne den Welcher-Spalt-Detektor der Fall ist), wenn die Welcher-Spalt-Information „ausradiert“ wird. Es spielt dann tatsächlich keine Rolle, an welcher Stelle die Information gelöscht wird – insbesondere kann sie gelöscht werden, *nachdem* die fragliche Entität die gesamte Apparatur durchquert und ihren Beitrag zum Muster geleistet hat. In anderen Worten, ob eine Entität die Apparatur als Welle oder als Teilchen durchquert oder nicht – durch beide Spalte zugleich oder durch den je einen oder anderen – kann *später* bestimmt werden – *nachdem* sie bereits die Apparatur durchquert hat. Das heißt, es ist nicht einfach vergangenes Verhalten einer gegebenen Entität aufgrund von etwas in der Zukunft Geschehenem verändert worden, sondern eben die Identität der Entität wurde verändert. Somit haben wir einen empirischen Nachweis der Tatsache, dass *die Identität des Atoms, seine Ontologie, nie starr ist, sondern immer offen für zukünftige und vergangene Umarbeitungen!*

Die Physiker_innen, die dieses Experiment des Quantenradierers vorgeschlagen haben, interpretieren die Ergebnisse als Möglichkeit „die Vergangenheit zu verändern". Die von ihnen verwendete Sprache zeugt von einer Lesart dieser Ergebnisse, die nicht mit Bohrs Physik-Philosophie in Einklang ist: insbesondere sprechen sie von der Welcher-Spalt-Information als „ausradiert" (daher der Experimentname des „Quantenradierers") und vom Interferenzmuster als „wiederhergestellt" (als ob das ursprüngliche Muster zurückgekehrt wäre). Wie ich argumentiert habe, ist diese Interpretation weniger sorgfältig als sie sein könnte, und basiert zudem auf Annahmen bezüglich der Natur von Sein und Zeit, die durch eben dieses Experiment infrage gestellt werden.

Wenn ich in einer Metaphysik der Präsenz voraussetze, dass das Muster aus dem Verhalten einer Gruppe individuell determinierter Objekte resultiert, dann scheint es unerklärbar, dass die „Löschung" der Information darüber, welchen Spalt jede individuelle Entität durchquert hat, *nachdem* die Individuen die Spalte durchquerten, irgendeinen Effekt haben könnte. Welches Konzept von Kausalität könnte sonst ein solch merkwürdiges Vorkommnis erklären? Was könnte die Quelle solch verzögerungsfreier Kommunikation sein, eine Art globaler Verschwörung individuell übereinstimmend agierender Akteur_innen? Was für eine gruselige Kausalität der Fernwirkung [*action-at-a-distance*] ist das?! Die Schwierigkeit ist hier die missverstandene Annahme klassischer Ontologie, die auf dem Glauben an eine Welt voller unabhängig existierender Dinge mit determinierten Grenzen und Eigenschaften basiert, die sich in einem Behältnis namens „Raum" im Gleichschritt mit einer linearen Sequenz von Momenten namens „Zeit" umher bewegen. Doch die Befunde weisen darauf hin, dass die Welt nicht nach einer solchen klassischen Ontologie funktioniert.

Ich habe in *Meeting the Universe Halfway* argumentiert, dass es im diffraktiven Durcheinander-Hindurch-Lesen von Einsichten aus Physik und poststrukturalistischer Theorie möglich ist, die Ideen von Butlers Performativitätstheorie über den Bereich des Menschlichen hinaus zu erweitern und auszubauen (und dass es tatsächlich nötig ist, dies zu tun, gar schon um Menschen in ihrer Materialität zu erfassen). Dies wird durch eine entsprechende Überarbeitung bestimmter Konzepte wie Materialität, Diskursivität, Wirkmächtigkeit und Kausalität im Licht der radikalen Überarbeitung klassischer Verständnisse von Materie und Bedeutungsproduktion möglich, die diese Befunde nahelegen. Eine Untersuchung der Quantenradierer-Befunde im Licht dieses posthumanistisch performativen Verständnisses des Wesens der Natur, löst einige der erwiesenen Paradoxien auf und gibt Dekonstruktivismus empirische Bodenhaftung. Anders ausgedrückt, setzt diese Bewegung darauf, dass das radikale Widerhallen des Dekonstruktivismus nicht bloß perverse Vorstellungen menschlichen Geistes oder Kultur sind, sondern tatsächlich *queeres Geschehen der Welt*.[50]

Um zum fraglichen Beleg zurückzukehren: Das Quantenradierer-Experiment gibt der dekonstruktivistischen Behauptung empirisches Gewicht, dass das Anliegen nicht „mit Horizonten von modifizierten – vergangenen oder ankommenden – Gegenwarten [ist], sondern mit einer ‚Vergangenheit', die nie anweste und anwesen wird, deren ‚An-kunft' nie die *Produktion* oder Reproduktion in der Form der Anwesenheit sein wird" (Derrida 1999, S. 50). Die Befunde sind tatsächlich mit dieser Aussage konsistent. Es ist nicht so, dass die Experimentierenden (durch das nachträgliche Löschen der Information) eine Vergangenheit verändern, die schon eine Gegenwart gewesen ist. Stattdessen *geht es darum, dass die Vergangenheit in erster Linie nie einfach da war und die Zukunft nicht einfach ist, was sich entfalten wird*; vielmehr werden „Vergangenheit" und

„Zukunft“ durch die iterativen Praktiken der Raumzeitmaterialisierung iterativ umgestaltet und eingefaltet – einschließlich der Welcher-Spalt-Detektion und der nachfolgenden „Ausradierung“ der Welcher-Spalt-Information; sie sind *ein* Phänomen. Raum und Zeit sind phänomenal, d.h., sie werden intraaktiv in der Herstellung von Phänomenen produziert; weder Raum noch Zeit existieren als determinierte Gegebenheiten außerhalb von Phänomenen.[51]

Wie ich erwähnte, sprechen die Befunde gegen die Behauptung mancher Physiker_innen, dass jede Spur des Ereignisses mit der Zerstörung der Welcher-Spalt-Information „ausradiert“ und das vorherige Interferenzmuster „wiedergestellt“ wird. Im Gegenteil ist das Interferenzmuster, das als Resultat der lokalen Löschung von Information (darüber, welchen Spalt das Atom durchquerte) produziert wird, nicht das gleiche wie das „Original“ (d.h., wie das Interferenzmuster, das vor einer Welcher-Spalt-Messung entstand). Anders als das Original, ist das neue Interferenzmuster nicht deutlich evident, ohne die (erhaltenen) Verschränkungen explizit nachzuverfolgen. *Die Spur aller Messungen bleibt, auch wenn die Information gelöscht wird; es kostet Arbeit, die geisterhaften Verschränkungen sichtbar zu machen.* Die Vergangenheit ist nicht verschlossen (sie war es nie), doch geht es nicht um eine Löschung (aller Spuren). Die Vergangenheit ist nicht gegenwärtig. „Vergangenheit“ und „Zukunft“ werden *durch* die und *in* der fortwährenden Intraaktivität der Welt iterativ rekonfiguriert und eingefaltet. Es gibt keine inhärent determinierte Beziehung zwischen Vergangenheit und Zukunft. Phänomene sind nicht in Raum und Zeit lokalisiert; sondern *Phänomene sind materielle Verschränkungen – von der Raumzeitmaterialisierung des Universums eingefaltet und durchwirkt.* Sogar die „Rückkehr“ eines Interferenzmusters bedeutet kein Zurückgehen, kein Löschen von Erinnerung, keine Wiederherstellung einer gegenwärtigen Vergangenheit. *Erinnerung – das Muster sedimentierter Einfaltungen iterativer Intraaktivität – ist in den Stoff der Welt eingeschrieben.* Die Welt „trägt“ die Erinnerung aller

Spuren; oder vielmehr, die Welt *ist* ihr Gedächtnis (eingefaltete Materialisierung).

## Schlüsse

Meine Kolleg_innen und ich haben eine Reihe von Infragestellungen der klassischen Ontologie präsentiert – einer Weltsicht, die die Existenz diskreter Entitäten behauptet, die miteinander auf lokal determinierte, kausale Weise interagieren, wobei Veränderung aus einem Ereignis (der Ursache) resultiert, das ein anderes Ereignis (die Wirkung) herbeiführt, sowie Ursachen die Bewegung von Entitäten durch den Raum und gemäß des linearen Zeitflusses bewirken. Die Annahmen, die diese Sicht stützen, sind unter anderem Folgende: Die Welt setzt sich aus individuellen Objekten mit determinierten Eigenschaften und Grenzen zusammen; Raum ist ein gegebenes Volumen, in dem Ereignisse stattfinden; Zeit ist ein Parameter, der aus sich selbst heraus auf lineare Weise fortschreitet; und Wirkungen folgen ihren Ursachen. All diese Annahmen werden durch die queeren Verhalten der Natur infrage gestellt: Blitzschläge, neuronale Rezeptorzellen bei Stechrochen, eine Dinoflagellaten-Tierpflanzen-Lebensform in nordamerikanischen Mündungsgebieten, Atome und Menschen gehören zu jenen Kreaturen der Natur, deren Praktiken, Identitäten und Gattungswesen nicht innerhalb einer klassischen Ontologie erklärt werden können.

Wir haben beispielsweise gesehen, wie in jedem dieser Fälle klassische Konzeptionen von Kausalität und Identität scheitern. Auch die verblüffenden kommunikativen Fähigkeiten, ihre queeren kausalen Bezüge sind unerklärbar, wenn ihre Identitäten im Sinne unabhängig existierender Entitäten verstanden werden. Diese Kreaturen können nicht als diskrete Handlungstragende verstanden werden, die mit einer Umwelt, externen oder separaten Handlungstragenden interagieren; nicht wenn die angenommene Abfolge von Ursache und Wirkung durcheinander ist und Kausalität einen etwas unheimlichen Charakter annimmt. Jede der hier betrachteten Kreaturen hinterfragt nicht nur „unsere Konzeption von Zeit als homogener Fluss selbst-identischer Momente, in dem eine Ursache per Definition ihrer Wirkung vorausgeht" (Schrader 2010, S. 278f), sondern auch das Konzept von Identität „selbst" und ihre Ableitungen, einschließlich der Fragen von Kausalität, Verantwortung, und Verantwortbarkeit.

So habe ich eine agentisch realistische Ontologie, oder vielleicht „Quantenontologie", auf der Basis von Phänomenen anstatt von unabhängig existierenden Dingen vorgeschlagen (Barad 2007). Diese performativ materialisierenden Verschränkungen von Raumzeitmaterialisierung können die kausal komplexen Ergebnisse, die wir hier betrachtet haben, erklären.

Anderswo habe ich wiederholt betont, dass die von diesen Befunden nahegelegte ontologische Verschiebung nicht notwendigerweise durch das Maß des mikroskopischen Bereichs begrenzt ist.[52] Doch irgendwie haben meine ausführlichen Ausarbeitungen dieses Punktes manch panische Versuche nicht verhindert, die Queerness der Natur zu beschränken, zu zähmen oder zu normalisieren. Doch sie wird sich nicht auf diese Weise unter Quarantäne stellen lassen, sondern wird immer auslaufen und das „Leben, wie wir es kennen" kontaminieren – und die spaßige Monstrositätenschau des perversen Rummachens der Atome in eine angsteinflößende, „Katastrophe" großen Maßstabes zuspitzen. Meine Hoffnung ist, dass in Untersuchungen dieser (und weiterer) Beispiele, einschließlich makroskopischer Entitäten, wie etwa die queeren, quantenontologischen Verhaltensweisen der *Pfiesteria* und Blitze, die durchdringende Queerness der Natur über Unterscheidungen in Maß und Gewöhnlichkeit hinaus anerkannt wird. Obwohl also etwa *ein alltägliches makroskopisches Phänomen* wie das Blitzen bestimmte regelmäßige Eigenschaften seines Verhaltens für eine Erklärung hergibt, die auf den Gesetzen klassischer Physik basiert, *weist es nichtsdestotrotz jene Arten queeren Verhaltens auf, wie Atome im mikrokosmischen Bereich*. Anders als „exotischere", weniger bekannte Phänomene, wie die der

Atome, deren queere Verhalten sich nicht durch die Gesetze klassischer Physik zivilisieren lassen, *stellt dieses alltägliche makroskopische Phänomen eine Reihe von Zwickmühlen innerhalb eben des Bereichs „klassischer" Physik*. Welche heimlichen Unbestimmtheiten mögen in der mutmaßlich eindeutigen Klassifizierung von Mikro und Makro schlummern?

Mit einem ähnlichen Verhalten wie ein Elektron oder ein Geist, tunnelt Dekonstruktion hinein und hinaus aus diesem Essay, in jedem Absatz implizit oder explizit. Gemeinsam mit Kirby und Schrader, gebe ich Derridas Ideen Raum zum ernsthaften Spielen mit diesen queeren Kreaturen.[53] Ohne mehr ins Detail dieser dekonstruktiven Elemente zu gehen, als die Länge dieses Essays erlauben würde, mag es überraschend oder sogar befremdlich erscheinen, dass ich die Möglichkeit *empirischer* Unterstützung dekonstruktiver Ideen wie der *différance* erwähne. Während der Vorschlag, dass Dekonstruktion empirisch haltbar ist, einigen blasphemisch vorkommen mag (insbesondere angesichts des gängigen Miss/Verständnisses, dass die Dekonstruktion den Empirismus völlig dekonstruiert und sozusagen zur Ruhe gelegt habe), beharren wir auf materialistischen Lesarten der Dekonstruktion, die das Empirische für Überarbeitungen öffnen, es von konventionellen Verständnissen losmachen und nicht davon ausgehen, dass es zur Ruhe gelegt werden kann (oder gar sollte). Agentischer Realismus verwirft empirische Behauptungen keineswegs, sondern versteht sie vielmehr als besonders intelligible Artikulationen/Zusammenfügungen der Welt (unter aller angebrachten Berücksichtigung der vielfältigen Einschränkungen, die nötig sind, um diese Behauptung sinnvoll zu lesen). Insbesondere, beziehen sich empirische Thesen nicht auf individuell existierende, determinierte Entitäten, sondern auf Phänomene-in-ihrem-Werden, wobei Werden nicht an eine Zeitlichkeit der Zukünftigkeit gebunden ist, sondern eher an eine radikal offene Bezugnahme des Weltmachens der Welt selbst.

In diesem kurzen Anreißen der Dekonstruktion mag die Erinnerung vielleicht hilfreich sein, dass agentischer Realismus gewissermaßen kein gerades Lesen der Physik ist, sondern eine diffraktive Untersuchung von bedeutenden Differenzen, wobei Einsichten aus der Physik sowie poststrukturalistischer und dekonstruktivistischer Theorie durcheinander hindurch gelesen wurden.[54]

Wie ich zuvor herausgestellt habe, dekonstruiert die Physik sich wunderbar selbst, und öffnet und gestaltet dabei grundlegende Fragen wie jene der Wirkmächtigkeit, Kausalität, Raum, Zeit, Materie und Verantwortung wieder und neu.[55]

Ich möchte nun zu den anfangs gestellten Fragen zurückkehren (oder vielmehr kehren sie hier zurück und sickern schon durch den gesamten Essay) und einige der ethischen Schlüsselthemen und -angelegenheiten herausstellen, die durch die queeren performativen Darbietungen dieser nichtmenschlichen Kreaturen geprägt sind und sich durch die Diskussion von Kausalität, Zeitlichkeit und Verschränkung ziehen.

Derridas Konzepte der „kommenden Gerechtigkeit“ und der *différance* durchspuken diesen Essay aus guten Gründen. In meinem agentisch realistischen Ansatz, geht es beim Differenzieren nicht bloß ums Auseinanderschneiden, sondern auch ums Zusammenschneiden als eine Bewegung: zusammen-auseinander-schneiden. Differenzieren ist eine Sache der Verschränkung. Verschränkungen sind keine Verstrickungen separater Entitäten, sondern vielmehr irreduzible Beziehungen der Verantwortlichkeit. Es gibt keine starre Trennlinie zwischen „Selbst“ und „Anderem“, „Vergangenheit“, „Gegenwart“ und „Zukunft“, „Hier“ und „Jetzt“, „Ursache“ und „Wirkung“. Quanten-Dis/Kontinuität ist kein ordinärer Riss. *Agentische Schnitte* markieren keine absolute Trennung, sondern ein zusammen-auseinander-Schneiden – ein „‚Zusammenhalten‘ des Disparaten selbst [...] ohne den Bruch (*la dis-jointure*), die Streuung oder die Differenz zu verletzen, ohne die Heterogenität des anderen auszulöschen. [...] ohne die synthetische Zusammenfügung der Konjunktion oder der Disjunktion oder vor dieser.“ (Derrida 2004, S.49). Agentische Schnitte – Intraaktionen – produzieren keine (absolute) Trennung, sie betreiben agentische

Trennbarkeit – differenzierend und verschränkend (das ist eine Bewegung, nicht aufeinander folgende Prozesse). Agentische Schnitte überarbeiten radikal die Beziehungen des Verbindens und Trennens. Trennbarkeit in diesem Sinne, agentische Trennbarkeit, ist eine Frage der unreduzierbaren Heterogenität, die nicht durch die Erbschaftsbeziehungen unterminiert wird, die das Disparate zusammenhält ohne Differenz auf Gleichheit zu reduzieren.

Die Quanten-Dis/Kontinuität queert ebendas Konzept des Differenzierens. Sie bietet ein dringend benötigtes Überdenken vom Be/Schreiben [*ac/counting, auch: zählen*], Berücksichtigen und Verantwortbarkeit [*taking into account and accountability*], das nicht von einem starren Konzept von Identität oder gar einem starren Zeitraum oder Ursprung abgeleitet ist. Be/Schreiben – ein Berücksichtigen dessen, was materialisiert und was vom Materialisieren ausgeschlossen ist – kann keine eindeutige Kalkulation sein, da sie nicht auf der Voraussetzung basieren kann, es gäbe individuelle Entitäten, die zueinander addiert, voneinander substrahiert oder miteinander in Gleichung gesetzt werden können. Verantwortbarkeit kann nicht auf das Ausmachen individueller kausaler Faktoren und die Schuldzuweisung an die eine oder andere Ursache reduziert werden. Tatsächlich ist Kausalität eine insgesamt queere Angelegenheit. Vielmehr ist Verantwortbarkeit eine ethisch-onto-epistemologische Verbindlichkeit [*commitment*], ein Verstehen, wie verschiedene Schnitte in der reiterativen Intraaktivität des Weltmachens, d.h. in Verschränkungen der Raumzeitmaterialisierungen, bedeutend sind. Beachten [*taking account*] bedingt Verantwortbarkeit, da alle Be/Schreibungen von drinnen sind, nicht von draußen. Es gibt keine rein externe Position, nur agentische Trennbarkeit, Differenzen im Inneren, *différance*. Verantwortbarkeit kann nicht auf der Mathematik von Identität basieren. Einfache Ersetzungen, Äquivalenzbeziehungen oder Transitivitäten zwischen individuellen Elementen werden aufgelöst.

Ironischerweise gibt es keine „Akte wider die Natur", vor allem nicht mit solch absoluter Exteriorität, die üblicherweise angenommen wird. In diesem radikalen Überarbeiten von Natur/Kultur gibt es kein Außerhalb der Natur, von dem aus gehandelt werden könnte; es gibt nur „Akte der Natur" (einschließlich des Denkens und Sprachgebrauchs), womit ich nicht Kultur auf Natur reduzieren will. Jedoch lehne ich die Vorstellung ab, dass Natur inhärent inadäquat ist und es ihr an Wert und Bedeutung mangelt, weswegen sie der Kultur als Supplement bedarf (Kirby). Was wäre, wenn wir Kultur als etwas verstünden, das die Natur tut?[56] Diese Überarbeitung der Natur/Kultur- und Menschlich/Nichtmenschlich-Binaritäten eröffnet Raum für moralische Empörung, die sich gegen spezifische Gewaltakte gegen Menschen und Nichtmenschen richtet, einschließlich materieller (inkl. materialisierender) Wirkungen darauf, wie sie differenziert (und dann gleichgesetzt) werden.

Verschränkungen sollen nicht die Verbundenheit aller Wesen als Eins benennen, sondern vielmehr spezifische, materielle Beziehungen der fortwährenden Differenzierung der Welt. Verschränkungen sind Beziehungen der Verpflichtung – dem Anderen verbunden sein / an das Andere gebunden sein / Verbindlichkeit – eingefaltete Spuren des Otherings. Othering, die Konstitution eines „Anderen", bedingt eine Verpflichtung gegenüber dem „Anderen", das irreduzibel und materiell an das „Selbst" gebunden ist und es durchwirkt – eine Diffraktion/Dispersion von Identität. „Andersheit" ist eine verschränkte Beziehung der Differenz (*différance*).

Eine Ethik der Verschränkung bedingt Möglichkeiten und Verpflichtungen, die materiellen Effekte der Vergangenheit und Zukunft zu überarbeiten. Es kann keine absolute Wiedergutmachung/Rettung geben, aber Raumzeitmaterie *kann* produktiv umgestaltet werden und so Un/Möglichkeiten im Prozess überarbeiten. Veränderungen der Vergangenheit löschen nicht Markierungen und Narben auf Körpern; die sedimentierenden, materiellen Wirkungen ebendieser Umgestaltungen – Rück/Erinnerungen – sind ins Fleisch der Welt eingeschrieben.

Unsere Schuld gegenüber jenen, die schon tot sind und jenen, die noch nicht geboren sind, kann nicht davon entschränkt werden, wer wir sind. Was wäre, wenn wir anerkennen würden, das Differenzieren eine materielle Handlung ist, bei der es nicht um radikale Trennung geht, sondern im Gegenteil darum, Verbindungen und Verbindlichkeiten zu schaffen?

Ich danke Vicky Kirby und Astrid Schrader für die Inspiration ihrer Arbeit und für ihre großzügige Erlaubnis, ein paar ihrer liebsten nichtmenschlichen Kolleg_innen einzuladen sowie große Zitate aus ihrer Arbeit zu borgen und auch solche aus unpubliziertem Material in diesem Artikel zu verwenden. Ich allein bin verantwortlich für Fehler oder falsche Darstellungen in diesem Text. Ich bin zudem Fern Feldman sehr dankbar für ihr geduldiges Lesen und ihre hilfreichen Vorschläge und Kommentare.

## Endnoten

1 Wenn nicht anders angegeben, stammen alle Zitate in diesem Teilkapitel aus dem genannten New York Times Artikel.

2 Wie cool ist es, dass „sich in Reaktion auf den cAMP-Notruf an die hunderttausend Amöben versammeln. Erst bilden sie einen Turm, der schließlich umkippt und einen länglichen bis zu zwei Millimeter langen Blob bildet. Die identischen Amöben in diesem Pseudoplasmodium – oder Nacktschnecke – beginnen, sich zu differenzieren und spezialisierte Rollen anzunehmen." (Otte 2007, siehe FN 5).

3 John Tyler Bonner 2009, S. 52.

4 „Erstmals 1935 in einem Wald in North Carolina entdeckt, wurde Dictyostelium discoideum anfangs als ‚niederer Pilz' klassifiziert und in den folgenden Jahren in die Reiche der Protoctista, Pilze und Tubulomitochondrae unterteilt. In den 1990er Jahren akzeptierten die meisten Wissenschaftler_innen die aktuelle Klassifizierung. Amoebozoa werden heute von den meisten als separater Stamm betrachtet, der mit Tieren und Pilzen näher verwandt ist als mit Pflanzen" (Nature Nr. 435, 05.05.2005). Ich danke Fern Feldman für die gemeinsame Entzückung über die Unbestimmtheiten sozialer Amöben und für das Aufzeigen der Flüchtigkeit ihrer biologischen Klassifikation.

5 Von Carol Otte, 9.10.2007 (www.damninteresting.com/amoebic-morality). Dies ist ein „damn interesting" Artikel, eine gut geschriebene Zusammenstellung vieler verschiedener Forschungsergebnisse über soziale Amöben. Ottes Verwendung von Sprache und Moralität ist keine hinzugefügte Prise zur Leser_innen-Gewinnung; Fragen der Moralität zirkulieren vielmehr überaus regelmäßig in der naturwissenschaftlichen Literatur zu sozialen Amöben, was ein sehr interessantes Phänomen darstellt.

6 Wenn etwa der Begriff „soziale Amöbe" wie ein Oxymoron klingt, was den Glauben impliziert, dass einzellige Organismen schlicht zu primitiv sind, um soziale Beziehungen oder kooperatives Verhalten an den Tag zu legen (vor allem über große Distanzen), dann ist das Verwerfen des Verbots, Sozialität und Wirkmächtigkeit als nichtmenschliche Fähigkeiten zu denken, sicher ein wichtiger Schritt zum Abschütteln sedimentierter Effekte des menschlichen Exzeptionalismus.

7 Tatsächlich eröffnet eben die Möglichkeit eines moralischen Nichtmenschlichen ein Neudenken, ein Queering, der Moralität, da sie nicht auf der Natur/Kultur-Trennung basiert, sondern eben diese Teilung infrage stellt. Mit dieser Neuorientierung würde „amöbische Moralität" nicht einen weiteren kolonialistischen Schritt zur verdeckten Zementierung des Menschen in der Gleichung (der Ungleichheit) durch die epistemologische In-Nutzen-Setzung des Nichtmenschlichen darstellen, bei der alles zu der Frage wird, was das Andere uns lehren kann, oder gar darüber, für wen wir als Ersatz von Verantwortbarkeit [*response-ability*] sprechen sollten, d.h. anstelle der Ermöglichung einer Antwort durch das Andere selbst.

8 crimes against nature; deutsch auch „widernatürliche Unzucht“, etwa im §175 dStGB bis 1994 (A.d.Ü.).

9 Aus dem Rechtskodex des US-Bundesstaates North Carolina, G.S. § 14-177.

10 Vergleiche zu dieser Debatte auch folgende Sammlung von vornehmlich Jaffas Beiträgen: (www.famguardian.org/Subjects/SexualImmorality/Homosexuality/HomoAndNaturalLaw.htm).

11 Aus dem Eintrag *unnatural* (www.vocabulary.com).

12 Wenn wir das Gesetz als eines verstehen, dass davor schützen soll, dass Menschen Tiere parodieren – also nicht wirklich „bestialische Akte“ vollziehen, sondern Akte der Mimikry, d.h., Spielen als ob eine_r ein (nichtmenschliches) Tier ist, sozusagen ein Mensch im Schafspelz – dann ist es das Gesetz, das Menschen einer eher belämmerten Form des Cross-Dressing überführt, indem es bestimmte menschliche Akte als eine Form des Drag markiert, die die Natur/Kultur-Trennung überquert. Die spielerisch-ironische Note meiner Reaktion auf diese schwächere Behauptung ist voll intendiert, da die tückische Verwendung solcher Äquivalenzbeziehungen darauf beruht, wie das „als ob“ ausgespielt wird. Die Verwendung solcher Äquivalenzbeziehungen über Spezies-Grenzen hinweg, ein wichtiges Geschäft im Moralismus, intendiert nichts so „unschuldiges“ wie ein „als ob“. Wie Hugh Raffles aufzeigt, ist Himmlers Bemerkung: „‚Mit dem Antisemitismus ist es genauso wie mit der Entlausung‘ […] Auch wenn er zuweilen den treffenden Euphemismus bemühte, war der SS-Reichsführer dich dafür berühmt seine Worte mit Bedacht zu wählen. Antisemitismus ist nicht wie Entlausung und nicht nur eine *Form* der Entlausung. Es ist nicht anders als Entlausung“. (Raffles 2013, S. 137). Die gezielt hetzerische Aussage ist nicht „bloß“, dass Juden sich wie Läuse verhalten, worum es Himmler geht, ist eine Äquivalenzbeziehung: Juden sind Läuse. [Barads Argumentation baut hier auf der englischsprachigen Übersetzung dieses Satzes als „Antisemitismus ist genau das gleiche wie Entlausen“ auf. A.d.Ü.] Raffles arbeitet weiter heraus, dass: „Obwohl die Nazis die Grenzen mit beispielloser Grausamkeit zogen, stehen sie nicht am Anfang der Vertreibung der Juden aus dem Reich der Menschheit. Im frühneuzeitlichen Frankreich zum Beispiel – ‚Denn Koitus mit einer Jüdin ist genauso, als würde ein Mann mit einem Hund kopulieren‘– wurden Christen, die heterosexuellen Geschlechtsverkehr mit Juden hatten, für das Kapitalverbrechen der Sodomie verfolgt und mit ihren Partnern lebendig verbrannt – ‚solche Personen sind in den Augen des Gesetzes wie unseres heiligen Glaubens nichts anderes als wilde Tiere‘ [*beasts, auch: Antichristen A.d.Ü.*] (die ebenfalls angeklagt und hingerichtet wurden). Etwas abgeschwächter durchzog in Deutschland die fortwährende Identifizierung von Juden mit Hunden (Mischlingen) und manchmal mit Schweinen die Jahre der Naziherrschaft. Vernichtender – und anspielungsreicher – war die Assoziation der Juden mit der schattenhaften Gestalt des Parasiten; eine Gestalt, die den Körper des Einzelnen befällt, die Bevölkerung und natürlich den politischen Körper, so offensichtlich wie unabsehbar, weshalb sie zu

neuartigen Eingriffen und Kontrollmaßnahmen einlädt." (ebd. S. 139). Daher betone ich im nächsten Teil des Artikels die Notwendigkeit, das Kalkül von Vernichtung und Tötbarkeit (die Immoralität des Tötbar-Machens, siehe Haraway 2008) radikal zu unterbrechen. Wenn diese mörderische Arithmetik in einer versuchten Verleugnung der Äquivalenz bestehen bleibt, indem nur eine Seite der Gleichung verteidigt wird, während die andere Seite verachtet bleibt, dann taucht sie sicher wieder auf, um alles Sein heimzusuchen und zu schädigen, menschliches ebenso wie nichtmenschliches. Entscheidend ist, wie wir das Andere bezeichnen. Es ist wichtig, sich darüber im Klaren zu sein, dass solche Äquivalenzbeziehungen die Natur/Kultur-Trennung nicht stören – sie nähren sich von ihr.

13 Siehe auch mein Aufsatz in diesem Band S.71 sowie S.190f. Einige werden den Einspruch erheben, dass Queerness notwendigerweise etwas mit Begehren zu tun hat und dass dies Atome, Elektronen, Raum und Zeit disqualifiziert. Doch dieser Einspruch, der auf menschlichem Exzeptionalismus basiert, wirft die Frage auf: Welche Form muss Begehren einnehmen, dass nur einige Existenzformen Anspruch darauf haben und andere nicht?

14 Die Anrufung von „stake" [*at stake* bedeutet auf dem Spiel stehen A.d.Ü] in diesem Satz beschwört eine historisch wichtige Tatsache und Bedeutung dieses Wortes herauf, die in dieser Auseinandersetzung relevant ist: „Akte wider die Natur" wurden von der Kirche im Mittelalter aktiv verfolgt und eine Form der Todesstrafe war das Verbrennen am Pfahl – *stake*. Wir mögen dies einerseits eine unbewusste Handlung nennen; ohne die Existenz des Unbewussten zu verleugnen, da wir aber auf das Thema der Kommunikation zurückkommen, könnten wir uns alternativ fragen, was der Mechanismus dieses Nachhalls, dieser Bedeutungsweitergabe ist; ob es sich um eine Verschränkung (sowohl in Zeit als auch in Raum) handelt, die der Materialität des Erinnerns inhärent ist, und nicht um eine weitere Eigenschaft, die dem Menschen einzig ist. Oder zumindest ist dieser Twist der gewöhnlichen Erzählung jene Art menschlich/nichtmenschlicher Überarbeitungen, die dieser Artikel zu provozieren hofft.

15 Zum wichtigen ethischen Begriff „tötbar machen" [*making killable*] siehe Haraway (2008).

16 Siehe insbesondere die Klassiker von Butler (1995) und (2003), Sedgwick (1995, 2003 und 2005) sowie das produktive und queere Vermächtnis dieser bedeutenden Auseinandersetzungen mit Performativität.

17 Auseinandersetzungen mit Performativitätstheorie, die explizit den singulären Fokus auf den Menschen herausfordern, sind unter anderem Barad (2007 u. 2003); Birke, Bryld u. Lykke (2004); Giffney u. Hird (2008); Kirby (1997 u. 2006); Schrader (2010).

18 Gregory H. Stanton bestimmt Entmenschlichung als dritte Stufe von Genoziden, die durch die Identifizierung von Menschengruppen mit Nichtmenschen gekennzeichnet ist. Hunde, Ratten, Kakerlaken, Läuse, Schädlinge, Insek-

ten und Parasiten werden üblicherweise als die verachteten Anderen für diesen Zweck aufgeführt.

19 Heinrich Himmler, 24. April 1943, zitiert nach Raffles (2013), S. 136, Kursivierung KB.

20 „Doch was ist mit dem Tod von Tieren? Ist das Tod ‚als solcher' und sie haben Zugang zu ihm, oder vielleicht wir durch sie? Was genau mag ein Tiertod für uns tun – nicht im Sinne dessen, mit was er uns versorgt wie Essen oder Kleidung, sondern eher als Frage nach dem möglichen Wissen, das wir daraus gewinnen, ein Tier sterben zu sehen oder es sogar selbst zu töten? Die Frage basiert teilweise auf der von uns erkannten, relativen Unsichtbarkeit der enormen Zahlen von Tiertötungen, die täglich in den Schlachthöfen, in den naturwissenschaftlichen Labors und Tierheimen stattfinden – Tötungen, die vor der Mitte des 19. Jahrhunderts meist vor unseren Augen stattfanden, auf den Straßen oder sogar in den Küchen" (Weil 2006, S. 90). Wir können neuerdings eine deutlich steigende Beachtung der Massenermordungen von Tieren bezeugen, die zuvor ignoriert worden waren; siehe etwa Derrida (1991 u. 2010); Wolfe (2003); Sztybel (2006); Spiegel (1997); Agamben (2003a u. 2003b).

21 Wenn es um das Darstellen [*accounting, Rechnen*] und die Verantwortlichkeit [*accountability, Rechenschaftsfähigkeit*] geht, ist es wichtig, auf jegliche zugrundeliegende Mathematik zu achten. Die Verletzbarkeit des verworfenen, konstitutiven Anderen basiert nicht notwendigerweise auf der Existenz hierarchischer Ordnungen. Äquivalenzbeziehungen können effektiv eingeschrieben werden.

22 Ein posthumanistischer Ansatz hinterfragt die Gegebenheit der Differenzkategorien „menschlich" und „unmenschlich" in der Untersuchung der Praktiken, durch die diese unterscheidenden Grenzziehungen stabilisiert und destabilisiert werden; (Barad 2003, S. 808. In diesem Artikel arbeite ich den Begriff der „Wirkung" und allgemeiner der Kausalbeziehungen auf).

23 In anderen Worten ist es ein Element der Analyse, (humanistische) Performativität neu zu denken, nicht einfach den Kreis ihrer Anwendbarkeit zu erweitern. Dies beinhaltet ein Verständnis von Performativität als iterative Intraaktivität statt als iterative Zitierung.

24 Der implodierte Begriff „Raumzeitmaterialisierung" (ohne die üblichen Bindestriche zur Trennung der Nomen) verweist auf die verschränkte Natur dessen, was generell als getrennte Eigenschaften verstanden wird (Siehe Barad 2007).

25 Siehe Barad 2007 u. 2003.

26 Dies steht im Kontrast zu Butlers Konzept der Performativität als iterative Zitierung (Siehe Butler 1995).

27 Phänomene sind ontologisch primäre Beziehungen – Relationen ohne zuvor existierende Relata. Das heißt, Relationen werden nicht sekundär von unab-

hängig existierenden „Relata" abgeleitet, sondern vielmehr ist die wechselseitige ontologische Abhängigkeit von „Relata" – die Relation – die ontologische Urform. Relata existieren nur innerhalb von Phänomenen als Resultat spezifischer Intraaktionen (d.h., es gibt keine unabhängigen Relata, die den Relationen vorausgehen würden, nur Relata-in-Relationen, die wiederum aus spezifischen Intraaktionen hervorgehen).

28 Diffraktion, als physikalisches Phänomen, beinhaltet die Verschränkung/Superposition verschiedener Zeiten und Räume (Siehe Barad 1993).

29 Der Punkt ist hier tatsächlich nicht bloß, dass Identität multipel oder fluide ist, sondern vielmehr, dass es in Materialisierung und Bedeutungsgebung um Identität selbst geht und sie infrage steht – wenn Verantwortlichkeit Teil der ethisch-ontologischen Beziehungen und Verschränkungen des Welt-Machens ist.

30 Der Begriff Kreatur [*critter*] kann einerseits ein kreiertes Geschöpf, abgrenzend zum Menschen bezeichnen, andererseits aber auch eine Person. In letzterem Falle wiederum kann die Äußerung im Englischen sowohl Zuneigung und Zustimmung, als auch Mitleid oder aber Missbilligung oder sogar Verachtung ausdrücken.

31 Detaillierter zum optischen System des Schlangensterns (siehe Barad 2007). Schlangensterne gehören auch zu meinen queeren Kolleg_innen.

32 Haraway hat das Bedürfnis in uns eingepflanzt, unseren Verpflichtungen hier Rechnung zu tragen. Ihr beharrliches Infragestellen der Mensch/Nichtmensch-Grenze hatte einen enormen Einfluss auf das Feld der „Animal Studies" (lange bevor es dieses Studienfeld gab) und darüber hinaus. Wo wären Ecocriticism, Feminist Science Studies, Science and Technology Studies, feministische Theorie und alle anderen ohne ihre Interventionen? Die Linie zwischen dem Belebten und dem Unbelebten mag die am wenigsten hinterfragte und bequemste aller Grenzen sein (zumindest für Menschen, sicherlich nicht für Schlangensterne). Ironischerweise spiegelt dies die derzeitige Privilegierung des Biologischen über das Physikalische in unseren technisch-naturwissenschaftlichen Vorstellungen wieder, in der breiteren Kultur ebenso wie in den Cultural Studies, Science Studies und Animal Studies. Ein Widerhall dieses kulturellen Vorurteils ist, dass die Kategorie „nichtmenschlich" oft als äquivalent mit der Kategorie „nichtmenschliche Tiere" angenommen wird.

33 Alle Zitate in diesem Absatz stammen aus der Sendung „Wonders of Weather: Lightning Phenomena" (Discovery Channel September 2007), auf die sich auch folgender Einführungsartikel zu Blitzen bezieht: John Zavisa, „How Lightning Works". 1.4.2000. www.howstuffworks.com.

34 Wenn das Konzept des Feldes ein Schlüssel zur Erklärung dieses Phänomens ist, wie es sicher zu sein scheint, dann müssen wir hier die Untersuchung der bizarren Eigenschaften des Feldes eröffnen, anstatt die Diskussion durch dessen Benennung zu beenden. Auf jeden Fall verbleiben

viele interessante Rätsel über die Natur des belebten elektrischen Feldes. Kirby stellt hier ein solches: „‚Wenn Gewitterwolken, sogar riesengroße Gewitterwolken, keine elektrischen Felder haben, die groß genug sind, um den riesigen Funken zu generieren, der ein Blitz eigentlich ist, wo kommt dann die ganze Energie her?‘ Doch Forscher_innen überdenken an dieser Stelle nun nicht das Wesen ‚des Feldes‘ als eine Teilung getrennter Polaritäten, das Konzept des ‚Ortes‘ oder die Erklärungen, die lineare Ursächlichkeiten voraussetzen. Sie suchen jetzt im Weltall nach der Antwort auf das Problem des Ursprungs von Blitzen.“ (Kirby 2011, S. 138f).

35 Der Begriff des „Handelns in der Distanz“ nimmt Bezug auf etwas, das angemessener als „Quantenverschränkungen“ bezeichnet wird und unten in der Diskussion atomischen Verhaltens wieder auftaucht.

36 „Naturkulturen“ [*Naturecultures*] ist selbstverständlich einer von Donna Haraways unglaublich sinnträchtigen, implodierten Begriffen.

37 Siehe Schrader 2008a, 2008b u. 2010.

38 Es wird vermutet, dass Pfiesteria Rote Tiden, oder was nun schädliche Algenblüte genannt wird, verursacht. „Algenblüten werden auf zweierlei verschiedenartige aber einander überschneidende Weisen als schädlich betrachtet – aufgrund der Produktion einer großen Biomasse und aufgrund der Produktion von Giftstoffen. Größte Sorge von Meeresökolog_innen sind jene Mikroorganismen namens Dinoflagellaten. [...] Ein explosiver Anstieg an Algen-Biomasse kann zur Ausdehnung sogenannter ‚Totzonen‘ führen. Totzonen sind sauerstoff-erschöpfte Zonen im Ozean. Wenn enorme Mengen Algen nicht länger von ihren natürlichen Feinden verzehrt werden können, sinken ihre Körper an den Boden des Ozeans, wo Bakterien an ihrer Zersetzung arbeiten. Die Bakterien verbrauchen so viel Sauerstoff, dass Leben für jede andere Art ozeanischer Bodenbewohner unmöglich wird. Der letzten Schätzung zufolge, ersticken etwa 400 ‚Totzonen‘ weltweit ganze Taxa (Gruppen von Lebewesen) im Ozean. [...] Diese sogenannten ‚Totzonen‘ sind jedoch überhaupt nicht tot, in der Tat sind sie voller Leben – bloß nicht der Art von Leben, die ‚wir‘ wollen.“ (Schrader 2008B).

39 Queer-Theoretiker David Halperin schreibt: „Queere Politik, [...] ihre Wirksamkeit und ihr produktives politisches Leben können tatsächlich noch erneuert und erweitert werden. Der erste Schritt hierfür wird der Versuch, die Funktion queerer Identität als leeren Platzhalter für eine Identität zu erhalten, die noch im Prozess ist und erst noch realisiert werden muss, und so queere Identität als eine Identität in einem Zustand des Werdens zu konzeptualisieren, statt als Referenz für eine wirklich existierende Form von Leben. Wenn sie queer bleiben soll, muss queere Politik weiterhin die Funktion erfüllen können, Queerness von ihrer Referentialität oder Positivität zu entleeren, sie vor ihrer Tendenz zu konkreter Verkörperung zu bewahren, und so Queerness als widerständige Beziehung, statt als oppositionelle Substanz zu erhalten.“ (Halperin 1997, S. 112f). Wie hier näher bestimmt, ist die Zeitlichkeit von Queerness eine der zukünftigen Offenheit. Queere Kreaturen gehen

einen Schritt weiter: Die unbestimmte „Natur" der Natur hat nicht nur eine offene Zukunft, sondern auch eine offene Vergangenheit. In der Tat unterliegen „Vergangenheit" und „Zukunft" selbst der Unbestimmtheit.

40 Die meisten neueren Diskussionen von Quantenkausalität zitieren die Bellsche Ungleichung (Bell 1964, S. 195) als ihr wesentliches Beispiel. Jedoch ist die paradoxe Natur der Quantenkausalität auch schon in ebendem Begriff des „Quantensprungs" augenscheinlich, dem Kernelement des Bohr'schen Atommodells (1913), dem ersten Quantenmodell des Atoms (welches der Quantenmechanik vorausging).

41 Die Tatsache, dass die Energiedifferenz zwischen den zwei Niveaus als Photon davongetragen wird, ist ein Ergebnis der Energieerhaltung – Energie wird weder geschaffen noch zerstört. Die Erhaltung von Energie (oder Masse-Energie nach der Relativitätstheorie) wird als grundlegendes Naturgesetz erachtet, vielleicht das grundlegende Gesetz der Natur.

42 Bilder sagen hier sicherlich mehr als tausend Worte. Um einen konkreten Fall zu nehmen, das Emissionsspektrum von Wasserstoff hat vier primäre Bahnen: rot, hellblau, dunkelblau und violett. Deswegen ist es möglich, durch das Betrachten des Emissionsspektrums und seiner Farben auszumachen, welche Elemente in einem glühenden Gas vorhanden sind (sogar solches in weiter Ferne, etwa ein Stern).

43 Eintrag *quantum* aus dem Oxford English Dictionary.

44 Raum, Zeit und Materie sind nicht einfach „da", vielmehr sind sie durch die intraaktiven Verhaltensweisen und Performanzen der Welt konstituiert (und iterativ rekonstituiert).

45 Für eine detailliertere Beschreibung und Analyse dieses Experiments siehe Barad 2007, S. 310-317.

46 Klassischer Physik zufolge könnte alles in der Welt definitiv in eine Kategorie oder eine andere eingeordnet werden; die Natur jeder Entität (obwohl eben die Natur von „Entität" selbst hier infrage steht) war entweder als (inhärent) Welle oder aber Teilchen definiert. Ich verwende das Wort „Entität" hier frei, da ich genau dies infrage stelle.

47 Ein klassisches Interferenzmuster ist jenes, das durch die interferierenden Störungen von Wasserwellen produziert wird, wenn zwei Steine gleichzeitig ins Wasser fallen gelassen werden. Das heißt, es ist ein Muster einander abwechselnder Regionen von Intensität.

48 Für weitere Details siehe Barad 2007.

49 Für Details über die Herstellung eines solchen Detektors siehe Barad 2007, Kapitel 7.

50 Kirby (2011) argumentiert für diesen Punkt und gibt überzeugende Belege dafür, dass die Geschichte gerade aus Perspektiven dekonstruktivistischer Theorie erzählt werden kann.

51 Siehe auch mein Aufsatz in diesem Band S.71.

52 Es gibt hier zwei verschiedene Angelegenheiten. Eine ist, wie Entitäten und Ereignisse verstanden werden. Dies sind Fragen der Ontologie. Eine andere Sache ist, ob das Verhalten der fraglichen Entität anhand der Gesetze klassischer Physik oder Quantenphysik (oder einem anderen Set von Gesetzen oder Mustern) erklärbar ist. Beispielsweise kann ich Blitze sicherlich als Phänomen (im technischen Sinne der vorgeschlagenen Quantenontologie) betrachten und dennoch in der Lage sein, bestimmte reguläre Eigenschaften ihres Verhaltens unter Verwendung der Gesetze klassischer Physik erklären. Interessanterweise sind jene, die die Wichtigkeit einer Quantenontologie für den makroskopischen Bereich anfechten, zufrieden mit der Annahme, dass sie unhinterfragbar auf submikroskopische Bereiche zutrifft, bis hinab zu den kleinsten Längenmaßen. Des Weiteren ist auch Maß kein eindeutiges Konzept, und Konzepte von „Makro“ und „Mikro“, „Vergangenheit“ und „Zukunft“ sind nicht auf einfache Weise verschachtelt oder geordnet (siehe Barad 2007).

53 Siehe besonders Kirby (2011); Schrader (2010). Barad (2010) kann gut als begleitender Text zu diesem Artikel gelesen werden.

54 Zu Diffraktion als Methodologie und physikalisches Phänomen, siehe besonders Kapitel 2 aus Barad (2007 / dt. 2013). Mein Konzept von Diffraktion als methodologische Orientierung, der Reflektion gegenüberstehend, schuldet Dank an Haraway (1997) [die sich wiederum auf Trinh Minh-ha bezieht. A.d.Ü.]. Diffraktion als Methodologie unterscheidet sich auf wichtige Weise von sozialkonstruktivistischer Kritik. Insbesondere nimmt sie nicht eine Position außerhalb der Naturwissenschaften ein, sondern beschäftigt sich eher konstruktiv und dekonstruktiv von Innen mit Naturwissenschaften (nicht unkritisch, aber nicht als Kritik). Es geht hier um Ontologie, Epistemologie und Ethik, ebenso wie um Methodologie.

55 Dies bezieht sich auf Derridas Position, dass Dekonstruktion keine Methode ist, sondern etwas, das Texte tun (Derrida 1985).

56 Es ist eine wichtige Inspiration für Bohrs Physik-Philosophie, dass „wir [Menschen] ein Teil dieser Natur sind, die wir zu verstehen suchen“. Kirby hat unerbittlich die Natur/Kultur-Trennung untersucht und durch ihr Werk hindurch auf diesen Punkten beharrt. Von ihr stammt die Provokation, dass Derridas umstrittener Ausspruch, dass „es kein Außerhalb von Text gibt“ als „es gibt kein Außerhalb der Natur“ verstanden werden sollte (Kirby 2011).

# Verschränkungen und Politik

Karen Barad im Gespräch mit Jennifer Sophia Theodor

Jennifer Sophia Theodor:
*Die vorliegende Publikation versammelt einige deiner Arbeiten aus einer Zeitspanne von 1996 bis heute. Die deutschsprachigen Leser_innen werden entlang der Pfade und Spuren deiner eigenen Auseinandersetzungen in dein Denken eingeführt: Auseinandersetzungen mit Bohr, mit dem scheinbaren Widerspruch zwischen Sozialkonstruktivismus und Realismus, von den frühen Formulierungen eines Agentischen Realismus zu deiner späteren Beschäftigung mit der Queerness naturwissenschaftlicher Befunde. Ebenso geht es um deine Interpretationen aktueller Entwicklungen der Quantenphysik im Verhältnis zum Denken von Jacques Derrida und damit auch um Fragen der Dekonstruktion, Textualität und Materialität von Sprache.*

*Was möchtest du gern vorneweg über deine Arbeit der vergangenen 18 Jahre sagen, über ihre Dis/Kontinuitäten, deine Haltung zu verschiedenen Denktraditionen, auf die du dich beziehst und die politische Relevanz deiner Wissensproduktion?*

Karen Barad:
Das ist eine große Frage. Durch all meine verschiedenen Auseinandersetzungen mit der Physik, mit marxistischem und materialistisch-feministischem Denken, poststrukturalistischer Theorie und Dekonstruktion, feministischen, queeren, Trans*, Frauen of Color Theorien, kritischer Rassismusforschung, postkolonialen und dekolonialen Theorien hindurch, gibt es eine beharrliche Leidenschaft für Gerechtigkeit, die sich wie ein roter Faden durch meine Arbeit zieht: Gerechtigkeit – soziale, ökonomische, ökologische Gerechtigkeit –, Fragen der unterschiedlichen Verteilung von Privilegien und Benachteiligung, wer lebt / wer stirbt, wer zählt überhaupt als „sterblich“, welche Leben werden als wertvoll anerkannt, welche als überflüssig – mit anderen Worten, wer zählt, wer ist von Bedeutung, wer hat Gewicht? Das ist meine lebenslange Leidenschaft.

Im Hauptstudium begann ich, mich aktivistisch zu engagieren – feministisch, queer, antirassistisch, antikolonial, antinuklear. Da ich Physikerin werden wollte, kämpfte ich insbesondere mit der Frage, wie ich im nuklearen Zeitalter mit dem Erbe der Physik umgehen sollte. Ich empfand es als meine Verantwortung, herauszufinden, was es bedeuten könnte, auf verantwortliche Weise Naturwissenschaften zu betreiben. In meinen Augen sind Naturwissenschaften und Gerechtigkeit nicht voneinander trennbar. Denn nicht nur tragen Naturwissenschaften und Technologien zur Intensivierung der ungleichen Verteilung von Wohlstand, Ressourcen, Privilegierung und Benachteiligung bei, sie bearbeiten eben auch das Wesen von Macht. Atommacht, Biomacht, technologische Biomacht, Nanobiomacht, Nekromacht, sie sind alle unterscheidend und verschieden wirksame Formen gegenwärtiger Macht und werden grundlegend durch TechnoWissenschaft (Technosciences) geprägt oder flektiert. Deshalb gibt es einen dringenden Bedarf, *innerhalb* der Natur- und Technikwissenschaften daran zu arbeiten, dass deren rassistische, kolonialistische, sexistische, heterosexistische Geschichten beachtet und dadurch ihre aktuellen Funktionsweisen gestört werden. Dies wiederum muss ein Verständnis dessen beinhalten, *wie* diese Geschichten und die gegenwärtigen Funktionsweisen von Macht in den tatsächlichen naturwissenschaftlichen Praktiken operieren, so dass sie angesprochen werden und die naturwissenschaftlichen Praktiken verschoben und neu bearbeitet werden können, um verantwortungsvoller zu werden. Naturwissenschaftler_innen müssen verstehen, dass Fragen der Gerechtigkeit eben für ihre Praktiken wesentlich sind: konkret für ihre epistemologische Integrität, ihre Zusage an Objektivität. Während hierzu wichtige Arbeiten entstanden sind und weiterhin entstehen, die sozialkonstruktivistisch, also von außen, Naturwissenschaften untersuchen, ist es auch wichtig, dass wir in die Naturwissenschaften hineingehen und uns von innen mit ihnen auseinandersetzen, um die detaillierten Funktionsweisen zu verstehen. Nämlich die Funktionsweisen, durch die naturwissenschaftliche Praktiken sich in ihrer materiellen Diskursivität mit spezifischen Formen der Macht verbünden, diese ermöglichen und intensivieren, und wie sie gegenwärtige Formen der Macht und Gewalt mutieren und multiplizieren. Daher ist es entscheidend, nachvollziehen zu können, wie Subjekte, Objekte und Normen iterativ und intraaktiv materialisiert und rekonfiguriert werden. Es ist wichtig, die iterative Materialisierung dessen zu analysieren, was Bedeutung und Gewicht erhält. Dabei bedarf es der Aufmerksamkeit für all die Verschränkungen (konstitutive Untrennbarkeit) über Raum und Zeit hinweg sowie die Materialisierung von Raumzeit, einschließlich der konstitutiven Ausschlüsse dieser Materialisierungen. Dies kann die fortwährende Dekonstruktion dieser Annahmen durch Naturwissenschaften ermöglichen, die sich im Bemühen um verantwortlichere Praktiken Fragen der Gerechtigkeit stellen.

Wenn man mit dem Ziel, die fortwährenden Dominanzmuster zu stören, die Kontinuitäten (d.h. Geschichten) von Gewalt in Betracht zieht, die in der Gegenwart weiterhin nachhallen, dann erfordert das die Beschäftigung mit Fragen der Kontinuität, Diskontinuität, Kausalität, Handlungsfähigkeit / Wirkmächtigkeit, Raum, Zeit und Materie. Im Zentrum steht eine Politik der Räumlichkeit, Zeitlichkeit und Materialität, oder vielmehr eine Politik der *Raumzeitmaterialisierung*. (Dieser Neologismus markiert nicht nur eine Implosion dieser mächtigen Begriffe – Raum, Zeit, Materie – sondern auch deren konstitutiv verschränkte Neubearbeitungen.) Raum, Zeit und Materie sind verdichtete Felder der politischen Anfechtung und zugleich für die Naturwissenschaften grundlegende Konzepte. Es geht um nichts weniger als das Wesen von Veränderung, einschließlich der Details ihrer Dynamiken und ihrer Möglichkeiten und Unmöglichkeiten.

Fragen nach dem Wesen von Veränderung sind grundlegend für politische und natürliche Systeme in all ihren verschiedenen Verschränkungen. Kant, Hegel und Marx waren jeder auf seine Weise von klassischen Naturwissenschaften geprägt, insbesondere von Newton'scher Physik. So wie auch die Funktionsweisen des Staates, der Wirtschaft, der Politik, des Rechts und eine Reihe anderer Apparate von den Naturwissenschaften beeinflusst waren, und andersherum. Vor diesem Hintergrund ist es nicht verwunderlich, dass Narrative des Fortschritts und der Teleologie für nützlich und überzeugend gehalten wurden.

Dies ist einer der Gründe, Newton'sche Physik und ihre Beschränkungen gründlich zu analysieren, was die Quantenphysik mit Rigorosität, Kreativität und empirischer Wirksamkeit tut. Ich habe argumentiert, dass Quantenphysik nicht einfach eine neue Theorie ist, die zeigt, das Newton auf atomarer Ebene falsch lag, wie einige Physiker_innen und Nicht-Physiker_innen behaupten. Mein Punkt ist vielmehr, dass Quantenphysik die Newton'sche Physik als Teil der *fortlaufenden Selbst-Dekonstruktion der Physik* ersetzt. Diese Dynamik der Dekonstruktion *von innen* ist übrigens wesentlich für die Funktionsweisen der agentisch-realistischen Dynamik der *iterativen Intraaktivität*. Und, so zeigt sich, dass Derrida mich von Anfang an – oder besser, schon vor dem Anfang – begleitete. Quantenphysik fordert binäres Denken grundlegend heraus, einschließlich einer Reihe problematischer Dichotomien, die die westliche Philosophie und ihre Denkmuster plagen: Subjekt / Objekt, Beobachter_in / Beobachtetes, Natur / Kultur, männlich / weiblich, Materialität / Diskurs, Materie / Bedeutung, Ontologie / Epistemologie, Vergangenheit / Zukunft, Raum / Zeit, Welle / Teilchen, Geist / Körper, etwas / nichts. Quantenphysik stört nicht nur diese binär gedachten Paare, sondern schon die bloße Idee von Binarität. In der Verschiebung der Optiken und Mechaniken Newton'scher Naturphilosophie liegt das Potential, uns beim Überdenken von Konzepten wie Kausalität, Materie, Wirkmächtigkeit, Raum und Zeit zu unterstützen, die für unser Verständnis von Ökonomie, sozialer und politischer Theorie ebenso grundlegend sind, wie für die Naturwissenschaften. Und tatsächlich liegt hierin auch eine Infragestellung der Idee, dass es ökonomische, soziale und politische theoretische Fragen gäbe, die von jenen der Naturwissenschaften trennbar wären.

*Also könnte man hieraus schließen, dass Quantenphysik als naturwissenschaftliches Narrativ von Realität nun akkurater oder wahrer zu sein scheint. Aber ich meine, dass das noch nicht den Punkt deiner Neuinterpretation von Quantenphysik mittels des Agentischen Realismus trifft, richtig?*

Selbstverständlich begreife ich Quantenphysik *nicht* als unabhängige, objektive Wahrheit über die Welt. Ich hoffe, dass das Bisschen von meiner Arbeit mehr als deutlich geworden ist! Ich habe sehr hart daran gearbeitet, mein Verständnis von Quantenphysik anhand von Agentischem Realismus als interpretativem Rahmen auszuformulieren (während ich auch Quantenphysik verwende, um meine Ausführungen zu Agentischem Realismus klarzumachen – nicht in einem Teufelskreis, sondern durch die Methode der Diffraktion). Meine agentisch-realistische Interpretation von Quantenphysik beinhaltet eine Kritik und Neubearbeitung traditioneller Konzeptionen von Epistemologie, Ontologie und Ethik sowie der Annahme, dies seien getrennte (und voneinander trennbare) Analysekategorien. Objektivität und Kausalität etwa werden in dieser Neurahmung nicht abgeschafft, sondern signifikant umdefiniert. Agentischem Realismus zufolge setzt Objektivität nicht voraus, dass das Subjekt vom Objekt distanziert ist, stattdessen beruht sie auf der Reproduzierbarkeit von Phänomenen. So ist die objektive Referenz nicht ein unabhängig existierendes Objekt, sondern ein *Phänomen*, an dem die Apparate der körperlichen Produktion, die materiellen Bedingungen der (Un)Möglichkeit, untrennbar teilhaben. Also beinhaltet eine agentisch-realistische, ethisch-onto-epistemologische Analyse das Nachvollziehen der materiell-diskursiven Bedingungen der (Un)Möglichkeit und der Verschränkungen in all ihren Bedingtheiten [*contingencies*]. In diesem Sinne wohnt der Funktionsweise dieser Analyse eine diffraktive Kritik inne. Dies habe ich mit dem Bild der verschränkten Genealogien im letzten Teil von *Meeting the Universe Halfway* (2007) zu vermitteln versucht. Es ist eine Skizze der verschränkten Raumzeitmaterialisierung, die die *Quantenphysik* kennzeichnet, d.h. *Quantenphysik als Phänomen*. Es wäre ein grobes Missverständnis, zu glauben, ich würde Quantenphysik als Wahrheit setzen und alles andere durch diese Linse betrachten; zumal das auf einer falschen Optik beruhen würde.

Zugleich war mir wichtig, dass die von mir entwickelten Werkzeuge streng und belastbar genug sind, so dass ich Agentischen Realismus anwenden kann, um neue physikalische Ergebnisse zu produzieren und Naturwissenschaft von innen zu bearbeiten. Meines Erachtens ist die Tatsache also überaus wichtig, dass es mir gelungen ist, Agentischen Realismus – der nicht nur von Quantenphysik, sondern eben auch von Einsichten aus kritischen Gesellschaftstheorien geprägt ist – zu nutzen und ihn auf die Physik zurück zu lenken und *damit Physik zu betreiben*. Es war mir nicht von Anfang an klar, dass das möglich sein würde. Es war ein ziemlicher Test für Agentischen Realismus, mit ihm eine tragfähige Neuinterpretation der Quantenphysik vorzuschlagen (die stark von Niels Bohr beeinflusst ist, aber über seine Ansätze hinausgeht). In Kapitel 7 von *Meeting the Universe Halfway* stelle ich eine Interpretation von Quantenphysik als relationaler Ontologie vor, die eine Lösung des berühmten „Messproblems“ und eine Neuinterpretation des sogenannten Quantenradierer-Experiments beinhaltet. Das ist wirklich keine triviale Angelegenheit und politisch wichtig. Ich fürchte, dass leider nur wenige der Leser_innen, die keine Physiker_innen sind, dieses Kapitel lesen, was ich sehr bedauernswert finde. Ich habe in dem Artikel in *Derrida Today* [deutschsprachig in diesem Buch] versucht, einige der radikalen Implikationen dieses Materials vorzubringen.

*Du hast dich jahrzehntelang mit Niels Bohrs Physik-Philosophie beschäftigt, deinen Doktor in theoretischer Teilchenphysik und Quantenfeldtheorie gemacht sowie dein halbes Berufsleben in einem Physik-Institut verbracht. Wie ist heute deine Beziehung zu den Kolleg_innen aus der Physik? Wird deine Arbeit über feministisch-philosophische Kreise hinaus produktiv rezipiert?*

Ich bemühe mich sehr, mit der Forschung in bestimmten Bereichen der Physik vertraut zu bleiben und bin froh über meine laufenden Konversationen mit Physiker_innen. Einige Physiker_innen haben mir erzählt, dass sie meine Darstellung von Quantenphysik sehr klar und innovativ finden und dass sie Teile von *Meeting the Universe Halfway* in ihrer Lehre zu Quantenphysik verwenden. Zudem wurde ich informiert, dass einige Physiker_innen, die Spitzenforschung über Quantenverschränkungen betreiben, in ihren Laboren meine Arbeit diskutieren. Ich bin hocherfreut und fühle mich geehrt, hierunter Professor Anton Zeilinger, einen der führenden Experten zu Quantenverschränkungen, zu wissen. Ich weiß zwar von einigen, die aus der Naturwissenschaft zur feministischen Wissenschaftsforschung gekommen sind, dass sie sich von den Naturwissenschaften entfernt haben. Doch für mich gehört die Physik noch immer zu meinen intellektuellen Interessen und Leidenschaften.

*Impliziert diese Leidenschaft auch eine Liebe für irgendeine Form von Empirismus? Wie sieht deine Beziehung zum Empirischen aus, nachdem du Realismus zu einem Agentischen Realismus umgearbeitet hast?*

Wenn Tatsachen, einschließlich ihrer Bedeutungen und Bezüge, gemacht und nicht gegeben sind, dann ist es nötig, aber nicht ausreichend, die Bedingtheit [*contingency*] einer jeden Tatsache aufzuzeigen. Es scheint mir entscheidend, dazu in der Lage zu sein, auf das Empirische Bezug zu nehmen. Und nur weil Tatsachen bedingt und nicht gegeben sind, müssen wir dieses Vertrauen nicht aufgeben. Ich sehe nicht, wie wir ohne den Bezug auf das Empirische Naturwissenschaften betreiben oder wirksame politische Interventionen gestalten können (auch wenn das Konzept der Bezugnahme der Umarbeitung bedarf). Schauen wir zum Beispiel in das Buch *Das Kapital im 21. Jahrhundert* von Thomas Piketty. Wie kann ohne den Verlass auf empirische Daten gezeigt werden, dass die sich verschlimmernde Ungleichheit endemisch für den

Kapitalismus ist? Die Zeitlichkeit des Kapitalismus, in der die Vergangenheit die Zukunft nicht nur heimsucht, sondern „verschlingt“ (wie ein schwarzes Loch, dass die Raumzeit seiner Umgebung verzehrt), in der die ungerechte Verteilung akkumulierten Wohlstands erbarmungslos die Arbeitsleistung und Löhne aussticht und sich in den Händen der Überreichen (dem reichsten 1%) konzentriert, zeugt von einem Bündnis und einer Spannung zwischen ökonomischem und zeitlichem Erbe – und von dessen Störung, über die es sich besonders in Beziehung zum Zukunftspessimismus in Queertheorie und Afropessimismus ernsthaft nachzudenken lohnt, was angesichts der historischen Grundlegungen des Kapitalismus in Versklavung und Heteronormativität kein Zufall ist. Aber ich komme ein wenig vom Thema ab.

Es scheint mir, dass wir einen Empirismus der Bedingtheit [*contingency*] brauchen, einen agentischen Empirismus. Oder vielleicht sollte ich sagen, eine *Empirizität* (das Empirische ohne Empirismus, wie Derridas Konzept von *Messianität*, d.h. vom Messianischen ohne Messianismus, in seiner Diskussion von Gerechtigkeit und Zeitlichkeit in *Marx' Gespenster*). Agentischer Realismus ist solch ein kritisches Werkzeug zur Beschäftigung mit dem Empirischen. Kurz gefasst, im Agentischen Realismus ist die objektive Referenz nicht irgendein gegebenes Objekt mit inhärenten Eigenschaften, sondern *materiell-diskursive Phänomene*. Es gibt an diesem Begriff viel zu erörtern: Ich habe dafür 500 Seiten gebraucht... Doch soll es hier reichen, dass die Konzepte des Materiellen und des Diskursiven auf entscheidende Weise umgearbeitet wurden und dass *materiell-diskursive Phänomene* (nicht in einem phänomenologischen Sinne des Wortes Phänomen, sondern in weiterer Ausführung des Begriffs bei Niels Bohr) die Apparate ihrer körperlichen Produktion beinhalten und von ihnen untrennbar sind. Somit bedeutet die Verschiebung der objektiven Referenz (auch hier sind *Objektivität* und *Referenz* entsprechend umdefiniert) von Objekten auf materiell-diskursive Phänomene, dass es einer agentisch-realistischen Analyse der genealogischen

Raumzeitmaterialisierung der Verschränkungen bedarf, die eine Beschäftigung mit dem Apparat körperlicher Produktion beinhaltet, d.h. der materiell-diskursiven Praktiken, die das fragliche Phänomen konstituieren – zusammen mit einer Analyse der Herstellungsweise des Phänomens, einschließlich von Fragen der Kausalität (auch hier wieder ein umgearbeiteter Begriff der *Kausalität*), der Schnitte und ihrer konstitutiven Ausschlüsse.

Ich glaube, es ist wichtig, zu betonen, dass es bei all ihrer Bedingtheit dennoch sture Tatsachen, Verweigerungen, Grenzziehungen, nationale Grenzen, körperliche Integrität, Widerstand, materielle Unterschiede, etc. gibt. Agentischer Realismus erkennt das an und zieht beide dieser Züge in Betracht – ihre Bedingtheit und ihre Robustheit. Agentischer Realismus ist keine Theorie des Werdens, die sich dem Konzept des Seins entgegensetzt; vielmehr durchschneidet sie die Dichotomie zwischen Sein und Werden. Während Phänomene oder Objekte-in-Phänomenen iterativ rekonfiguriert werden, ist es nicht so, als hätten sie bloß eine flüchtige Existenz durch eine Reihe diskontinuierlicher Interaktionen (oder gar Intraaktionen). Diese Annahme würde sich auf eine andere Ontologie berufen, auf eine Vorstellung von Zeitlichkeit und Kausalität, die Agentischer Realismus aber in Frage stellt. Das sedimentierende Wesen iterativer Intraaktivität in ihren differenzierenden Strukturierungen der Raumzeitmaterialisierung lässt Stabilität und Prekarität gemeinsam bestehen. Phänomene beinhalten agentische Schnitte, und diese Schnitte schaffen nicht einfach Trennungen. Vielmehr sind diese Schnitte dis/kontinuierlich, sie schneiden zusammen-auseinander (eine Bewegung) – unterscheiden-verschränken. Die Zeitlichkeit ist hier eine der iterativen Intraaktivität, wo das „Alte“ nicht vom „Neuen“ ausrangiert und ersetzt wird, sondern vielmehr darin eingefaltet und verschränkt ist: Das „Neue“ ist vom „Alten“ durchwirkt. Diese Schnitte in Betracht zu ziehen, ist Teil dessen, was ein radikal bedingter Empirismus beinhaltet.

Schnitte beinhalten konstitutive Ausschlüsse und Verschränkungen sowie unterscheidende Formen der Gewalt. Wie ich im zweiten Text des vorliegenden Buches bespreche, sind Vererbung in ihrer Materialität, das Queeren von Zeitlichkeit und Kausalität und das dis/kontinuierliche Wesen von Intraaktionen Angelegenheiten von Ethik und Gerechtigkeit und dem Agentischen Realismus inhärent. Ethik ist wesentlicher Teil der sedimentierenden Muster des Weltmachens, nicht ein Aufsetzen menschlicher Werte auf den Stoff der Welt. Eben das Wesen von Materie bedingt, dass sie dem konstitutiv Ausgeschlossenen ausgesetzt ist. Verantwortlichkeit ist keine Verpflichtung, für die sich das Subjekt entscheidet, sondern vielmehr eine verkörperte Beziehung, die der Intentionalität des Bewusstseins vorausgeht: Verschränkungen sind keine Verwicklungen voneinander getrennter Entitäten, sondern nicht ableitbare Beziehungen der VerAntwortbarkeit, eine Frage der materiellen Gebundenheit ans Andere (da Schnitte keine diskontinuierlichen Schritte sind, sondern Angelegenheiten des Zusammen-Auseinander-Schneidens). Dies ist eine materielle Hantologie, für die wir empirische Belege bieten können – mit all den Einschränkungen, die ich gerade zur Bezugnahme aufs Empirische ausgeführt habe.

*Leider hatte ich nicht die Möglichkeit, während meines Studiums in Santa Cruz, Kalifornien, einen deiner Kurse zu besuchen. Aber ich habe von einer Übung gehört, die du gewöhnlich mit deinen Studierenden machst, um deine Analyse zu veranschaulichen. Auch mochte ich deine Auseinandersetzung mit dem Fötus in* Meeting the Universe Halfway. *Ich denke, konkrete Beispiele helfen auch den Leser_innen dieses Buchs...*

In meinem Einführungskurs „Feminism and Science" unterrichte ich meine Studierenden zugleich in Naturwissenschaften und über Naturwissenschaften. Dieser Praxis folgte ich auch schon, als ich an einem Physik-Institut lehrte. Die Übung geht auf einen Kurs zurück, den ich 1996 – noch in der Physik

– gegeben habe und in meinem Artikel „Reconceiving Scientific Literacy as Agential Literacy, or Learning How to Intra-act Resonsibly Within the World“ [Zur Neukonzeption von naturwissenschaftlicher Bildung als Agentischer Bildung, oder: Lernen, verantwortlich in der Welt zu intraagieren] bespreche. Wir lernen in diesem Feminist Studies Kurs also einige sehr tiefgründige Dinge über Quantenphysik (ohne die Mathematik) – was schon an sich eine feministische Störung der üblichen pädagogischen Praktiken und traditionellen Trennungen von Wissen in der Akademie darstellt. Interessanterweise bescheinigten mir die Physikstudent_innen, die diesen Kurs besuchten, dass sie in „Feminism and Science“ tiefgreifender über Quantenphysik lernten als in ihren Physikkursen. Am Anfang des Kurses stelle ich ihnen eine Aufgabe, die sie über das Quartal hinweg bearbeiten. Hier ist die Aufgabe: 1) Wähle ein Objekt, irgendein Objekt, das natürlich vorkommt oder hergestellt wird; 2) Recherchiere zu diesem Objekt und finde heraus, was verschiedene Leute darüber sagen (z.B. welche Leute Autorität darüber beanspruchen, was sie darüber zu sagen haben, wie es erforscht wird, wie darüber berichtet wird, welche Unstimmigkeiten es unter Forscher_innen darüber gibt, wer welche Interessen hat, wer von den Ergebnissen betroffen ist, etc.); 3) Führe eine agentisch-realistische Analyse des Objektes durch und beginne es als Phänomen zu verstehen und nicht als unabhängig existierendes Objekt. Dieser letzte Part wird in zwei Teilen durchgeführt: 1) Zeichne eine Raumzeit-Karte der materiell-diskursiven Apparate und Verschränkungen, die das Phänomen ausmachen; 2) Fokussiere dich auf einige verschiedene Apparate, zeige explizit deren materiell-diskursive Konstitution und analysiere, wie sie materialisiert werden.

Ein Beispiel, das wir zusammen herausarbeiten, ist die kalifornische Rosine. Nachdem ich eine Schachtel kalifornischer Rosinen im Raum herumgereicht habe, fordere ich die Studierenden auf, so viele Apparate aufzulisten, wie ihnen einfallen, die an der Produktion der kalifornischen Rosine beteiligt sind. Ich schreibe das an die Tafel und bitte sie dann, die verschiedenen Apparate der körperlichen Produktion und ihre möglichen Verschränkungen zu skizzieren. Im Licht dieser Übung wird deutlich, dass trotz der Werbung durch eine der Firmen, die besagt, dass ihre Rosinen „nur aus Trauben und Sonnenschein“ gemacht sind[1], eine Reihe materiell-diskursiver Apparate an der Herstellung dieser Trauben beteiligt sind, wie Kapitalismus, Kolonialismus und Rassismus; migrantische Arbeiter_innen, die die Trauben pflücken; der kalifornische Anti-Migrations-Gesetzesentwurf aus den 1990er Jahren (*Proposition 187*, die sogenannte „Save Our State“-Initiative); die Erweiterung des kalifornischen Gefängnissystems; US-Einwanderungspolitiken; *US Homeland Security*; Werbung durch das *California Raisin Marketing Board*; organisierter Widerstand gegen die Lebens- und Arbeitsbedingungen der migrantischen Arbeiter_innen; der von den *United Farm Workers* organisierte Traubenboykott; Pestizide; Technologien chemischer Kriegsführung; Boden; Düngemittel; Bakterien; Dürre; Klimawandel; und vieles, vieles mehr. Was essen wir, wenn wir auf eine kalifornische Rosine beißen? Sicherlich nicht „nur Trauben und Sonnenschein“.

Nehmen wir ein anderes Beispiel, dass ich tiefergehend in *Meeting the Universe Halfway* bespreche: der Fötus und die Ultraschalltechnologien. In Kapitel 5 lade ich die Leser_in dazu ein, einige konkrete politische und naturwissenschaftliche Implikationen der Verschiebung in Betracht zu ziehen, wenn wir den Fötus nicht als unabhängig existierendes Objekt mit inhärenten Eigenschaften identifizieren, sondern eher als materiell-diskursives Phänomen, das aus historisch und kulturell spezifischen Intraaktionen mehrerer Apparate der körperlichen Produktion heraus iterativ rekonstituiert wird. Diese umfassen die schwangere Frau, deren Körper den Fötus trägt und ernährt; Ultraschalltechnologien, die die physiologischen, geopolitischen, ökonomischen und historischen Terrains des Körpers kartieren; SONAR und andere verwandte Überwachungstechnologien; Politiken und Gerichtsbeschlüsse gegen Abtreibung; rassifizierte und klassenpolitische Konstruktionen einer „Epidemie der Unfruchtbarkeit“ unter weißen Mittelklasse- und wohlhabenden berufstätigen Frauen, die in ihren 40ern danach streben, schwanger zu werden und Kinder zu haben; die enormen Kosten und heterosexistischen Kernfamilien-Richtlinien des Zugangs zu In-Vitro-Befruchtungs-Technologien; andere reproduktive Technologien; Strafgesetze, die schwangere Frauen für pränatale Schäden an ihrem Fötus haftbar machen sollen; Operationen am Fötus; die Ausweitung der Persönlichkeitsrechte auf den Fötus; die Intensivierung des globalen Neokolonialismus; vergeschlechtlichte Arbeitsteilung; asymmetrische Ströme von Arbeitskraft, Kapital, Technologie und Information, die mit der bevorzugten Abtreibung weiblicher Föten in Teilen Indiens und Chinas, aber auch auf dem europäischen Kontinent einhergehen; genetische Screenings an Föten in infrastrukturell reichen Ländern, die entlang der Achsen von Klasse, Rassismus, und Nationalität unterschiedlich zugänglich gemacht werden, und der Druck, sich auf Grundlage wahrscheinlicher Ergebnisse für „rechtfertigbare“ Abtreibung zu entscheiden, um die Geburt eines Kindes mit bestimmten Behinderungen zu vermeiden; der Nahrungs-, Bakterien- und Blutaustausch durch die Plazenta; Lärm, Geräusche, Luftqualität; und vieles, vieles mehr.

Wie ich meinen Studierenden erkläre, beinhalten die nächsten Schritte dieser Analysen eine Formulierung der materiell-diskursiven Beschaffenheit dieser Apparate, des spezifischen Wesens ihrer Intraaktionen und ihrer iterativen Materialisierungs- und Sedimentierungswirkungen, einschließlich einer Betrachtung dessen, wer/was materialisiert/materialisierend ist, (nicht durch ein einzelnes Ereignis, sondern) durch diese spezifischen und bedingten [*contingent*] iterativen Intraaktivitäten sowie schließlich eine Untersuchung der konstitutiven Ausschlüsse: Was erfährt warum keine Bedeutung und Materialisierung?

*Um den oben besprochenen Physikteil nochmal mit dieser Art der politischen Analyse zusammenzubringen: Wenn ich dich richtig verstehe, ist dein Ziel also nicht, eine Analogie zwischen Mikro- und Makroebenen herzustellen. Vielmehr untersuchst du – wie schon Bohr – die konzeptuelle Materialität von Quantenphysik und ihr Potential, unsere Wirklichkeit zu verändern, die ja deutlich von Newton'scher Physik geprägt – oder durch diese materialisiert – ist.*

Danke für diese Frage. Das ist ein wirklich beharrliches Missverständnis, obwohl ich schon öfter versucht habe, es zu widerlegen. Das Problem kommt zum Teil daher, dass einige Leute darauf beharren, dass die Welt in zwei unabhängige Bereiche aufgeteilt werden kann – einen Mikro- und einen Makrobereich – und dass Newton'sche Physik mit ihrer Ontologie unabhängig existierender Objekte den Makro-Bereich beherrscht, während die Quantenphysik ausschließlich auf die Welt des Atoms anwendbar ist. Auf Grundlage dieser Fehlkonzeption glauben sie, dass ich entweder eine Analogie zwischen Mikro- und Makrowelt ziehe, oder, dass ich mir anmaße, einfach von Ideen der Quantenphysik, die ausschließlich auf den Mikrobereich anwendbar sind, auf den Makrobereich zu schließen und dass diese Ideen dabei ihre Bedeutung und Wahrheit beibehalten. Mit anderen Worten nehmen sie an, dass Agentischer Realismus auf der Annahme beruht, dass das, was für Atome funktioniert, auch für Menschen und ganze Gesellschaften gelten muss. Dies ist schlicht falsch. Es missversteht völlig, was ich eigentlich tue. Ich habe in Bezug auf diesen Punkt bereits so oft versucht, zu erklären, was ich tue und was ich nicht tue, dass es mich neugierig macht, warum dieses Missverständnis so beharrlich weiterbesteht. Darauf komme ich nochmal zurück, aber erst will ich einige der Gründe anführen, warum diese Annahmen so falsch liegen.

1) Soweit Physiker_innen wissen, gibt es keinen diskontinuierlichen Bruch zwischen den Gesetzen der Physik für bestimmte räumliche Maße, demzufolge Newton'sche Physik den Makrobereich regelt und Quantenphysik den Mikrobereich. Vielmehr scheint es so zu sein, dass Quantenphysik

Newton'sche Physik ablöst, weil Quantenphysik einen umfangreicheren räumlichen Maßstab abdeckt. Newton'sche Physik ist eben eine sehr gute Annäherung für das physikalische Verständnis von Objekten der Alltagsgröße, was einer der Gründe ist, warum sie für grob drei Jahrhunderte vorherrschend war. Zusammenfassend lässt sich sagen, dass wir genau genommen und soweit wir es wissen, in einer Quantenwelt leben.[2]

2) Diese irreführende Terminologie, die der Mikrowelt eine Makrowelt gegenüberstellt, oder gar der Quantenwelt eine Welt der Alltagsobjekte, hält sich sogar unter Physiker_innen, dort jedoch im Allgemeinen eher aus technischen Gründen. Dies ist eine eher ungenaue Art, darüber zu sprechen und wenn man uns (Physiker_innen) ein wenig dazu drängt, werden wir dem zustimmen, was ich oben angeführt habe: dass es keine empirischen Belege für zwei getrennte Bereiche gibt, die von verschiedenen physikalischen Gesetzen regiert werden. Worauf diese irreführende Terminologie eigentlich Bezug nimmt, hat mit einem technischen Aspekt zu tun (dem sogenannten „Messproblem"), der allerdings nicht der Grund ist, den Nicht-Physiker_innen angeben, um an einer Mikro-/Makro-Spaltung festzuhalten. Aber um hier alle Verdachtsmomente abzuhandeln, will ich kurz ans technische Eingemachte gehen. Einige Physiker_innen sprechen über die extreme Delikatheit von Verschränkungen, die ihres Erachtens keine Maßstabsvergrößerung in die Makrowelt überstehen würden. Diese Sorge, die seit den Anfängen der Quantentheorie geäußert wurde, scheint von den jüngsten empirischen Belegen über Quantenverschränkungen nicht gestützt zu werden. Tatsächlich häufen sich empirische Belege, die gegen diese Annahme sprechen (Verschränkungen halten erwiesenermaßen auch in makroskopischen Größenordnungen, etwa zwischen Diamantenstücken oder über die Distanz zweier kanarischer Inseln hinweg), doch lassen wir das kurz beiseite. Mir geht es um das hinter dem Problem liegende Prinzip. So will ich ganz generell „die Messung" hinterfragen, die einige Physiker_innen dazu bringt, eine Sprache der Unterscheidung zwischen Mikro und Makro zu

verwenden. Obwohl die Bewegungsgleichungen der Quantenphysik Superpositionen mit verschiedenen Lösungen ermöglichen (hierin verhält sich Materie wie eine Welle), besteht nach der Messung nur *eine* Lösung. Diese Veränderung wird gerne mit der Aussage bezeichnet, dass es einen „Kollaps der Wellenfunktion" gegeben hat. Wenn es einen solchen Kollaps gibt, stellt sich die Frage, was für ein Mechanismus ihn ausführt. Ich gehe hier jetzt nicht tiefer drauf ein, doch mag ausreichen, zu sagen, dass einige der vorgeschlagenen Mechanismen Dinge wie „Dekohärenz" beinhalten, was als Entschränkung einer Verschränkung verstanden wird, als Ergebnis von Auswirkungen der „Umwelt" (die „viele Freiheitsgrade" hat, d.h. in gewissem Maße makroskopisch ist). Das Ergebnis ist, dass einige Physiker_innen darauf bestehen, dass Verschränkungen auf Makroebene nicht halten (außer unter sehr speziellen Umständen). Doch sogar dann ist es nicht so, dass die Wellenfunktion tatsächlich kollabiert, sondern vielmehr, dass die Quantenbeschaffenheit des Systems in die Umwelt leckt. Alternative Reaktionsweisen auf das sogenannte „Messproblem" und verschiedene Interpretationen von Quantenphysik sind also dennoch möglich. Ich habe die Interpretation einer relationalen Ontologie vorgeschlagen (Barad 2007, Kap.7). Die darin liegende Lösung des sogenannten „Messproblems" ist mit neueren, zunächst in den 1990er Jahren erhaltenen, empirischen Belegen kohärent und wird von ihnen bestätigt. Sie zeigen, dass Verschränkungen durch den Messprozess hindurch bestehen bleiben, dass sie bloß schwierig nachzuvollziehen sind. Es stellt sich tatsächlich heraus, dass die Verschränkungen wachsen, anstatt nach der Messung zu kollabieren! Meiner agentisch-realistischen Interpretation der Quantenphysik als relationale Ontologie zufolge, gibt es somit Grund zur Annahme, dass Verschränkungen auf allen Längen-, Zeit- und Masse-Maßen halten. (Zeilinger denkt, dass es bloß eine Frage der Zeit ist, bis wir die Existenz von Quantenverschränkungen für Makro-Objekte wie Basketbälle zeigen können.)

3) Das Konzept des Maßstabs, auf das sich berufen wird, um Mikro von Makro zu unterscheiden, wird als selbstverständlich vorausgesetzt, als ob Raum (und Zeit) allen Intraaktionen vorausgehen und Materie Raumzeitkoordinaten so bewohnt, wie Schauspieler_innen sich auf einer Bühne bewegen. Doch habe ich argumentiert, dass Raum und Zeit (oder vielmehr Raumzeit oder noch besser Raumzeitmaterialisierung) nur als Teil eines spezifischen Phänomens Sinn ergeben. Das heißt, Raum ist kein externes Maß der Entfernung, sondern Maßstäbe werden durch spezifische Intraaktionen gemacht / (re)konfiguriert. Wir könnten uns fragen: Was bedeutet das Konzept von Entfernung, wenn zwei verschränkte Teilchen, die zwei benachbarte Galaxien bewohnen (über verschiedene Zeiträume hinweg) einander näher sind als nicht-verschränkte Teilchen, die nur einen Nanometer getrennt voneinander sind? Um es nochmal kurz und klar zu fassen, Quantenphänomene sind nicht auf den sogenannten Mikro-Maßstab beschränkt. Maßstab geht Phänomenen nicht voraus; *Maßstab wird nur innerhalb spezifischer Phänomene materiell definiert*.

Lass uns zu der Frage der Beharrlichkeit dieses Missverständnisses zurückkehren. Wie ich im Text zur „Queeren Performativität der Natur“ anführe, legt das beinahe zwanghafte Beharren auf der Grenzziehung zwischen Mikro und Makro nahe, dass es um die Abwehr der Möglichkeit geht, dass die Queerness der Quanten in die Alltagswelt hinein leckt. Es ist, als ob die Implikationen der Quantenphilosophie so tiefgreifend beunruhigen, dass ihre Unheimlichkeit nur zu akzeptieren ist, wenn sie in einem nicht-wahrnehmbaren Bereich verbleibt, der unterhalb der Alltagserfahrung versteckt liegt. Das heißt, es geht darum, Queerness unter Quarantäne zu stellen.

*Vielleicht magst du hier kurz etwas zu deiner Verwendung des Begriffs und Konzepts der Queerness sagen...*

Ja, da wir gerade beim Thema der Queerness von Raumzeitmaterialisierung in und an sich sind (wobei dieses „sich“ immer schon als queer zu verstehen ist), möchte ich hier noch einmal betonen, dass es beim Aufzeigen der Queerness von Natur keineswegs darum geht, mehr Kreaturen ins Zelt des Queerseins einzuladen, sondern darum, die Grenzen von Konzepten in ihrer materiellen Spezifität und ihren konstitutiven Ausschlüssen zu untersuchen. Um aus meinem kommenden Artikel *TransMaterialities* zu zitieren:

> „Es geht nicht darum, *trans* oder *queer* zu universellen Eigenschaften zu machen und ihre subversiven Potentiale zu verwässern. Noch soll dies trans oder queer als Abstraktion setzen und zugunsten neuester Theorietrends deren leiblich gelebte Realität verleugnen. Vielmehr geht es mir darum, das Dekonstruieren [*undoing*] von Universalität und daher die Wichtigkeit der radikalen Spezifität von Materialität in ihrer iterativen Materialisierung deutlich zu machen. Es bedarf keiner Universalisierung von trans oder queeren Erfahrungen. Denn das würde bedeuten, diese Eigenschaften von all ihrer Spezifik loszulösen (d.h. auch von ihren Prägungen durch Rassismus, Nationalität, Ethnisierung, Klasse und weiteren normierenden Apparaten der Macht). Eine Universalisierung würde diese Begriffe zu Konzepten erheben, die dann oberhalb der Materialität bestimmter verkörperter Erfahrungen schweben würden. Stattdessen müssten Bündnisse geschlossen werden, die auf einer bereits bestehenden radikalen Tradition aufbauen (auf einer Genealogie, die mindestens bis zu Marx zurückgeht), die die Natur „bis ganz hinab" in ihrer Natürlichkeit stören. Hierbei wäre es ein Fehler, die Räume politischer Handlungsfähigkeit in den Naturwissenschaften und in dem, was „Natur" genannt wird, zu vernachlässigen. Die dekonstruktiven Kräfte der Naturwissenschaften selbst bringen radikale Öffnungen hervor, die uns dabei helfen können, nicht nur neue Möglichkeiten (neue Materie / Realitäten) zu denken und umzusetzen, sondern auch die Beschaffenheit und Möglichkeiten von Veränderung neu zu verstehen."

*Inwiefern bietet Marx einen Hintergrund für die Entnaturalisierung von Natur und ist somit Teil deiner intellektuellen Genealogie? Und wer ist da noch?*

Der ethisch-onto-epistemologische Rahmen des Agentischen Realismus (mit entsprechenden Überarbeitungen der Begriffe der Ethik, Ontologie und Epistemologie) ist Marx' (und anderen) Einsichten verpflichtet und steht auf viele Weisen mit seinem Denken in Dis/Kontinuität. Etwa teilt Agentischer Realismus mit Marx dessen Ablehnung einer Epistemologie, die auf einem mechanistischen Materialismus basiert; sein Überdenken der Binärpaare von Materialismus / Idealismus, Subjektivität / Objektivität und Natur / Kultur; seine Betonung von Praxis und deren Neugestaltung zwischen Subjekt und Objekt sowie der Fähigkeit, praktisch handelnd die Welt – und nicht bloß unser Denken über sie – zu verändern. Doch konzentriert sich Marx ausschließlich auf menschliche Aktivität und das geht mir nicht weit genug. Die Analyse sollte unbedingt an einem davorliegenden Punkt ansetzen: Die Vorstellung dessen, was *menschlich* ist, nämlich dass allein der Mensch Praktiken ausübt, die sich materialisieren, sollte nicht als selbstverständlich angenommen oder vorausgesetzt werden. Stattdessen ist es wesentlich, nach der unterschiedlichen Konstitution von Menschen zu fragen, nach ihren materiellen Bedingungen der Möglichkeit und nach ihrem konstitutiv ausgeschlossenen Anderen – dem Nichtmenschlichen. Althusser und Foucault sind wichtig, weil sie Marx' Beschreibung von Ideologie weitergedacht haben, und zwar sowohl mit ihren Konzepten von Apparat und Dispositiv als auch durch die Erweiterung eines Verständnisses von Materialität über das Ökonomische hinaus. Butler beruft sich für ihren Ansatz der Performativität von Materialisierung auf beide, Althusser und Foucault. Und es gibt viele weitere kritische Erörterungen und entscheidende Infragestellungen wie jene von Gloria Anzaldúa, Trinh T. Minh-ha, Jacques Derrida, Gayatri Spivak, bell hooks, Dorothy Smith, Nancy Hartsock, Sandra Harding, Donna Haraway, Rosemary

Hennessy und viele weitere. (Wie erstellt man bloß eine solche Namensliste? Es schmerzt, an all jene zu denken, die hier nicht genannt sind, denen ich aber zu Dank verpflichtet bin.) Und natürlich muss ich Niels Bohr erwähnen. Aufgrund seiner radikalen Infragestellung objektivistischer Epistemologien und der naturwissenschaftlich dominanten Annahme, dass Apparate eine vorab existierende Welt untersuchen, hat er seinen Platz in dieser Genealogie. Alle diese und viele mehr sind wesentlich für meine intellektuelle Genealogie. Es geht im Kern dieser Auseinandersetzungen darum, das Wesen des Apparats – d.h. Machtfragen – in seiner Materialität und in seiner produktiven Rolle der iterativen Materialisierung von Phänomenen in ihrer Spezifität, einschließlich eben ihrer Bedingungen der Un/Möglichkeit, zu erörtern.

*Was bedeutet das methodologisch?*

In der Entwicklung von Agentischem Realismus brauchte ich eine Methodologie, die die von mir entworfene Ontologie respektieren würde, d.h. die nicht von Anfang an onto-epistemologische Trennbarkeit voraussetzen würde. Und sie sollte tatsächlich für agentisch-realistische Analysen und weitere Ausführungen nützlich sein. Auf der Grundlage eines Vorschlags von Donna Haraway, unsere Optik von der Reflexion hin zur Diffraktion / Interferenz zu verschieben, habe ich das Konzept der Diffraktion weiter ausgearbeitet – nicht bloß anhand von klassischer Physik, sondern durch ein Quantenverständnis – und sie zu einer Methodologie weiterentwickelt, die zu meiner Arbeit passt. Ein wichtiges Element dieser Methodologie ist, dass eine Theorie eine andere nicht ersetzt, sondern dass deren Einsichten vielmehr durcheinander hindurch gelesen werden, was bedeutet, dass das „Alte“ immer schon untrennbar in das „Neue“ eingefaltet ist. In meinem Text in *Derrida Today*, versuche ich herauszustellen, auf welche Weisen etwa Newton’sche Physik nicht einfach ein Erbe ist, das in der Vergangenheit lebt, sondern eines, das heute lebendig ist und radikalen Denker_innen einiges bieten kann. Dies spricht gegen die Vorstellung von Newton als überholt und gegen gegenwärtiges Denken, das Newtons Konzepte umfassend als politisch regressiv ausschreibt. Mir geht es darum, zurückzugehen und die Öffnungen zu finden, sie zurückzudrehen und uns ihnen zuzuwenden, sie wieder und wieder zu wenden wie Kompost, um dann zu sehen, was daraus wächst. Dieses Motiv erkunde ich auch in „Diffracting Diffractions“, einem Artikel, in dem ich das Konzept der Diffraktion / Interferenz auf Differenztheorien von Frauen of Color und die fortwährenden Beiträge und Lebendigkeit dieser Theorien zurückführe. Mit anderen Worten sind (durch die Konzepte der agentischen Trennbarkeit und des Zusammen-Auseinander-Schneidens) Vererbung und Weitergabe in Agentischen Realismus und in das methodologische Werkzeug der Diffraktion / Interferenz eingebaut. Das heißt, Vererbung ist keine ergänzende, sondern vielmehr eine inhärente Überlegung; sie ist in die agentisch-realistische Ontologie und diffraktive Methodologie eingelassen. Die Zeitlichkeit ist nicht die übliche aufeinanderfolgende Zeitlichkeit – in der ein Moment den nächsten ablöst wie Perlen auf einer Kette, in der die Vergangenheit zurückgelassen wird und die Zukunft noch nicht eingetreten ist. Dies hängt mit einer Politik der Zeitlichkeit zusammen, die die Vorstellung der zeitlichen Abfolge sowie die entsprechenden Konzepte von Kausalität stört, die Kernelemente von Agentischem Realismus sind.

*Vielleicht können wir diese Situierung deiner Arbeit ein wenig weiterführen.*

*Erst spät in meinem Studium lernte ich, dass akademische Trends und Strömungen meist als solche erst im Nachhinein gerahmt und formuliert werden (z.B. die ‚Erfindung‘ des Poststrukturalismus durch US-amerikanische Wissenschaftler_innen), dass dies eine Frage der narrativen Konstruktion und eine Frage von Politiken der Genealogie ist (z.B. der nachhaltige, aber meist ausgeblendete Einfluss von weltweiten Dekolonisierungsbewegungen auf die Akademie des 20. Jahr-*

*hunderts) und dass diese Labels zumeist ziemlich offen sind (in ihrer Verwendung durch deren Vertreter_innen wie auch in ihrem Inhalt). Du hast bereits über Denktraditionen und kritische Wissensproduktion gesprochen, auf die sich deine Arbeit bezieht. In der deutschsprachigen akademischen und intellektuellen Landschaft sind einige davon – etwa feministische (Natur)Wissenschaftsforschung sowie dekoloniale, queere und Frauen of Color Theorien – bei Weitem nicht so verbreitet und rezipiert wie in den USA (obwohl sie alle auch hier existieren und bearbeitet werden). Hier wird deine Arbeit womöglich am einfachsten mit „Neuem Materialismus" in Verbindung gebracht, der in seiner hiesigen Version nicht die emanzipativen politischen Bewegungen anführt, die Grundlagen und Schlüssel für das Denken des 21. Jahrhunderts darstellen.*

Sammelbegriffe für intellektuelle Bewegungen wurden oft von genau denjenigen abgelehnt, die sich nicht eindeutig einem Bereich zuordnen lassen. Wer ist drin und wer ist draußen, wer wird mit welchen Wissensgefügen assoziiert und wer wird deshalb mit wem zusammen gedacht oder nicht? Ist Foucault ein Poststrukturalist, obwohl er diese Zuordnung ablehnte? Ist Evelyn Fox Keller eine feministische Empiristin, Standpunkttheoretikerin oder postmoderne feministische Theoretikerin? Macht es Sinn, Theoretiker_innen auf diese Weise zu kategorisieren oder nur bestimmte Theorien und Ideen? Was macht das aus und für wen? Entmutigen solche Kategorisierungen nuanciertes Denken, Aufgeschlossenheit und Aufmerksamkeit für Unterschiede zwischen Theorien und Theoretiker_innen? Wann und wie dienen sie als Instrument, um jemanden auszuschließen oder stillzulegen? Dies sind Fragen der Wissenspolitik und es ist wichtig, sie auch im Licht der Neoliberalisierung der Akademie zu verstehen. Aber das ist ein großes Thema und ich will uns nicht weiter von deiner spezifischen Frage wegführen.

Wie du anmerkst, ist meine Arbeit neuerdings als „Neuer Materialismus" etikettiert worden. Ich habe ja über mein genealogisches Erbe hinsichtlich von Materialismen gesprochen und hoffe, dass die explizit politische Natur meiner Arbeit klar werden konnte. Bezüglich des anderen Teils des Deskriptors „Neuer Materialismus“ wird es dich nun wahrscheinlich wenig überraschen, dass ich ambivalente Gefühle zum Schlagwort des „Neuen“ habe. Ich zögere damit sowohl, weil es die kapitalistische Sucht nach Neuem nährt, nach der Produktion von Begehren nach dem nächsten glitzernden Ding, das daherkommt und das gegenwärtig „Neue“ schnellstmöglich „alt“ erscheinen lässt. Zumal es eine Zeitlichkeit der Abfolge voraussetzt und verstärkt, in der eine Minute / Idee / Theorie / Theoretiker_in die nächste ersetzt und alle anderen Momente irrelevant werden. Der Onto-Epistemologie des Agentischen Realismus folgend – insbesondere seinem Überdenken von Zeitlichkeit und seiner Verwendung von Diffraktion als analytischem Werkzeug – werden Geschichten nicht gelöscht, sondern sie sind in jedem gegebenen Moment ebenso lebendig wie Zukünfte. Ich kann mich also nicht an das Label des „Neuen“ halten, wenn es das „Alte“ ersetzen soll, wenn es einen sauberen Bruch vom Marxismus und seinen ihn durchkreuzenden Erbschaften bedeuten soll. Wenn es allerdings um die Kennzeichnung einer Rückkehr zum Materialismus gehen soll, dessen Erneuerung, dann erscheint mir das angesichts des gegenwärtigen Zustands der Welt besonders sinnig: einer Welt deren Bewohner_innen (Menschen, Nichtmenschen, Lebensräume und all die verschiedenen Seinsformen von Materie) einer intensivierten und vervielfachten Gewalt ausgesetzt sind, die ihnen durch Kapitalismus, Militarismus und Kolonialismus auf verschiedene Weisen zugefügt wird. Erst recht angesichts des Kapitalozäns und der Prekarität des Planeten selbst. Selbstverständlich geht es in dekolonialen und queeren Politiken sehr viel um materialistische Praktiken, die in dem oben diskutierten Sinne von Materialismus materielle Ungerechtigkeit problematisieren. Deshalb verstehe ich die von dir beschriebene Trennung nicht.

Zugleich möchte ich die Tatsache anerkennen, dass die Bezeichnung „Neuer Materialismus“ als akademischer Marker für eine vielfältige und weit auseinandergehende Reihe von Texten und Philosophien verwendet wird und dass einige der damit assoziierten Theoretiker_innen meiner Haltung dazu widersprechen würden und das, was sie selbst tun, als weniger politisch interessiert sehen oder eine Kontinuität mit marxistischem Materialismus ablehnen würden. Aber ich denke, man kann wohl sagen, dass feministische (Natur)Wissenschaftsforschung von Anfang an ihre politischen Interessen und Engagements deutlich zum Ausdruck gebracht hat. Denn in all ihren Auseinandersetzungen mit den Naturwissenschaften ging es nicht darum, diese naiv gut zu heißen, sondern hineinzugehen, sich die Hände dreckig zu machen und sie von innen heraus zu öffnen. Hierin liegen die politischen Möglichkeiten, um naturwissenschaftliche Praktiken verantwortlicher zu gestalten, d.h. am Labortisch den Fragen der Gerechtigkeit Aufmerksamkeit zukommen zu lassen. Das ist dann sozusagen eine „(Natur)Wissenschaft für die Menschen" (eine Anspielung auf die radikalen und nachhaltigen Wurzeln, die die in den USA gegründete linke Gruppe „Science for the People" in den 1970er Jahren legte). Doch möchte ich noch weitergehen und für eine (Natur)Wissenschaft für alle Wesen, nicht im Dienste der Reichen und Mächtigen, plädieren – mit aller angebrachten Aufmerksamkeit für die intime Beziehung der Naturwissenschaften zu Kapitalismus, Militarismus und Kolonialismus. In der Tat kann man meine Arbeit gewissermaßen als eine politisch-ethische Intervention betrachten, die in die Durchführung, Lehre und Finanzierung von Naturwissenschaften eingreift, d.h. in die Art ihrer Praktizierung. Damit soll soziale Gerechtigkeit in die tatsächliche Ausübung der Naturwissenschaften einbezogen werden – ich sage gern „Ethik am Labortisch". Eben nicht bloß professionalisierte Ethik als Nachgedanke zu der wirklich naturwissenschaftlichen Arbeit, das ist zu wenig und zu spät. Welche Etiketten auch immer meiner Arbeit zugewiesen werden, ich verstehe sie als zutiefst mit Fragen der Gerechtigkeit beschäftigt.

*Wie funktioniert Schreiben für dich persönlich in diesem komplizierten – oft komplizenhaften – akademischen Kontext? Insbesondere als Akademikerin mit einer solch umfangreichen Auseinandersetzung auf so vielen Feldern...*

Schreiben ist ein sehr langsamer und schmerzhafter Prozess für mich. Ich habe den Eindruck, immer große Mühe zu haben, gut zu schreiben. Das Gefühl, dass meine Ideen viel besser sind als mein Schreiben. In meinem Versuch, mit so vielen Wissenschaftler_innen im Gespräch zu sein, die im Allgemeinen nicht miteinander sprechen, sehe ich auch immer, dass ich beim Setzen meiner Schwerpunkte und Bezugsrahmen und in meinen Auseinandersetzungen mit Denker_innen und Ideen Fehler mache. Ich denke, das liegt zum Teil daran, dass ich meinen PhD in Physik gemacht habe und somit nicht zum Schreiben ausgebildet wurde. Ich habe keine berufliche Ausbildung in den Bereichen, mit denen ich mich jetzt regelmäßig beschäftige. Manche Leute kritisieren mich dafür, dieses Thema oder jene Theoretiker_in oder diesen Aspekt nicht angesprochen zu haben. Oft arbeite ich schon an dem, was sie anführen, oder sehe zumindest einen Weg, es zu tun, aber ich liege einfach weit zurück mit meinen Schreibprojekten. Ich habe einfach nicht die Zeit, die ich zum Schreiben brauche. Und es gibt noch so viele weitere Elemente im Agentischen Realismus, die ich tiefer ausführen will. Es kommt mir vor, als würde Zeit mich immer heimsuchen. Ich habe schlicht nicht genug davon.

Apropos Zeit, da gibt es diese Frage der Zeitleisten und Ursprünge. Du hast eingangs meine Beiträge bis 1996 zurückgeführt, aber eigentlich habe ich den 1996er Artikel [„Dem Universum auf halbem Wege begegnen", deutschsprachig in diesem Band] schon 1990 geschrieben. Es hat sechs Jahre gedauert, jemanden zu finden, der ihn publizieren wollte. Sein Timing war aus den Fugen. Ich habe den Text an zwei wichtige feministische Zeitschriften geschickt und sie lehnten ihn aus dem gleichen ziemlich ironischen Grund ab. Ich erinnere mich genau an einen der Ablehnungsbriefe. Die Zeitschrift hatte meinen Text zur Überprüfung an eine Physiker_in geschickt, die den Physikteil enthusiastisch lobte, aber sagte, ich solle „das französische Parfüm ablegen", womit die feministische Theorie gemeint war. So hatte die Zeitschrift die gewünschte Bestätigung, dass der physikalische Teil korrekt war, und lehnte den Artikel dennoch ab! Mit anderen Worten, die feministische Zeitschrift lehnte den Beitrag aufgrund der Verurteilung des feministischen Inhalts durch eine Physiker_in ab! Dies ist auch eine interessante Geschichte im Vergleich zur Sokal-Affäre. Angesichts dieser Ablehnungen fand ich den Mut, den Text an Donna Haraway zu schicken. Sie fand ihn toll und lobte ihn großzügig, was mich ermutigte, weiterzumachen. Erst eine ganze Weile später, wurde der Artikel publiziert.

*Im Kontext feministischer Naturwissenschaftsforschung an deinem Institut begegnete ich dem Begriff der Vorstellungswelten [*imaginaries*] in Bezug auf Lesepraktiken und Kritik. Kritik ist für mich ein wichtiges Werkzeug für radikale Veränderung und somit ein entscheidender Aspekt feministischer Lesarten von Welt und Text. Mit Uneinigkeit, Reibung, Konflikt und Widersprüchlichkeit zu leben, von ihnen zu lernen und sie als Quelle und Stätte wichtiger kritischer Wissensproduktion gutzuheißen, ist meines Erachtens die Grundlage der bestehenden, vielfältigen und substanziellen feministischen Diskurse. Was möchtest du über deine Haltung zur Rolle von Kritik sagen?*

Ich würde sehr gern auf Kritik als Thema eingehen. Ich halte sie für entscheidend und absolut wichtig. Zugleich macht es mir einige Sorgen, wie sie heute praktiziert und gelehrt wird. Sie ist nicht aus der Puste, auf keinen Fall, aber ich denke, es ist gerecht oder gar wichtig, danach zu fragen, wie sie mit der Neoliberalisierung der Akademie klarkommt und inwieweit sie noch ein ausreichend scharfes Werkzeug für radikale Veränderung ist oder nicht und ob sie geschärft, neu ausgerüstet, oder gar ergänzt werden muss.

In meinem Verständnis geht es bei Kritik nicht darum, eine Idee oder Theorie umzubringen, sondern vielmehr darum, ihr auf den Grund zu gehen und die Bedingungen zu untersuchen, die sie unterstützen. Allzu oft wird jedoch schon als Kritik betitelt, was nicht mehr ist als eine stumpfe Waffe der Delegitimierung und Verwerfung. Es gab in letzter Zeit vielfältige Kritiken von Kritik und sie hatten nicht alle dieselben politischen Ziele im Sinn oder behandelten nicht den gleichen Kritikbegriff (Bruno Latour, Eve Sedgwick und Eileen Joy sind einige Namen, die mir in den Sinn kommen). Nichtsdestotrotz scheint mir diese Hinterfragung von Kritik nicht nur gerechtfertigt sondern auch wichtig zu sein. Sedgwick bringt zum Beispiel die Sorge an, dass Kritik als paranoides Lesen den Schwerpunkt auf die Enthüllung [*exposure*] legt, was nach ihrer Argumentation eines „jegliche[n] Wert[s] als oppositionelle Strategie" entbehrt (Sedgwick 2014, S. 383). Sie schreibt sehr direkt über deren Grenzen und potentielle Gefahren: „Wenn der Triumphalismus einer paranoiden Hermeneutik eine offensichtliche Gefahr birgt, so liegt diese im breiten konsensuellen Rundumschlag dieser methodologischen Annahmen. Das gegenwärtige, nahezu durchgängige Einverständnis darüber, was ein Narrativ, eine Erklärung oder eine angemessene Historisierung darstellt, kann, wenn es unhinterfragt fortbesteht, unbeabsichtigt den Genpool literaturkritischer Perspektiven und Fähigkeiten dezimieren. Das Problem eines spärlichen Genpools besteht natürlich in dessen verminderter Fähigkeit, auf Veränderungen in der Umwelt (d.h. der Politik) zu reagieren" (ebd. S. 385). Wie vertiefen wir den Genpool? Sedgwick schlägt reparative Lesarten vor, die Überraschung und Hoffnung beinhalten. In diesem Sinne will ich hier auf weitere Reaktionen und Gedanken eingehen.

Wenn Kritik eine Art Optik ist, ohne die wir nicht auskommen, dann bedarf es einer beidäugigen Sicht, in der die andere Linse darauf fokussiert, Kreativität und wohlwollendes Lesen zu fördern und Neugierde zu kultivieren. Diese andere Linse schafft zusätzliche Öffnungen für Auseinandersetzung, die auch politisch wichtig sind. Ich würde annehmen, dass der gleichzeitige Blick durch beide Linsen oder Öffnungen durch konstruktive und dekonstruktive Interferenz Diffraktionsmuster erzeugt. Ich glaube, es bedarf wirklich der Kultivierung politischer Kreativität. Das ist einer der Gründe, warum *Occupy* so eine inspirierende Bewegung ist. Wenn unsere Studierenden einen Kurs besuchen und diesen in der Einschätzung wieder verlassen, dass es nur Kritik (in der Form paranoiden Lesens) gibt, dann erscheinen die Ungerechtigkeiten der Welt ohne jede Abhilfe zu sein. Es entlässt sie mit einem überwältigenden Gefühl des Verzagens. Es ist so wichtig, Studierenden zu zeigen, wie sie die Risse finden können, die sogar in den am stärksten totalisierenden Systemen existieren, und wie sie lernen können, mit diesen Öffnungen zu arbeiten.

Es gibt viele Lesewerkzeuge, die für eine radikale Politik lebenswichtig sind: sich dem öffnen, was ein Text sagt, aufgeschlossen und neugierig auf einen Text zugehen, danach fragen, was daran produktiv ist, was kann ich lernen, wo könnte mich diese Idee hinführen, und die Wertschätzung des Lesevergnügens kultivieren. Mit anderen Worten erfordert Lesen wohl auch die Fähigkeiten einer guten Experimentator_in: sorgfältige Aufmerksamkeit für die Details und Texturen eines Arguments, das Justieren meines Verstehensapparates, um mit dem vorliegenden Text zu arbeiten, die Ideen abtasten, sie in die Hand nehmen, sie mit allen Sinnen ausprobieren, neue Denkweisen mit alten Ideen testen, sie wieder öffnen, für Überraschung offen sein, immer neugierig und aufgeschlossen sein für die Freude des Staunens. Dies sind politische Fähigkeiten, die ebenso wichtig sind wie Kritik. Wenn wir nur Kritik lehren, entlassen wir Studierende mit einem entleerten Eindruck dessen, was angesichts von Ungerechtigkeit zu tun ist, einem Mangel an der Fähigkeit, bestehende Öffnungen zu erkennen, am Mut, experimentell und kreativ zu sein, neue Vorstellungswelten zu schaffen oder Risiken einzugehen. Die Kultivierung fantasievoller Formen der Auseinandersetzung, die Möglichkeiten eröffnen, um das Mögliche [*the virtual*] zu lesen, sind unabdingbar für die Störung normativen und eingefahrenen Denkens. Sorgfältiges Lesen hilft auch dabei, eine Aufmerksamkeit für Sorge [*caring*] zu entwickeln: etwas wichtig nehmen [*caring about*], das Andere wahrnehmen, Unterschiede wahrnehmen und mit ihnen und für sie aufgeschlossen bleiben. Das sind Werkzeuge zur Kultivierung von Bewegungen von unten.

Vielleicht sollte ich noch etwas mit Blick auf meine eigene Arbeit sagen. Kritik – im Sinne von Kant, Marx, Althusser, Foucault, Spivak, Said und Derrida, bei denen es nicht darum geht, das fragliche Objekt zu verneinen, sondern nach den Bedingungen der Möglichkeit von dessen Produktion zu fragen – ist ins Innere von Agentischem Realismus eingelassen. Wenn Kritik, wie Foucault in *Was ist Kritik?* vorschlägt, der verschiedenen Analyseebenen bedarf (archäologisch, genealogisch und strategisch), die ein Verständnis des Nexus von Macht-Wissen bieten, dann ist Kritik nicht nur gutzuheißen und zu praktizieren, sondern auch notwendig, um Macht und ihre Effekte zu verstehen. Insofern ging es in meiner Arbeit über Apparate und Materialisierung genau um die Verfeinerung der Werkzeuge für Kritik, um achtsamer für die Schnitte / Gewalt / Ausschlüsse in ihrer Materialität und fortwährenden Materialisierung zu sein, einschließlich der Reproduktion und den iterativen materiellen Rekonfigurierungen von Macht. Wesentlich für eine agentisch-realistische Analyse ist die Spezifizierung einer objektiven Referenz (d.h. des materiell-diskursiven Phänomens, das von den Apparaten seiner körperlichen Produktion untrennbar ist), die somit das Nachvollziehen der materiell-diskursiven Bedingungen der Un/Möglichkeit und ihrer konstitutiven Ausschlüsse beinhaltet, gemeinsam mit einer Analyse der Schnitte, die verschiedene Differenzen produzieren. In diesem Sinne legt Kritik nicht den Empirismus in Schutt und Asche, sondern stellt vielmehr eine Wiederbelebung von dessen Möglichkeiten dar.

Eine andere wichtige Dimension ist die Diffraktion. Diffraktion als Methodologie setzt keine Distanz zwischen Subjekt und Objekt voraus. Das heißt, anders als einige Formen der Kritik, die eine solche Distanz nicht nur annehmen, sondern sie auch fördern, ist Diffraktion auf Verschränkungen ausgerichtet. Zum Beispiel wird die Kritik an der Arbeit einer anderen Person oft genutzt, um sich selbst gegen diese Person zu positionieren, wobei durch die Distanzierung von jemand anderem oder einer anderen Gruppe von Leuten, die eigenen Behauptungen abgesteckt werden. Wie Haraway aufzeigt, reproduziert Selbstreflexion nur das Bild des Gleichen und bleibt in einer Spiegeloptik gefangen, in der die Epistemologie auf eine Weise hin und her geworfen wird, die Unterschiede auslässt. Der Methodologie der Diffraktion zufolge, gibt es hingegen keinen distanzierten Blick, sondern nur immanente Unterschiede [*differences*] / Unterscheidungen [*differentiatings*] von innen.

Die vorgeschlagene Methode des diffraktiven Durcheinanderhindurch-Lesens von Erkenntnissen (*Meeting the Universe Halfway*, Kap.2) produziert ein Muster, das auf Differenzen eingestellt ist und auf dekonstruktiven und konstruktiven Elementen basiert.[3] Diffraktionsmuster herzustellen und zu lesen, erfordert sorgfältige Aufmerksamkeit fürs Detail. Wenn wir uns mit den Details von Theorien und Erkenntnissen auf eine Weise beschäftigen, die Differenzen und ihre Auswirkungen in den Blick nimmt, werden weitere Ausarbeitungen möglich. Diese sind zugleich neu und nicht neu, da sie in einer Genealogie innerhalb einer Zeitlichkeit des Noch-Kommenden eingefaltet sind. So geht es bei Kritik nicht einfach um die Bedingungen der Möglichkeit der Produktion von Wissen (als ob Wissenspraktiken von weltlichem Werden getrennt wären), sondern vielmehr um die materiell-diskursiven onto-epistemologischen Bedingungen der (Un)Möglichkeit des Weltmachens. Das heißt, es ist für Kritik nicht ausreichend, Wissen als bloße Repräsentationen zu behandeln. Es geht hier nicht einfach um die Bedingungen, die bestimmte diskursive Praktiken und Bezugsrahmen der Intelligibilität erst möglich machen, sondern um *die (Un)Möglichkeiten von Materialisierung*. Mit Blick auf die ethisch-onto-epistemologischen Dimensionen des Weltmachens können Studierende lernen, sich darauf zu konzentrieren, Möglichkeiten für Veränderung zu schaffen, statt an der

Schrecklichkeit der Welt zu verzweifeln. Das würde bedeuten, sich den Geistern der Vergangenheit zu stellen und ihre Wirklichkeit nicht zu verleugnen. Wenn also Analysen dekonstruktive und konstruktive Elemente als voneinander untrennbar behandeln, dann ermöglichen sie eine Aufmerksamkeit für die Schnitte / Ausschlüsse / Gewaltstrukturen in einer Vergangenheit, die noch immer mit uns ist. Zugleich stärkt diese Aufmerksamkeit neue Vorstellungswelten, die die Muster der Gewalt stören, indem sie sich einer kommenden Gerechtigkeit zuwenden.

*Das Konzept der Heimsuchung [haunting] spielt eine wichtige Rolle in deinen Überlegungen zu Geschichte, Veränderung und Zeit [vlg. in diesem Band, S.102]. Du vertrittst eine materialistische Lesart von Derrida und legst nahe, dass es möglich ist, Quantenphysik als Angebot einer empirischen Bestätigung der Dekonstruktion zu verstehen. Ich mag die Vorstellung, dass deine Arbeit naturwissenschaftlich die emanzipativen Bemühungen kritischer Sozial- und Kulturwissenschaften bestätigt. Die Vorstellung einer Bodenhaftung – die die Gesellschaftstheorie in der materiellen Welt begründet – führt mich zu den folgenden Fragen:*

*a) Es gibt substanzielle Argumente dafür, dass sich die Rekonzeptualisierungen von Subjektivität, Objektivität und Wissen durch dekonstruktivistische, poststrukturalistische, queere Theorien grundlegend aus den überaus materiellen Erfahrungen kolonial-kapitalistischer ökonomischer Ungerechtigkeit und Ausbeutung ableiten (siehe u.a. Sandoval 2000 oder Smith 1999). Wenn wir deine Arbeit über die Beziehung zwischen Theoretisierung und ontologischer Welt als empirische Bestätigung der Dekonstruktion ansehen – möchtest du sie dann als ergänzenden, intraagierenden Aspekt in den Bemühungen sehen, die verschiedenen Bereiche dieser Hegemonie zu durchkreuzen: ungleiche materielle Verteilung, gewaltsame kulturelle Repräsentation und die naturwissenschaftliche Komplizenschaft in beiden Bereichen? Insbesondere hinsichtlich deines Anspruchs, empirische Unterstützung für eine Hantologie zu haben...*

Die kurze Antwort auf deine Frage ist: Ja, absolut! Das trifft den Punkt. Naturwissenschaftliche Praktiken sind wesentlicher Teil der allgemeinen Textualität des Weltmachens in seiner Materialität. Machtfragen stellen sich nicht ergänzend, sondern sind von naturwissenschaftlichem Theoretisieren und Experimentieren untrennbar. Vielleicht könnte man auch mit Derrida sagen, dass das Supplement immer schon in der Entität enthalten ist. Du siehst, sowohl Quantenphysik als auch Dekonstruktion stellen das Konzept eines „und“ in Frage – es gibt kein „und“ dazwischen (und in beiden Fällen gehen Supplement und Entität nicht ihrer Intraaktion voraus). Sie sind immer schon durcheinander hindurch gewirkt. Fragen der Naturwissenschaft sind Fragen der Gerechtigkeit.

Meines Erachtens nach muss Theorie in der Materialität der Welt gründen, um wirksam zu sein. Ich möchte einen kleinen Absatz aus einem anderen Artikel hier einfügen, der sich mit Derridas Werk auseinandersetzt und der einiges anspricht, worüber wir uns hier unterhalten:

> „Beim Theoretisieren, als einer Form des Experimentierens, geht es darum, in Kontakt zu sein, zu berühren. Theorien bleiben am Leben und lebendig, wenn sie für die Musterungen und das Murmeln der Welt verantwortlich und ansprechbar sind. Theorie bedarf einer Aufgeschlossenheit gegenüber der Lebendigkeit der Welt. Man muss sich von Neugierde, Überraschung und Verwunderung ködern lassen können. Theorien sind nicht bloß metaphysische Aussagen über die Welt, die von einer vermeintlich externen Position aus getroffen werden. Theorien sind lebende und atmende Neugestaltungen der Welt. Die Welt theoretisiert sich und experimentiert mit sich selbst. Gestalten, wiedergestalten. Belebte und (sogenannte) unbelebte Kreaturen verkörpern nicht bloß mathematische Theorien; sie *machen* Mathematik. Doch das

Leben, sei es organisch oder unorganisch, belebt oder unbelebt, ist kein sich entfaltender Algorithmus. Elektronen, Moleküle, Schlangensterne, Quallen, Korallenriffe, Hunde, Felsen, Eisberge, Pflanzen, Asteroiden, Schneeflocken und Bienen weichen von allen kalkulierbaren Pfaden ab, machen hier und da Sprünge, oder besser: erzeugen durch ihre Sprüngen das Hier und Da; sie verschieben gewohnte Muster von Praktiken, sie testen die Wasser dessen, was vielleicht noch sein wird/ gewesen ist/ noch immer sein könnte, und machen Gedankenexperimente mit ihrem Sein. Gedankenexperimente sind materielle Angelegenheiten."

(Barad 2014, S. 164f, Übersetzung geändert)

Das Streben nach Gerechtigkeit muss mit der empirischen Welt verbunden sein, sonst wird es keine wirksame Praxis. Die ungleiche Verteilung von Wohlstand, Ressourcen, Privilegien und Benachteiligung, die gewaltsamen Auswirkungen agentischer Schnitte und der Anteil von TechnoWissenschaft an der Intensivierung von Ungerechtigkeiten rund um den Globus sind Teil dieser geisterhaften Hantologie, die durch das Lebensblut des Planeten in all seiner Historizität fließt. Globaler Klimawandel ist eine wissenschaftliche Tatsache. Die Konzentration von Wohlstand und Ressourcen in den Händen sehr weniger ist eine empirische Tatsache. Gleiches gilt für die technologiegestützte Intensivierung des Überwachungsstaates, die Militarisierung städtischer Polizeikräfte, die Erweiterung des gefängnisindustriellen Komplexes, die menschengemachte Beschleunigung des Artensterbens (tausendmal schneller als vor der Existenz des Menschen), das Aufgebot von Technologien zur Vervielfachung von Formen des Kolonialismus und Rassismus, die ungleiche Verteilung von Prekarität unter Menschen und Nichtmenschen weltweit, etc. Kurz gesagt, radikale Politik muss Ansprüche *an die* und Behauptungen *über die* Welt formulieren und sich auf sie berufen. Materielle Tatsachen, Beschränkungen und Bedingungen müssen in unserer politischen Praxis in Betracht gezogen werden.

Eine meiner Hoffnungen, als ich dieses Projekt begann, war es, mir einen empirischen Ansatz auszudenken, der die Kritiken am Empirismus ernst nimmt, aber dort nicht stehenbleibt. Kritische Gesellschaftstheorien formulieren überzeugende Argumente für die radikale historische Bedingtheit aller Tatsachen, doch ist das Nachzeichnen dieser Bedingtheiten nur Teil der Analyse. Es ist auch entscheidend, Methoden zu haben, um uns auf Tatsachen zu berufen oder sie anzufechten. Und es reicht nicht, sich nur mit der Epistemologie zu beschäftigen. Nicht nur, was wir über das Sein denken, sondern Sein selbst, Ontologie, ist politisch. Wir nehmen aktiv am Weltmachen teil, so wie auch wir iterativ intraaktiv wieder gestaltet sind.

Was bedeutet es also, eine Hantologie empirisch bestätigen zu können? Bedeutet es, dass es jetzt Beweise dafür gibt, dass Dekonstruktion DIE Wahrheit darstellt, dass sie uns Zugang zu unabhängig existierenden Tatsachen über die Welt verschafft, die darauf warten, entdeckt zu werden? Nein. Tatsachen bedürfen nicht nur der Tatsachen-Macher_innen (was nicht bedeutet, dass sie zwangsweise subjektiv sind oder dass sie auf irgendeine von irgendwem gewünschte Weise konstruiert werden können), sie beziehen sich nicht auf unabhängig existierende Dinge. Die objektive Referenz ist ein Phänomen (wobei jeder der Begriffe der gerade getroffenen Aussage von seiner traditionellen Bedeutung weggehend überarbeitet wurde). Zu sagen, dass es empirische Nachweise für eine Hantologie gibt, eine geisterhafte Ontologie (die eine Praxis darstellt, eine fortwährende Praxis des Werdens, des Aus-Praktiken-heraus-materialisiert-Werdens – wie jedes Phänomen – und nicht eine Sache oder eine gegebene Eigenschaft einer Sache), bedeutet also nicht, zu sagen, dass die Welt eben einfach so ist, sondern vielmehr, diese Behauptung umzudrehen: *Es bedeutet, naturwissenschaftliche Praktiken als einen Teil der fortwährenden Dekonstruktion der Welt durch sich selbst zu verstehen.* Dies ist ein wichtiger Anspruch der Dekonstruktion, der dekonstruktivistische Einsichten als Teil der Beschreibung der empirischen Basis von Dekonstruktion miteinbezieht.

Hieraus ergibt sich jedoch kein Teufelskreis, sondern ganz im Gegenteil werden die Details dieser Einsichten durch ein Diffraktionsgitter durchgearbeitet und dieses Diffraktionsgitter selbst iterativ intraaktiv überarbeitet. Es geht darum, dass *Dekonstruktion empirisch in Materialität verankert ist* – genau dies erschüttert die Grundfesten unseres Denkens.

*b) Das Bewusstsein über die historische Konstitution der gegenwärtigen, materiellen Bedingungen von Sein ist bekanntlich entscheidend für politisches Handeln, für Theorie und Veränderung. Deshalb erscheint es politisch notwendig, ‚die Vergangenheit' – oder das, was in seiner Historizität und Geschichtsschreibung als Vergangenheit rezipiert wird – zu analysieren. Inwieweit unterstützt dein Verständnis von Zeit und Zeitlichkeit eine solche Auseinandersetzung? Vielleicht kannst du dies mit Fragen von Naturwissenschaft und Gerechtigkeit in den heutigen USA oder mit einem Alltagsbeispiel verbinden, um das politische Potential deines Konzepts von Zeit aufzuzeigen?*

Die Vergangenheit sucht den gegenwärtigen Moment heim, aber das tut auch die Zukunft. In einem Film des Meeresbiologen Greg MacGillivray wird dieser Aspekt bezüglich der Gefährdung der Korallenriffe Fidschis formuliert: „Wir erben die Erde nicht von unseren Eltern, wir borgen sie von unseren Kindern." Oder, mit Derrida gesprochen: Benjamins Engel muss janusköpfig sein und nicht nur die Ruinen der Vergangenheit anschauen, sondern sich der Zukunft erinnern, um bedingungslose Gastfreundschaft zu erweisen, indem er die Alterität des noch kommenden Anderen willkommen heißt. Es ist nicht bloß eine ethische Angelegenheit des Wiederaufsuchens der Vergangenheit, sondern auch eine ontologische Angelegenheit der Vergangenheit und der Zukunft, die zu uns zurückkehren. Es geht um die Verdichtung einer Unendlichkeit von Momenten in der Dichte des ‚Jetzt'. Fragen der Zeit sind Fragen der Geschichte, der Verpflichtung [*indebtedness*], Erinnerung, Beständigkeit [*endurance*], des Überlebens – d.h. der Politiken von Sein und Zeit. Somit sind in einem breiteren Sinne Fragen der Individualisierung, Identität, Gleichheit und Differenz mit jenen von Raum, Zeit und Materie verschränkt. Diese sind wiederum in Fragen der Kontinuität, Diskontinuität impliziert, d.h. im Wesen von Veränderung.

Es gibt eine Menge wichtiger und kreativer Arbeiten über das Neudenken von Zeit und Geschichte. Viele davon scheinen aber einer Teilung zwischen chronologischer Zeit und erfahrener Zeit zu folgen: Das heißt, auf der einen Seite gibt es die objektive Uhrzeit, die sich in einer Abfolge von Momenten uniform vorwärts bewegt, wobei einer den nächsten ersetzt (tick-tick-tick-tick) und auf der anderen Seite gibt es unsere Erfahrung von Zeit, ein subjektives Empfinden von Zeit als gelebter Zeitlichkeit. Wenn es zu einer Diskussion der Politik von Zeit kommt, liegt der Fokus beinahe ausschließlich auf der gelebten Zeit von Menschen. Die Übereinkunft scheint zu sein, dass wir uns zu einem subjektiven Verständnis von Zeit bewegen müssen, um der Linearität chronologischer Zeit zu entfliehen, wobei wir physikalische Zeit zurücklassen und sie als unantastbar [*irredeemable*] bewerten. Doch habe ich genau auf die Radikalisierung unseres Verständnisses von physikalischer Zeit gedrängt, die ontologisch nicht von Erfahrungszeit trennbar ist. Es reicht nicht aus, das Konzept von Zeit zu radikalisieren, indem man es in den Bereich der subjektiven Erfahrung zieht und währenddessen das Konzept von physikalischer Zeit außerhalb dieser Hinterfragungen belässt. Sich auf das Menschliche zu berufen, um Zeit aus ihrer Passivität in ihrem deterministischen Vorwärtsschreiten Richtung Zukunft herauszuholen, bedeutet, das, was nicht als (völlig) menschlich anerkannt ist, der Autorität einer chronologischen Zeit zu übergeben – als außerhalb der Reichweite des Veränderlichen, des Politischen. Dies hieße, nicht nur Nichtmenschen, sondern auch jene Menschen, denen der volle Status als Mensch nicht zuerkannt wird, außerhalb der Politiken von Zeitlichkeit zu belassen, und das scheint mir einen wichtigen Schlüssel zu verschenken.

Anders ausgedrückt, geht es darum, dass Zeitlichkeit materiell ist und dass es nicht zwei verschiedene Arten von Zeit gibt, eine äußere und eine innere, die zwischen Natur und Kultur verschieden aufgeteilt sind, wobei die Natur der gegebenen Zeit hörig ist, während Menschen in die kulturell variablen psychischen Erfahrungen von Zeit eingeweiht sind. In meinem Beitrag in *Derrida Today* will ich vor allem vermitteln, dass unser Sprechen über die menschliche Erfahrung von Zeit und Zeitlichkeit auch relevant dafür ist, wie das Universum Zeit erfährt (die Zeit, die es iterativ wieder gestaltet). Es ist wichtig, die Tatsache anzuerkennen, dass die Behauptung, die Vergangenheit sei in der Gegenwart lebendig, nicht bloß psychologisch oder soziologisch gilt. Die Vergangenheit kann materiell rekonfiguriert werden; was nicht besagt, dass Markierungen auf Körpern einfach so getilgt werden können – im Gegenteil. Wie ich erklärt habe, gibt es Physikexperimente (die ironischerweise „Quantenradierer-Experimente“ genannt wurden), die zeigen, dass es zwar möglich ist, die Vergangenheit zu rekonfigurieren, dass es aber eine Illusion ist, zu glauben, dies stelle eine Tilgung von Geschichte dar. Eigentlich heißt dieses Experiment Quanten-*radierer*, weil die beteiligten Physiker_innen schlussfolgerten, dass es möglich sei, die Vergangenheit auf eine Weise zu verändern, die die Spuren von Geschichte tilgt. Diese (falsche) Interpretation des Experiments macht Sinn, insbesondere wenn wir uns an die materiellen Bedingungen der Physik nach dem Zweiten Weltkrieg erinnern: Für Physiker_innen, die im Schatten der Atombombe leben, ist die Möglichkeit, die Vergangenheit zu tilgen – eben eine Vergangenheit, die den Abwurf von zwei Atombomben auf japanische Zivilist_innen beinhaltet – eine verführerische Fantasie. Doch wie ich argumentiert habe, vergisst diese Interpretation des Quantenradierer-Experiments auf bequeme Weise einige jener Verständnisse und Beweise von Quantenverschränkungen, die sich *in genau dieser Reihe von Experimenten zeigen*! Aus meiner Sicht stimmt eine andere Interpretation besser mit den empirischen Belegen überein: *Während die Vergangenheit nie vorüber und die Zukunft nicht das ist, was sich entfalten wird, enthält die Welt die Erinnerungen ihrer iterativen Rekonfigurierungen.* All diese Umgestaltungen, einschließlich gewaltsamer Brüche und Risse im Stoff des Seins – der Raumzeitmaterialisierung – können nicht getilgt werden, sondern *müssen in jeder Art von objektiver Analyse in Betracht gezogen werden.*

Unsere atomare Vergangenheit lebt heute weiter. Davon zeugt die Katastrophe von Fukushima, die direkt mit der US-Bombardierung von Hiroshima und Nagasaki verschränkt ist. In den Nachwehen des Krieges, wurde das US-Programm *Atoms for Peace* benutzt, um Japan von der Entwicklung der Kernenergie zu friedlichen Zwecken zu überzeugen, während die USA das Programm nutzten, um den Aufbau ihres Atomwaffenarsenals zu vertuschen. Heimsuchungen sind nicht immateriell. Heimsuchungen sind wesentlicher Bestandteil der existierenden materiellen Bedingungen. Diese vergangene, nukleare Zeit, Zerfallszeit, Totzeit, Atomuhrzeit, Atomkriegsuhrzeit – eine Superposition verstreuter Zeiten, die zusammen-auseinander geschnitten sind – wabert wortwörtlich mit der Radioaktivität im Ozean herum. Zeit selbst ist nationalisiert, rassifiziert, aus den Fugen. Die Verschränkungen zwischen Atomenergie und Atomwaffen, Nationalismen, Rassismus, globalem Austausch und Mangel an Austausch von Informationen und Energiequellen, sowie Wassersysteme, Erdbeben, Plattentektonik, Geopolitik, Kritikalität (in ihrer atomaren wie politischen Bedeutung) und mehr sind Teil dieser fortlaufenden materiellen Geschichte, die an die Frage nach Japans zukünftigem Vertrauen auf Atomenergie angebunden und von ihr zerrissen ist, wo Zeit selbst dem Zerfall überlassen ist.

Die Zeitfrage ist so entscheidend, weil unser Verständnis des Wesens von Veränderung und deren Möglichkeiten davon abhängt, wie wir Zeit verstehen. Fragen der Kontinuität und Diskontinuität sind besonders einschneidend. Einerseits scheint die Kontinuität von Zeit absolut wesentlich zu sein, da Gerechtigkeit das fortwährende Aussöhnen und Ringen mit der Vergangenheit erfordert, d.h. dem Mechanismus der Tilgung der Erinnerungen und Spuren von Gewalt zu widerstehen. Andererseits erscheint die Diskontinuität von Zeit als ebenso wichtig, da Gerechtigkeit einen Bruch erfordert, ein aus-den-Fugen-Geraten, einen Riss in den Gewaltstrukturen. Ist es möglich, diese Erfordernisse, diese politischen Notwendigkeiten miteinander zu versöhnen? Ich habe argumentiert, dass wir ein Queeren des Gegensatzes von Kontinuität / Diskontinuität brauchen. Agentische Trennbarkeit – Zusammen-Auseinander-Schneiden – bietet eine solche Möglichkeit durch die Einführung eines Konzepts, das diese Trennung durchkreuzt: Deshalb habe ich den Begriff der Dis/Kontinuität eingeführt. Dis/Kontinuität ist weder völlig diskontinuierlich mit Kontinuität noch völlig kontinuierlich mit Diskontinuität, und auf jeden Fall nicht eins mit sich selbst. Worum es hier geht, sind nicht bloß Heimsuchungen durch die Toten oder gar durch jene, die noch nicht geboren sind, sondern die Heimsuchungen eines jeden Moments durch andere Zeiten, andere Geschichten, andere Möglichkeiten.

*Vielen Dank für das Gespräch.*

**Endnoten:**

1 Die Werbung der SunMaid Rosinen ist online verfügbar und als eigenes Phänomen selbst eine Analyse wert.

2 Dies hat mit der Tatsache zu tun, dass es in den Gleichungen der Quantenmechanik einen Faktor gibt, der das Verhältnis von h/m beschreibt, wobei h Plancks Konstante darstellt (ein Maß der Quantenheit oder Diskretheit von Natur) und m die Masse des fraglichen Objekts. An der Grenze, wo das Verhältnis h/m sich Null nähert, reduzieren sich die Gleichungen der Quantenphysik zu jenen Newtons. Jetzt ist h, Plancks Konstante, eine sehr kleine Zahl, aber eben nicht gleich Null. Wenn h = Null wäre, dann bräuchte es keine Quantenmechanik. Wenn also h ≠ Null ist, macht eine verhältnismäßig große Masse des Objektes (d.h. im Verhältnis zur Größe von h) das Verhältnis sehr klein, d.h. annähernd Null. In solch einem Fall sind die Quantenwirkungen nicht sehr deutlich und es reicht, sich auf Newton zu verlassen. Doch nochmals, dies ist nur eine Annäherung. Soweit wir wissen, leben wir in einer Quantenwelt.

3 Ein Diffraktionsmuster entsteht aus konstruktiver und destruktiver Interferenz – das sind die Begriffe der Physik. Ich spiele hier mit der Terminologie und wandle destruktiv zu dekonstruktiv.

## Literatur


Agamben, Giorgio (2003a), *Was von Auschwitz bleibt. das Archiv und der Zeuge,* Frankfurt a.M.

— (2003b), *Das Offene. der Mensch und das Tier,* Frankfurt a.M.

Albert, David Z. (1992), *Qantum Mechanics and Experience,* Cambridge.

Anzaldúa, Gloria Evangelina (1987), *Borderlands/La Frontera. The New Mestiza*, San Francisco.

Barad, Karen (1995), „A Feminist Approach to Teaching Quantum Physics“, in: *Teaching the Majority: Breaking the Gender Barrier in Science, Mathematics, and Engineering*, Sue V. Rosser (Hg.) S. 43ff, New York.

— (1996), *Getting Real: Technologies of Embodiment and Materiality.* Auftaktrede der *Gender, Technology, Place Conference*, Rutgers University 30.03.1996.

— (2003), „Posthumanist Performativity: How Matter Comes to Matter“, in: Sandra Harding, Kathryn Norberg (Hg.), *Signs. Journal of Women in Culture and Society* 2003/28/3, Chicago.

— (2007), *Meeting the Universe Halfway. Quantum Physics and the Entanglement of Matter and Meaning*, Durham.

— (2013), „Diffraktionen: Differenzen, Kontingenzen und Verschränkungen von Gewicht“, in: Corinna Bath, Hanna Meißner, Stephan Trinkhaus, Susanne Völker (Hg.), *Geschlechter Interferenzen. Wissensformen – Subjektivierungsweisen – Materialisierungen*, Berlin, Münster, S. 27-68, übers. von Jennifer Sophia Theodor. [org.: „Diffractions: Differences, Contingencies, and Entanglements That Matter“, in: Barad, Karen (2007)].

— (2014), „Berühren – Das Nicht-Menschliche, das ich also bin (V.1.1)“, in: Susanne Witzgall, Kerstin Stakemeier (Hg.) *Macht des Materials – Politik der Materialität*, übers. von Karl Hoffmann, Zürich 2014.

Bagemihl, Bruce (2000), *Biological Exuberance. Animal Homosexuality and Natural Diversity*, New York.

Bell, John Steward (1964), „On the Einstein Podolsky Rosen Paradox“, in: *Physics,* Bd. 1, Nr. 3, S. 195-200.

Bernstein, Richard J. (1983), *Beyond Objectivism and Relativism. Science, Hermeneutics, and Praxis*, Philadelphia.

Birke, Lynda; Bryld, Mette; Lykke, Nina (2004), „Animal Performances“, in: Feminist Theory 2004/5/2, London.

Bohm, David (1985), „On Bohr's Views Concerning Quantum Theory“, in: Anthony Phillip French, Peter J. Kennedy (Hg.), *Niels Bohr. A Centenary Volume*, Cambridge, MA.

Bohr, Niels Henrik David (1935*), Can Quantum-Mechanical Description of Physical Reality Be Considered Complete?*, Physical Review 48, S. 696ff.

— (1936), „Kausalität und Komplementarität“, übers. von Sophie Hellmann, in: Rudolph Carnap, Hans Reichenbach (Hg.), *Erkenntnis* 6, 1936, S. 293-303.

— (1949), „Discussion with Einstein on Epistemological Problems in Atomic Physics“, in: *Albert Einstein: Philosopher-Scientist*, Paul Arthur Schilpp (Hg.), Evanstone.

— (1963a), *The Philosophical Writings of Niels Bohr*, Bd. 1. *Atomic Theory and the Description of Nature*. Woodbridge, Conn.

— (1963b): *The Philosophical Writinas of Niels Bohr*. Bd. 2. *Essays 1933-1957 on Atomic Physics and Human Knowledge*. Woodbridge, Conn.

— (1963c): *The Philosophical Writinas of Niels Bohr*. Bd. 3. *Essays, 1958-1962 on Atomic Physics and Human Knowledge*. Woodbridge.

— (1964), *Atomphysik und menschliche Erkenntnis I – Aufsätze und Vorträge aus den Jahren 1933-1955*, Bd. 1, übers. von Sophie Hellmann, Braunschweig.

— (1966) *Atomphysik und menschliche Erkenntnis II – Aufsätze und Vorträge aus den Jahren 1958-1962*, Bd. 2, übers. von Sophie Hellmann, Braunschweig.

— (1972), *Collected Works,* Léon Rosenfeld (Hg.), Amsterdam.

Bonner, John Tyler (2009), *The Social Amoebae. The Biology of Cellular Slime Molds*, Princeton.

Butler, Judith (2003), *Das Unbehagen der Geschlechter*, Frankfurt a.M. (org.: *Gender Trouble. Feminism and the Subversion of Identity*, New York (1990).

Butler, Judith (1995), *Körper von Gewicht. Die diskursiven Grenzen des Geschlechts*, Frankfurt a.M. (org.: *Bodies That Matter. On the Discursive Limits of „Sex“*, New York 1993).

Cartwright, Nancy (1983), *How The Laws of Physics Lie,* New York.

Cassidy, David C. et al. (2002), *Understanding Physics*, New York.

Choi, Steven (2009), „Quantum Afterlife: Quantum Entanglement Benefits Exist after Links are Broken“, in *Scientific American,* Nr. 300, Februar 2009, S. 24f.

Coats, D. W. (2002), Dinoflagellate Life-Cycle Complexities, in: Journal of Phycology 2002/38/2, Philadelphia.

Cushing, James T. (1994), *Quantum Mechanics: Historical Contingency and the Copenhagen Hegemony,* Chicago.

Derrida Jacques (1985), „Letter to a Japanese Friend“, in: David Wood, Robert Bernasconi (Hg), *Derrida and Différance,* Parousia, Warwick.

— (1991), „„Eating Well‘ or the Calculation of the Subject: An Interview with Jacques Derrida“, in: Eduardo Cadava, Peter Connor, Jean-Luc Nancy (Hg.): *Who Comes After the Subject?* New York.

— (1999), *Randgänge der Philosophie,* übers. von Gerhard Ahrens u.a., Wien (org.: *Marges – de la philosophie*, Paris1972).

— (2004), *Marx' Gespenster. Der Staat der Schuld, die Trauerarbeit und die neue Internationale*, übers. von Susanne Lüdemann, Frankfurt a.M (org.: *Spectres de Marx*, Paris 1993).

— (2010), *Das Tier, das ich also bin*, Wien. (org.: *L'animal que donc je suis*, Paris 2006).

Einstein, Albert; Podolsky, Boris, and Rosen, Nathan (1935): „Can Quantum-Mechanical Description of Physical Reality Be Considered Complete?“, *Physical Review,* Nr.47, 15.05.1935, S. 777-780.

Feyerabend, Paul Karl (1981): „Probleme der Mikrophysik“, in: ders., *Probleme des Empirismus*, Bd. 2, Braunschweig. (org.: „Problems in Microphysics“, in: Robert Garland Colodny, Carl G. Hempel (Hg.) *Frontiers of Science and Philosophy*, Pittsburgh 1962, S. 189-283).

Feynman, Richard P. 2003, S.177, *Sechs physikalische Fingerübungen,* übers. von Inge Leipold, München. (org.: *Six Easy Pieces. Essentials of Physics Explained by Its Most Brilliant Teacher,* Massachusetts 1994).

Fine, Arthur (1984): „The Natural Ontological Attitude", in: Jarrett Leplin (Hg.), *Scientific Realism*, Berkeley, CA.

Folse, Henry J. (1985), *The Philosophy of Niels Bohr. The Framework of Complementarity*, Amsterdam, New York.

Fortun, Michael (1999), „Entangled States: Quantum Teleportation and the ‚Willies'", in: *Paranoia within Reason. A Casebook on Conspiracy as Explanation*, George E. Marcus (Hg.), Chicago, London S. 65–110.

Frayn, Michael (2002), *Kopenhagen. Stück in zwei Akten. Mit zwölf wissenschaftlichen Kommentaren.* Göttingen. (org.: *Copenhagen*, New York 2000). Die Auszüge aus dem Stück habe ich hier aus inhaltlichen und sprachlichen Gründen größtenteils neu übersetzt. A.d.Ü.

Fulton, Alice (1990), *Powers of Congress. Poems*, Boston.

Galison, Peter Louis (1987), *How Experiments End*, Chicago.

Giffney, Noreen; Hird, Myra J. (2008), *Queering the Non/human,* Ashgate, New York.

Grahn, Judy; Stein, Gertrude (1989), *Really Reading Gertrude Stein. A selected Anthology with Essays by Judy Grahn*, Freedom, CA.

Grometstein, Allan A., (1999), *The Roots of Things. Topics in Quantum Mechanics*, New York.

Hacking, Ian (1982), „Experimentation and Scientific Realism", in: Edward Minar (Hg.), *Philosophical Topics,* Bd. 13, Nr. 1, S. 71-87, Arkansas Herbst 1982.

Hackett, Jeremiah D.; Anderson, Donald D.; Erdner Deana L.; Bhattacharya Debashish (2004), „Dinoflagellates: A Remarkable Evolutionary Experiment", in: *American Journal of Botany,* 2004/91/10, St. Louis, MO.

Halperin, David M. (1997), „Saint Foucault: Towards a Gay Hagiography", Oxford.

Haraway, Donna (1985): „*Manifesto for Cyborgs. Science, Technology, and Socialist Feminism in the 1980's*". *Socialist Review,* Nr. 80, S. 65-108, London. (dt. in: Haraway 1995)

— (1995), *Die Neuerfindung der Natur. Primaten, Cyborgs und Frauen,* übers. von Carmen Hammer, Immanuel Stieß, Dagmar Fink, Helga Kelle, Fred Wolf, Anne Scheidhauer, Frankfurt a.M., New York. (org: *Simians, Cyboras, and Women. The Reinvention of Nature*, New York 1991.)

— (1997), *Modest_Witness@Second_Millennium. FemaleMan_ Meets_OncoMouse: Feminism and Technoscience*, New York, London.

— (2007), „Situiertes Wissen. Die Wissenschaftsfrage im Feminismus und das Privileg einer partialen Perspektive", in: Sabine Hark (Hg.) *Dis/Kontinuitäten. Feministische Theorie*, Wiesbaden. (org. „Situated Knowledges. The Science Question in Feminism as a Site of Discourse on the Privilege of Partial Perspective", in: *Feminist Studies,* Bd. 14, Nr.3, S. 575-99, Maryland Herbst 1988).

— (2008), *When Species Meet*, Minneapolis.

— (1991b): *Whose Science? Whose Knowledge?: Thinking from Women's Lives.* Cornell University Press, Ithaca.

— (Hg.) (1993), *The Racial Economy of Science. Towards A Democratic Future*, Bloomington.

Harding, Sandra (1990), „Feminism, Science, and the Anti-Enlightenment Critiques", in: Linda J. Nicholson (Hg.) *Feminism/ Postmodernism*, New York.

— (1991), *Whose Science? Whose Knowledge?: Thinking from Women' s Lives*, Ithaca.

— (Hg.) (1993), *The ‚Racial' Economy of Science. Towards A Democratic Future*, Bloomington.

Hayles, N. Katherine (1993), „Constrained Constructivism. Locating Scientific Inquiry in the Theater of Representation", in: *Realism and Representation. Essays on the Problem of Realism in Relation to Science, Literature, and Culture*, George Levin (Hg.), Madison, WI.

Heisenberg, Werner (1927), „Über den anschaulichen Inhalt der quantentheoretischen Kinematik und Mechanik“, in: *Zeitschrift für Physik*, 1927/43/3, S. 172-198.

Hennessey, Art (2008), „The Mirror Up to Nature. Elsinore by Way of Copenhagen“, mirroruptolife.blogspot.de 13.01.2008.

Honner, John (1987), *The Description of Nature. Niels Bohr and the Philosophy of Quantum Physics*, Oxford.

Hooker, Clifford A. (1972), „The Nature of Quantum Mechanical Reality“, in: Robert G. Colodny (Hg.), *Paradigms and Paradoxes*, Pittsburgh.

Keller, Evelyn Fox (1977), „The Anomaly of a Woman in Physics“, in: Sara Ruddick, Pamela Daniels (Hg.), *Working It Out*, New York.

— (1985), *Reflections on Gender and Science*, New Haven.

Kondo, Dorinne (1989), *Crafting Selves, Power, Gender, and Discourse of Identity in a Japanese Workplace*, Chicago.

Kirby, Vicki (1997), *Telling Flesh. The Substance of the Corporeal*, New York.

— (2001), „Quantum Anthropologies“, in: Laurence Simmons (Hg.), *Derrida Downunder,* Palmerston.

— (2006), *Judith Butler. Live Theory*, London, New York.

— (2011), *Quantum Anthropologies. Life at Large,* Durham.

— (2010), „Original Science: Nature Deconstructing Itself“, in: *Derrida Today*, Bd. 3, Nr. 2 November 2010.

Latour, Bruno (2008), Wir sind nie modern gewesen, übers. von Gustav Roßler, Frankfurt a.M.

Laudan, Larry (1981), „A Confutation of Convergent Realism“, *Philosophy of Science,* Nr. 48, S. 19-48, Chicago.

Levinas, Emmanuel (1996), *Ethik und Unendliches. Gespräche mit Philippe Nemo*, übers. von Dorothea Schmidt, Wien.

Longino, Helen (1990), *Science as Social Knowledge*, Princeton.

Mamdani, Mahmood (2001), *When Victims Become Killers. Colonialism, Nativism, and the Genocide in Rwanda,* Princeton.

Mermin, David (1985), „Is the Moon There When Nobody Looks? Reality and the Quantum Theory“, in: *Physics Today,* Nr.38, April 1985, S. 38–47, Melville, NY.

Murdoch, Dugald (1987), *Niels Bohr's Philosophy of Physics,* New York.

Pais, Abraham (1982), *Subtle Is the Lord. The Science and Life of Albert Einstein*, New York.

Petersen, Aage (1985), „The Philosophy of Niels Bohr“, in: Anthony Phillip French, Peter J. Kennedy (Hg.), *Niels Bohr. A Centenary Volume*, Cambridge, MA.

Petersen, Aage (1963), „The Philosophy of Niels Bohr 1885 - 1962“, in: Eugene Rabinowitch (Hg), *Bulletin of the Atomic Scientists,* Bd. 19, Nr. 7, September 1963.

Pickering, Andrew (1984), *Constructing Quarks: A Sociological History of Particle Physics*, Chicago.

— (1994), *After Representation. Science Studies in the Performative Idiom.* Rede beim Jahrestreffen der *Philosophy of Science Association*, New Orleans, 14.-16. Oktober, 1994.

Raffles, Hugh (2006), „Jews, Lice, and History“, in: *Public Culture* 2006/19/3, New York.

— (2013), *Insektopädie*, übers. von Thomas Schestag, Berlin. (org.: *Insectopedia,* New York 2010).

Schrader, Astrid (2008a), *Dinos & Demons. The Politics of Temporality and Responsibility in Science,* Dissertation, University of California, Santa Cruz.

— (2008b), *Toxic Waters and Turbulent Times. Red Tides, Dinoflagellates, and Phantomatic Species*, Manuskript, San Francisco 2008.

— (2010), „Responding to *Pfiesteria piscicida* (the Fish Killer). Phantomatic Ontologies, Indeterminacy, and Responsibility in Toxic Microbiology“, in: *Social Studies of Science,* 2010/40/2, Thousand Oaks, CA.

Sandoval, Chela (1991), „U.S. Third World Feminism. The Theory and the Method of Oppositional Consciousness in the Postmodern World“, in: *Genders,* Nr. 10, Austin.

— (2000), *Methodology of the Oppressed*, Minneapolis, MN.

Scully, Marian 0.; Englert, Berthold-Georg; Walther, Herbert ( 1991), „Quantum Opical Tests of Complementary“, in: *Nature,* Nr. 351, S. 111-116, Baltimore.

Sedgwick, Eve Kosofsky (1993), „Queer Performativity. Henry James's The Art of the Novel“, in: *GLQ: A Journal of Lesbian and Gay Studies,* Nr. 1, S. 1-16, New York.

— (1995), *Performativity and Performance*, London, New York.

— (2003), *Touching Feeling. Affect, Pedagogy, Performativity*, Durham.

— (2014), „Paranoides Lesen und reparatives Lesen oder paranoid, wie Sie sind, glauben Sie wahrscheinlich, dieser Essay handle von Ihnen“, in: Angelika Baier u.a. (Hg.), *Affekt und Geschlecht*, Wien.

Shapiro, Alan E. (1993), *Fits, Passions and Paroxysms. Physics, Method, and Chemistry and Newton's Theories of Coloured Bodies and Fits of Easy Reflection*, Cambridge.

Smith, Linda Tuhiwai (1999), *Decolonizing Methodologies : Research and Indigenous Peoples*, London.

Spiegel, Marjorie (1997), *The Dreaded Comparison. Human and Animal Slavery,* New York.

Sztybel, David (2006), „Can the Treatment of Animals Be Compared to the Holocaust?“, in: *Ethics & the Environment* Nr. 11, S. 97-132.

Traweek, Sharon (1988), *Beamtimes and Lifetimes. The World of High Energy Physicists*, Cambridge.

Uman, Martin (1971), *Understanding lightening*, Washington, PA.

Warrick, Joby (1997), „The Feeding Frenzy of a Morphing ‚Cell from Hell'“, in: *Washington Post*, 09.06.1997.

Weil, Kari (2006), „Killing Them Softly: Animal Death, Linguistic Disability, and the Struggle for Ethics“, in: *Configurations* 2006/14/1, Baltimore.

Wheeler, John Archibald; Zurek, Wojciech Hubert (Hg.), (1983), *Quantum Theory and Measurement*, Princeton.

Weizsäcker, Carl Friedrich von (1971), *Die Einheit der Natur. Studien*, München.

Jeanette Winterson (1993), *Auf den Körper geschrieben*, übers. von Stephanie Schaffer-de Vries, Frankfurt a. M. (org.: *Written on the Body*, New York 1992).

Wolfe, Cary (2003), „In the Shadow of Wittgenstein's Lion: Language, Ethics", in: *Zoontologies. The Question of the Animal*, Minneapolis.

Yoon, Carol Kaesuk (2009), „Oozing Through Texas Soil, a Team of Amoebas Billions Strong", in: *The New York Times*, 24.03.2009, S. D3.

**411** Rheinberger • Rekurrenzen
**412** Baecker • Kulturkalkül
**415** Avanessian, Mackay • #Akzeleration#2
**416** Voss, Deines • Hinter weißen Wänden
**421** Armen Avanessian • Überschrift
**422** Wladimir Velminski • Diagnose:Krim
**423** Borries, Fischer, Ahlert (Hg.) • Urbane Interventionen Istanbul

## *Hardcover*

Deleuze / Guattari • Tausend Plateaus
Qrt • Drachensaat
Serres • Hermes 1 Kommunikation
Serres • Hermes 2 Interferenz
Serres • Hermes 3 Übersetzung
Serres • Hermes 4 Verteilung
Serres • Hermes 5 Nordwestpassage

Alle lieferbaren Titel finden Sie unter www.merve.de.

Wir senden Ihnen gerne auch ein aktuelles Gesamtverzeichnis zu.

Nachricht an:

Merve Verlag, Crellestraße 22, 10827 Berlin

Tel.: +49-30-784 84 33

Fax: +49-30-788 10 74

merve@merve.de

genügt.